There Is a Dragon in My Heart
Tengo un dragón dentro del corazón

The Photographs of Carlota Guerrero
La fotografía de Carlota Guerrero

PRESTEL

MUNICH · LONDON · NEW YORK

To Alicia, Isabel, Julia and Paloma

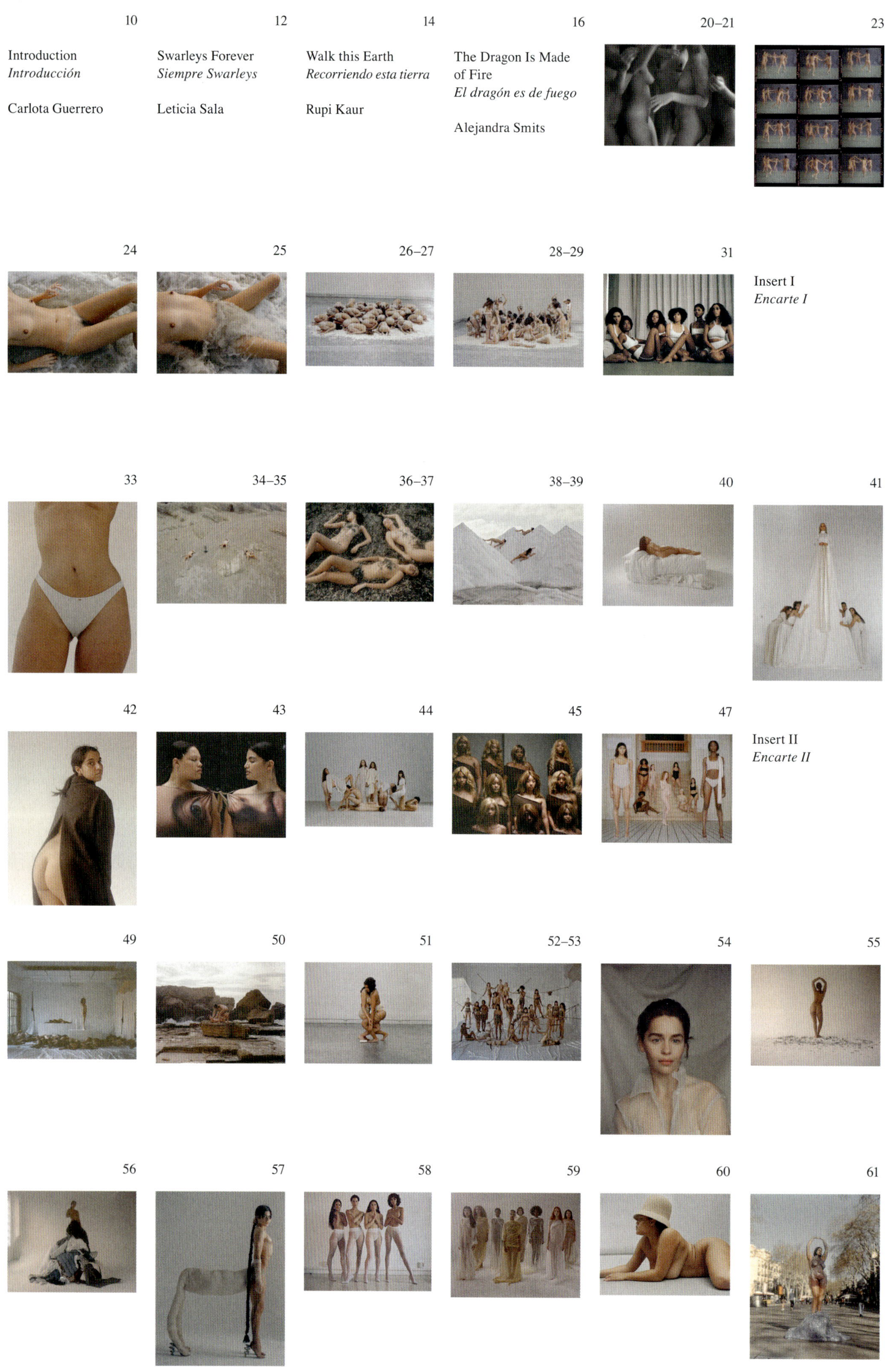

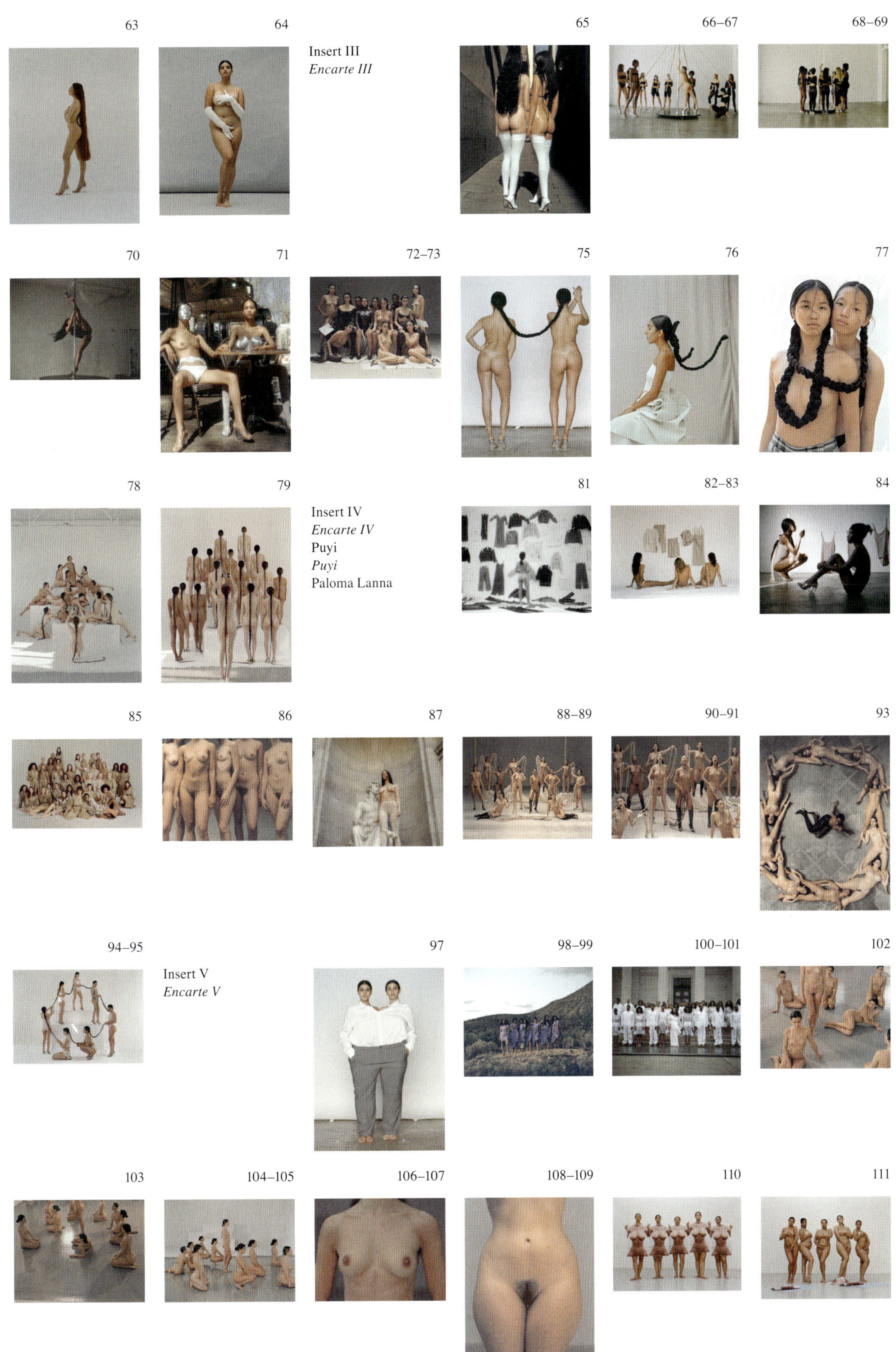

63
64
Insert III
Encarte III

65
66–67
68–69

70
71
72–73
75
76
77

78
79
Insert IV
Encarte IV
Puyi
Puyi
Paloma Lanna

81
82–83
84

85
86
87
88–89
90–91
93

94–95
Insert V
Encarte V

97
98–99
100–101
102

103
104–105
106–107
108–109
110
111

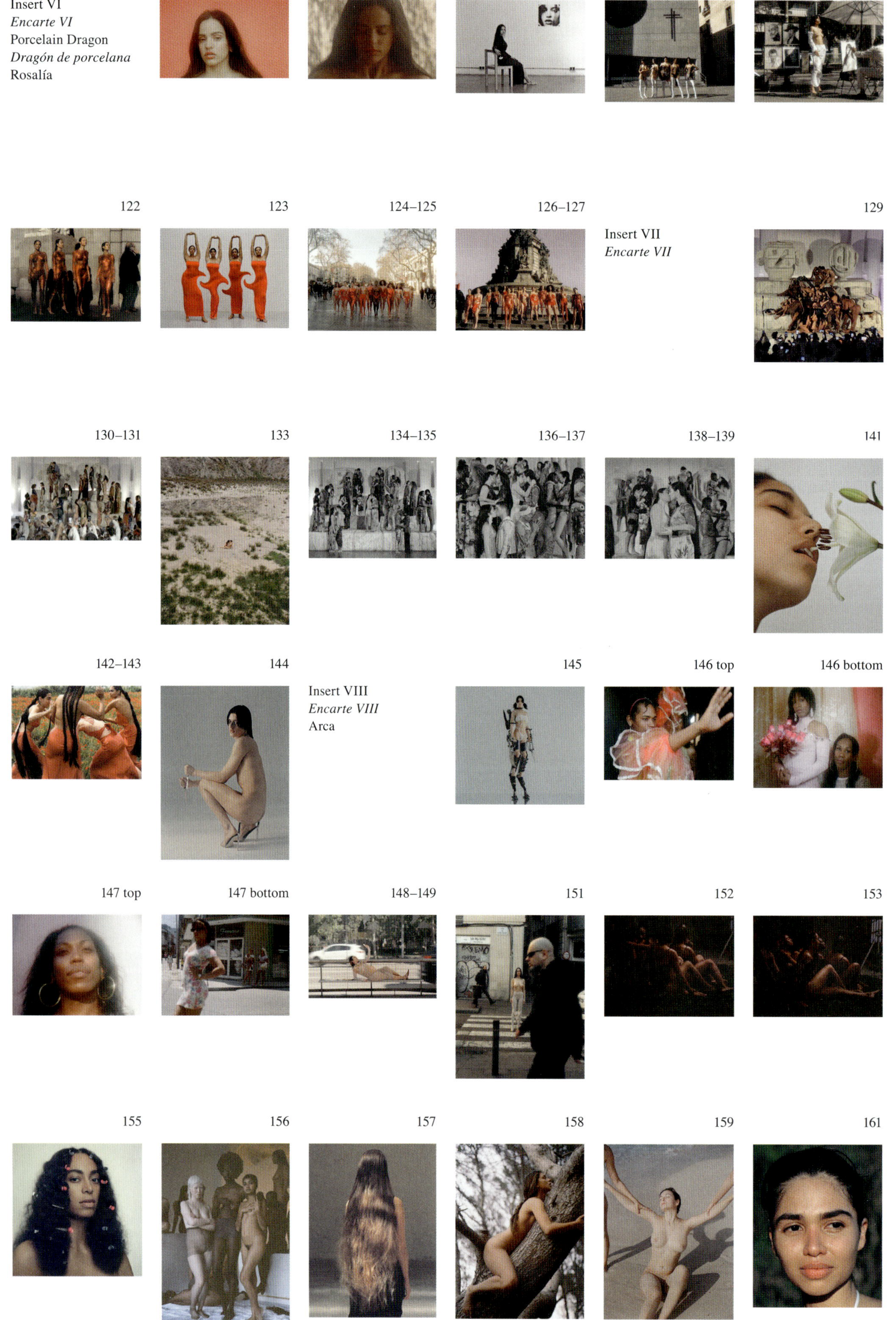

Insert VI
Encarte VI
Porcelain Dragon
Dragón de porcelana
Rosalía

113

114–115

117

118–119

120–121

122

123

124–125

126–127

Insert VII
Encarte VII

129

130–131

133

134–135

136–137

138–139

141

142–143

144

Insert VIII
Encarte VIII
Arca

145

146 top

146 bottom

147 top

147 bottom

148–149

151

152

153

155

156

157

158

159

161

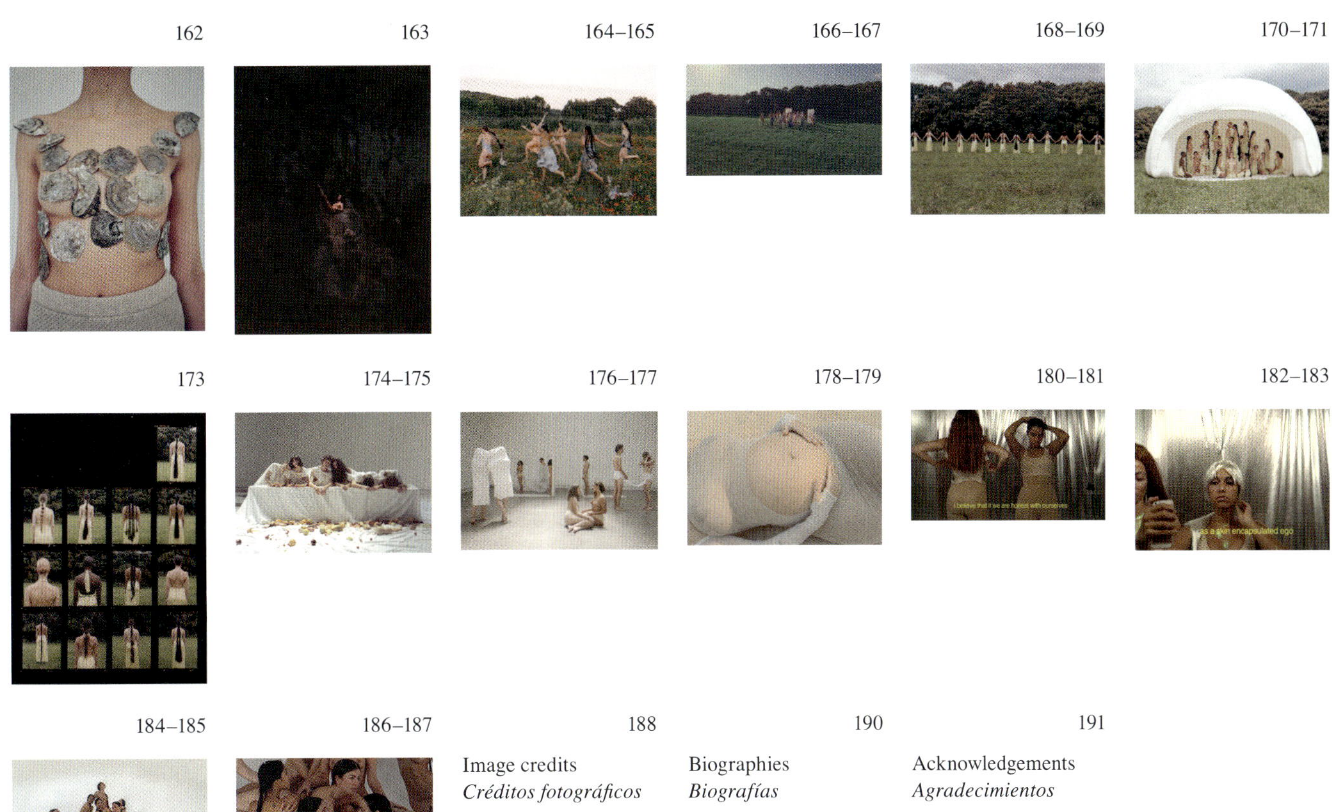

Carlota Guerrero

(A)

I retain a vivid memory of being a small child, sitting at my desk during school, fantasizing about climbing up on the teacher's table and taking off my clothes. The teachers try to stop me, but I flee and run naked like a gazelle, through the corridors, the courtyard of the school and the gymnasium, and through all the public spaces. I feel terribly guilty for having imagined it.

The years go by; I have forgotten that idea. Suddenly I am swimming naked in the Mediterranean, and I have an epiphany: this is the safe space where I can run like a gazelle. There are no teachers here, no priests; I am invincible. I spend the whole of the summer climbing along the north-facing cliffs in the nude, in only my plastic sandals, in search of salt deposits. In my search, I clamber to the top of a rock in the middle of the sea, from which I turn my gaze and see my girlfriends lying in the sun, also nude. The Mediterranean is our cradle; we are invincible.

I bring together ten women. I dress them from more (totally covered) to less (in underwear). They dance in a circle around a pole dancer. While the ten women symbolize different levels of shame or guilt, the central vortex that moves them is the nude woman: the nude as a spiritual force. The one who accepts herself in her most natural condition is the most luminous, the strongest, the one who laughs the most, the most connected. I once read a story about a woman who was telling a traditional tale in her village. As she told it, she noticed a hand touching her foot. Looking down, she realized that she was sitting on the shoulders of an older woman, correcting her way of recounting the story. In turn, that woman was also sitting on the shoulders of a still older woman, and so on, all the way down, creating an endless ladder of women passing along their wisdom, from time immemorial. This image is with me always; it obsesses me. I try to depict it time and again.

There are certain threads that connect all of humanity. They travel from chest to chest. The thread's colour indicates just what is going on between the two people. Many times, I concentrate, and I can see it. In the same way that a tree takes root in the soil, we take root horizontally with other humans, with the currents of coloured light that connect us. This vision came to me during my first LSD trip when I identified a stream of energy, of changing hues, connecting me with my friends, from womb to womb. When I bring women together in one place and photograph them, I am creating new organisms, a surreal projection of my mind, an invented, new animal composed of the bodies which feed back into themselves, as if each woman were an organ or a cell that, by joining the others, makes up a whole being.

I cannot stop imagining things, new animals, auxiliary planets, colours I have never seen before, multiple extremities … I am a channel and sometimes a vessel. The tips of my hair are antennae, receiving this information. The ideas are universal and are floating. It is hard for me to concentrate because I sense the speed of blood coursing through my dragon veins. I am always a flower, and the images I create are my petals. And we are all flowers, and life is a field. When I remember to relax my jaw and my shoulders and my belly, I suddenly travel down a river with my body in serpentine curves. I cannot stop imagining things. My mind is a raging river that splashes with ideas … If I close my eyes, the sun shines on my face even when I am within these four walls. I have been a friend and an enemy of my body for thirty years, and my body is the body of a woman, and, in the bodies of other women, I find a union, a fractal, an organized composition of similarities that make me feel I am where I need to be, as if, within the chaos, we were creating a small order …

(B)

Guardo un recuerdo vívido de ser una niña sentada en el pupitre de mi colegio fantaseando con subirme a la mesa del profesor y desnudarme. Los profesores me intentan parar y yo huyo y correteo desnuda como una gacela por los pasillos y por el patio y por el gimnasio y por todos los espacios públicos. Me siento extremadamente culpable por imaginarlo.

Pasan los años, olvido esa idea, de repente estoy desnuda en el mediterráneo y tengo una epifanía, ese es el espacio seguro para correr como una gacela, no hay profesores, no hay curas, soy invencible. Paso un verano entero escalando los acantilados de la tramontana desnuda con mis cangrejeras buscando yacimientos de sal. En mi búsqueda he trepado una roca en medio del mar hasta arriba, desde ahí giro la vista y veo a mis amigas bajo el sol, también desnudas. El mediterráneo es nuestra cuna, somos invencibles.

Reúno a diez mujeres. Las visto de más (totalmente cubierta) a menos (en ropa interior). Danzan en círculo alrededor de una Pole dancer. Mientras las diez mujeres simbolizan los niveles de pudor o culpa, el vortex central que las mueve es la mujer desnuda: El desnudo como fuerza espiritual. La que se acepta en su condición natural es la más luminosa, la más fuerte, la que más ríe, la más conectada. Una vez leí una historia sobre una mujer que estaba contando un cuento tradicional en su aldea. Mientras lo contaba, notó una mano tocando su pie. Al bajar la mirada se dio cuenta de que estaba sentada a hombros de una mujer más mayor, que corregía su manera de narrar el cuento. Esa mujer estaba a su vez sentada a hombros de otra mujer más mayor, y así sucesivamente, creando una escalera infinita de mujeres transmitiendo sabiduría desde tiempos inmemorables. Esta imagen me persigue y me obsesiona, busco retratarla una y otra vez.

Hay unos hilos que conectan a la humanidad entera. Van de pecho a pecho. El color del hilo es lo que indica qué hay entre las personas. Muchas veces me concentro y lo veo. De la misma manera que se enraíza un árbol al suelo, nosotros nos enraizamos en horizontal con otros humanos con unas corrientes de luz de color que nos conectan. Esta visión llegó a mí en mi primer viaje de LSD, dónde identifiqué un torrente energético de tonos cambiantes conectándome con mis amigas de vientre a vientre. Cuando reúno a mujeres en un espacio y las retrato, estoy creando nuevos organismos, estos siendo una proyección surrealista de mi cabeza, un animal inventado, nuevo, compuesto por entes que se retroalimentan, como si cada mujer fuese un órgano o una célula que uniéndose al resto compone un ser superior.

No puedo parar de imaginar cosas, nuevos animales, planetas secundarios, colores que nunca he visto, muchísimas extremidades … Soy un canal y a veces un recipiente, las puntas de mi cabello son antenas que reciben esta información. Las ideas son universales y están flotando. Me cuesta concentrarme porque noto la velocidad de la sangre por mis venas de dragón. Yo siempre soy una flor y las imágenes que creo son mis pétalos y todos somos una flor y la vida es campo. Cuando me acuerdo de relajar la mandíbula y los hombros y el vientre de repente bajo por un río con el cuerpo ondeando como serpentina. No puedo parar de imaginar cosas, mi mente es un río bravo que va salpicando con sus ideas … Si cierro los ojos me da el sol en la cara, aunque esté dentro de estas cuatro paredes. Llevo treinta años siendo amiga y enemiga de mi cuerpo y mi cuerpo es de mujer y encuentro en los cuerpos de otras mujeres una unión, un fractal, una composición organizada de similitudes que me hace sentir que estoy donde tengo que estar, como si dentro del caos creásemos un pequeño orden …

(A)
Swarleys Forever

Leticia Sala

(A)
Swarleys Forever

The first time I ever saw Carlota in person was when we were fifteen years old in a loo at a party, just before the police arrived to break it up. After that night, our respective groups of girlfriends became one, and it continued to expand with more and more women. When we were seventeen, Carlota recited her favourite lines written by me from memory, as if she knew already before I did that I was going to grow up to be a writer. Recently she told me that the most graphic image she has of how she lived her adolescence was of all of us drowning ourselves under the ocean waves but still holding on to each other's hands.

It was in a bar in Mallorca where she announced to us that she was considering leaving her job, to break free and devote herself to photography. And that is exactly what she did at the end of summer. After a few months, an artistic commission completely altered Carlota's destiny and changed the course of her life. What is more, it also changed the lives of all the people around her. Suddenly, the idea of making a career out of what we liked doing as teenagers entered the realm of possibility in our minds.

We set out into the world, groping in the dark. It is true that social media allowed us to broadcast our universe without intermediaries. But without our mutual support, none of this would have been possible. We hurled stones into the sea without knowing how they would be received, yet with the peace of mind that even if the world should reject our art, we belonged to a sisterhood that would never do that.

To me it does not go unnoticed that, only having brothers myself, it was in this sisterhood that I found a place in which to develop my femininity, my sexuality and my way of thinking. And not only are we sisters in the most visceral sense of the term, arguing over a Spanish omelette on the shores of the Mediterranean, but we also share a common wound. This is something difficult to internalize rationally. When we look back on the origin of our pain – which is the thing that endows us with an aesthetic sensibility – one of us is never too far from the other. Like our blood siblings, we also live together with a sense of competitiveness, but with the certainty that if one succeeds, so can the others. And this belief is a very powerful engine for creativity.

With the passing years, each one of us has defined her art in her own way, wedding the subjects that keep her awake at night, committing herself to distinct causes. But deep down we are calling out for the same thing: We want a safe place in this world in which to give birth to our children, who mature like photographs, performances, clothing and texts. And they are born from this same pain of origin, once transformed into creation.

We are a creative union that runs parallel, that intermingles at specific moments, like bursts of light, always following the same path, one next to the others.

La primera vez que vi a Carlota en persona fue con quince años en el lavabo de una fiesta, justo antes de que la policía llegara para desalojarla. Desde esa noche nuestros respectivos grupos de amigas se hicieron uno, y fue ampliándose a más mujeres. A nuestros diecisiete años, Carlota me dijo de memoria sus frases preferidas escritas por mí, como si supiera antes que yo misma que de mayor iba a ser escritora. Hace poco me dijo que la imagen más gráfica de cómo vivió su adolescencia era la de todas nosotras ahogándonos en un océano, pero siempre cogidas de la mano.

Fue un bar en Mallorca, donde nos anunció que se planteaba dejar su puesto de trabajo para dedicarse por su cuenta a la fotografía. Y eso es exactamente lo que hizo al terminar el verano. Al cabo de unos meses, una propuesta artística cambió por completo el destino de Carlota para el resto de su vida. Y de hecho, también lo cambió para las personas a su alrededor: de repente, la posibilidad de convertir en nuestra carrera lo que nos gustaba hacer de adolescentes entró al universo de lo posible en nuestra mente.

Salimos al mundo tanteando el espacio a oscuras. Las redes sociales nos permitieron transmitir nuestro universo sin intermediarios, sí. Pero sin el apoyo entre nosotras, nada de esto estaría pasando. Lanzamos piedras al mar con el desconocimiento absoluto de cuál sería su acogida, pero con la tranquilidad de sentir que, si bien el mundo podría rechazar nuestro arte, teníamos un grupo de hermanas que nunca lo haría.

No me pasa desapercibido el hecho de que yo solo tenga hermanos; con ellas encontré un lugar para desarrollar mi feminidad, mi sexualidad y mi intelectualidad. Y no solo somos hermanas en el sentido más visceral del término enfadarse por una tortilla de patatas a la orilla del mar mediterráneo— sino también porque compartimos una misma herida. Es algo difícil de asimilar de forma racional: cuando nos remitimos al origen de nuestro dolor —que solo es él que nos dotó de sensibilidad— este nunca se encuentra tan alejado del de la otra. Y como los hermanos de sangre, también convivimos con la competitividad, con la certeza de que si una puede, la otra también. Y esta creencia es un motor muy poderoso para la creación.

Con los años cada una ha definido su arte a su manera, se casa con los temas que no le dejan dormir por la noche, se compromete con distintas causas. Pero en el fondo estamos gritando lo mismo: que queremos un lugar seguro en el mundo para dar vida a nuestros hijos, que crecen como fotografías, performances, prendas o textos. Y que precisamente nacen de ese mismo dolor de origen, una vez transformado en creación.

Somos una unión creativa que transcurre en paralelo, que se entremezcla en momentos concretos, como estallidos de luz, siempre siguiendo un mismo camino, unas al lado de las otras.

(A)
Walk this Earth

Rupi Kaur

(B)
Recorriendo esta tierra

When I first saw a Carlota Guerrero image, its softness moved me. Its playfulness pulled me in. That's when I realized that playing in Carlota's world is much better than strolling through real life. And this is how I ended up naked in a bed of pink rose petals at her Barcelona studio.

Carlota said she wanted to capture my soul, without any distraction. So there I lay, no makeup, no fancy clothing. Just skin, sunlight and some fabric. She'd stripped me down. Laid me bare. That's the thing with Carlota – the body is her best prop. And nobody works with the human body like Carlota Guerrero.

Our collaborations have always been more than photoshoots. In the hours we shoot together, I feel I've escaped time and space. Left the body of my adult-self, and stepped into my otherworldly-faerie-self. I believe this is the version of me that exists in Carlota's alternate universe – one where we are all beautiful, glittering creatures. And her visuals are a vessel through which she allows the rest of us to experience her realm.

Carlota's work is the antidote to our male-gaze problem. In an industry dominated by men shooting women's bodies, Carlota's vision is refreshing. As a woman, I'm not interested in looking at my body through the eyes of a man anymore. I've done that my whole life. I want to see and be shot by a woman whose images are celebrative, not exploitative. Sexy, not voyeuristic. In a world where the feminine is often violated, the femininity that Carlota captures is honest and empowering.

I believe that Carlota Guerrero is one of the great artists of our time. She has ushered in a distinct style, while inspiring a generation of young photographers to see in her style and colour. The photographs in this book are a peek into the imaginative mind of a young genius. A true master of her craft. She is currently straddling mediums, opening realities and tearing apart the world's conceptions of what it means to be human. Above all, I am honoured to walk this Earth with her.

Lo suave de la imagen me emocionó cuando vi por primera vez una foto de Carlota Guerrero. El juego de la imagen me atrajo. Me di cuenta de que jugar en el mundo de Carlota era mucho mejor que dar un paseo por la vida real, y así fue como terminé desnuda en un lecho de pétalos de rosa, en su estudio de Barcelona.

Carlota capturó mi alma sin ninguna distracción. Ahí estaba yo tumbada, sin maquillaje, sin ropa elegante. Solo piel, la luz del día y unas telas. Me desnudó y sentí mi desnudez. Eso es la cosa con Carlota– el cuerpo es su mejor accesorio teatral. No hay nadie que trabaje con el cuerpo humano como Carlota Guerrero.

Nuestras colaboraciones siempre han sido más que unas sesiones fotográficas. En esas horas que hemos pasado juntas, siento como si me hubiera liberada del tiempo y del espacio. Dejando el cuerpo de mi propia adultez y pasándolo a un mundo de sueño. Creo que esta es la versión de mí que existe en el universo alternativo de Carlota– un universo donde todos somos criaturas bellas y luminosas. Y las imágenes que crea son unos recipientes que nos transportan, al resto de nosotras, para convivir en su reino.

La obra de Carlota es una cura contra nuestro problema de la mirada machista. En una industria dominada por hombres fotografiando al cuerpo femenino, las imágenes de Carlota son alentadores. Como mujer, ya no tengo más interés en mirar mi cuerpo a través de los ojos de un hombre. Lo he hecho toda mi vida. Quiero ver y ser fotografiada por una mujer cuyas imágenes celebren y no explotan. Sensuales pero no voyeristas. En un mundo donde se viola lo femenino, la feminidad que Carlota capta es honesta y otorga poderes.

Creo que Carlota Guerrero es una de las grandes artistas de nuestro tiempo. Ha inspirado a una generación nueva de fotógrafas a ver en su estilo y con sus colores. Las fotografías de este libro son miradas furtivas dentro de la mente de un joven genio. Una verdadera maestra de su oficio. Actualmente se encuentra entretejiendo medios artísticos, abriendo diferentes realidades y derribando las concepciones de nuestro mundo sobre lo que significa ser humano. Por encima de todo, me siento orgullosa de recorrer esta tierra con ella.

Alejandra Smits

(A)   (B)

There is a splendid, peculiar aura that envelops you when you first meet someone who will leave a mark on your life. I have never told her, but such an aura enveloped my reality when I first saw Carlota. Our friendship began a few years later. And the aura remained. It could be regarded as a kind of veil, enveloping light and sound, physically and all around. It becomes something familiar.

So familiar that you understand it and, still, you are intrigued by it. Indication of pattern number one. Running along the spiral, from outside in.

I often remember one of our first conversations. She was telling me how sad it made her that so many representations remained in the realm of ideas. That resonated with me. I began to take notice of how concepts are translated and travel from that realm into the physical world in which we move. Carlota has an extremely well-trained talent for extracting information and making it real, in a way and with a diligence that are admirable. Indication of channel number one.

Following along the spiral, there is always a curve.

With extreme dedication and love, she is capable of mobilizing a large group of people to take part in the collective work of breathing life into beautiful ideas. On set, her energy is overwhelming.

It is impossible for me to imagine any discomfort or feelings of exclusion in any project led by Carlota. The authority she exudes is inspiring. That she helps the fields to bloom is irrefutable, just by paying attention to them and looking them over.

I never felt entirely comfortable in front of a camera until Carlota directed hers towards me. It created a need within me to accept myself just as I am.

I am aware that I am not the only one who has felt this way with her.

Her great obsession is gathering people together in one place, on- and off-set. There is a force that drives her to create situations in which people meet other people, and things take place between them, games, dances. All her projects have a performative charge to them, which is often felt and experienced as something curative. I have lost count of the times we have ended up crying after shooting some pictures, filming or doing a performance.

Many revelations still await discovery within structures as well-planned-out as photographs, or in those networks that connect individuals. Revealing streams coloured violet that bind all human beings together.

There is a place where all things we have yearned for, feared, achieved and lost are accumulated. That place is the body.

On the skin are printed all the patterns for which we searched outside of it. Carlota bears the circular sign of the eternal return tattooed on her right arm.

The mirror that forms within us every time we capture something with our gaze is undeniable. And every time we capture it again, in a slightly different way yet exactly the same. The mirror continues to reflect. The spiral accompanies itself, on to infinity. Life goes on, passing by, and you only notice the path you have traversed when you pause. Looking back, you understand a little more of what you only sensed before.

There is a collection of animals within every person I know. Within Carlota, I have seen almost all of them.

Their natural habitat will always be a piece of land built of rocks on the Mediterranean.

There is a dragon in her heart, and it is a gift how little she can hide it.

A Visitor's Map of this Space

When one has decided to enter into a new space, it is often very helpful to be given a guidebook in the lobby. To enter the imagery of this book is an act that vindicates what Carlota wants to transmit by putting all of these images in the space as if laying out a museum: a grand white gallery, unsullied but charged with an electric energy.

It would appear that no order exists, because order can be seen only when viewing chaos from a distance; by identifying how the materials' components are strung together and blended. They merge and end by composing a final result in the form of a single whole.

The visitor who enters this grand gallery can slide down the spiral and let herself be carried away by the patterns which chose Carlota to give them form. But be warned: the spiral has no beginning; it has no end.

The apprenticeship will have no end. The illustration will be completed along the way. In the resistance, in the gait, in the beating of wings. 'You can only learn by doing, not by thinking.'

Existe un halo flamante y extraño que envuelve el ambiente cuando conoces a alguien que dejará huella en tu ser. Nunca se lo he dicho, pero ese halo envolvió la atmósfera de mi realidad cuando vi a Carlota por primera vez. Nuestra Amistad empezó un par de años más tarde. Y el halo seguía allí. Se podría considerar como un velo que envuelve la luz y los sonidos de una manera concreta y amplia, se te hace familiar.

Tan familiar que lo entiendes y te intriga por igual. Indicio de patrón número uno. Recorriendo la espiral desde fuera hacia dentro.

Recuerdo frecuentemente una de nuestras primeras conversaciones. Ella me hablaba de lo triste que le ponía que muchas representaciones se quedasen en el mundo de las ideas. Me resonó muchísimo. Empecé a fijarme en cómo se traducen y viajan los datos desde ese mundo hasta este físico en el que nos movemos. Carlota tiene una facilidad muy entrenada para extraer información y materializarla, con una dirección y diligencia admirables. Indicio de canal número uno.

Siguiendo la espiral, siempre hay curva.

Con extrema dedicación y amor, es capaz de movilizar a mucha gente para participar en el trabajo conjunto de dar vida a tan bellas ideas. Su energía es arrolladora en los sets.

Se me hace imposible imaginar la incomodidad o exclusión en cualquier proyecto liderado por Carlota. El poderío que se respire es inspirador. Es innegable cómo ayuda a florecer campos, solo prestándoles su atención e inspección.

Nunca me había sentido del todo cómoda delante de una cámara hasta que Carlota posó la suya sobre mí. Se precipitó en mí una urgencia por aceptarme tal y como soy.

Soy consciente de que no soy la única que se ha sentido así con ella.

Reunir a gente en sitios es su gran obsesión. Dentro y fuera de los sets. Hay una fuerza que la impulsa a generar situaciones en las que las personas se encuentren con otras personas y pasen cosas, juegos, bailes. Todos sus proyectos tienen una carga performática que muchas veces se siente y vive como sanadora. He perdido la cuenta de las veces que hemos acabado llorando después de disparar unas fotos, rodar o hacer una performance.

Muchas revelaciones aguardan y esperan a ser descubiertas dentro de estructuras tan calculadas como unas fotos. O las redes que se conectan entre los individuos. Revelando los chorros de color violeta que enlazan a todos los seres humanos.

Existe un lugar en el que se acumulan todas las cosas que hemos anhelado, temido, conseguido y perdido. Ese lugar es el cuerpo.

En la piel se imprimen todos los patrones que buscamos fuera de ella. Carlota lleva el eterno retorno tatuado en forma de círculo en el brazo derecho.

Es indebatible el espejo que se genera en nosotros cada vez que capturamos algo con la mirada. Y cada vez que lo volvemos a capturar, de manera ligeramente diferente, pero exactamente igual. El espejo sigue reflejando. La espiral se acompaña a sí misma, hasta el infinito. La vida va pasando y solo te das cuenta del camino cuando te detienes y, en retrospectiva, entiendes un poco más de lo que intuías antes.

Hay varios animales dentro de todas las personas que conozco. En Carlota los he visto casi todos.

Su hábitat natural siempre será un rincón construido por rocas en el Mediterráneo.

Hay un dragón dentro de su corazón y es un regalo lo poco que lo puede disimular.

Mapa para la visitante de este espacio

Cuando una se dispone a entrar en un espacio nuevo, ayuda mucho que se le entregue una guía en la recepción. Entrar en el imaginario de este libro es un acto que reivindica lo que Carlota quiere transmitir al juntar todas estas imágenes, confeccionadas y distribuidas por el espacio, como si se tratara de un museo. Una gran sala blanca. Impoluta pero cargada de una energía eléctrica.

Aparentemente, no existe un orden, porque el orden solo se puede percibir viendo el caos desde la distancia. Identificando cómo se hilan y se mezclan los componentes de la materia. Se funden y acaban componiendo un resultado final en forma de totalidad.

La visitante que entre en esta gran sala podrá deslizarse por la espiral y dejarse llevar por los patrones que escogieron a Carlota para ser materializados, pero manténgase atenta y dése por advertida: la espiral no tiene principio ni tiene final.

And in the doing, new things are discovered. Or, to put it better, when entering this grand gallery, we open ourselves up so that new things may find us.

And so they do, in the same way they find Carlota every time she explains an idea to me. They are the ones that call. Yet the ideas seem not to call her, but rather burst into her with a force and a conviction that may reveal an order superior to our own understanding.

A fractal pattern. In this collection of her obsessions, intangible and untranslatable messages are gathered. They sit upon the paper, leaning against the spiral that begat them, and to which they shall return.

Or perhaps they never abandoned the spiral?

The visitor who allows her body to wind between the limits of these pages will certainly not delay in noticing that there are no limits within the folds and edges of the book's pages. There is a substance that enfolds each and every one of the images and letters that join together to form this grand gallery.

When the visitor finally decides to leave the space she will be confronted by insights that will want to stay awhile in her mind and unwind. My recommendation is to let them repose.

Accommodate them and listen. Let time weave sensation with sensation and construct a cloak. Wrap yourself in it. Do not try to catch them in your hands, because they will escape and return to the spiral. Dance with them, if that is what you want.

At some point the visitor will recognize the perfect way to fit all those insights together.

Once the insights are joined together in her body, the visitor will remember. And she will ask herself:

Did Carlota want to talk about this (insert here the untranslatable subject to which the visitor is referring) when she did this (insert here the image to which the visitor is referring)?

The response will always be: Yes.

When the gallery is again completely empty, devoid of visitors, all the images will remain, talking among themselves. And Carlota will be there as well, inside all of them, joining them with her gaze.

The spiral continues to turn and starts from the beginning.

El aprendizaje no llegará al concluir. La ilustración se dibujará durante el camino. En la fricción, en el trote, en el batir de las alas. "Solo se aprende haciendo, no pensando".

Y en el hacer se encuentran cosas nuevas. Mejor dicho, al entrar en esta gran sala, nos exponemos a que cosas nuevas nos encuentren a nosotras.

Y así lo hacen, tal y como encuentran a Carlota cada vez que me explica una idea. Son ellas las que llaman. Pero las ideas parecen no llamarla, sino irrumpir en ella con una fuerza y convicción que podría desvelar un posible orden superior a nuestro entendimiento.

Un patrón fractal. En esta colección de sus obsesiones se recogen mensajes intangibles e intraducibles. Se sientan sobre el papel, se apoyan sobre la espiral que los engendró y a la que regresan.

¿O quizá nunca abandonaron la espiral?

La visitante que permita que su cuerpo serpentee entre los límites de estas páginas probablemente no tardará en percatarse de que no hay límites en los pliegues y aristas de los folios. Hay una sustancia que envuelve todas y cada una de las imágenes y letras que componen esta gran sala.

Cuando la visitante decida abandonar el espacio se encontrará con intuiciones que querrán sentarse un rato en su mente y descansar. Mi recomendación es dejarlas reposar.

Alójelas y escúchelas. Deje que el tiempo teja sensación con sensación y construya un manto. Cobíjese con él. No las intente coger con las manos, porque se escaparán y volverán a la espiral. Baile con ellas, si así lo desea.

En algún momento la visitante reconocerá el lugar perfecto donde encajar todas esas intuiciones.

Una vez acopladas las intuiciones en su cuerpo, la visitante recordará. Y se preguntará:

¿Querría Carlota hablar de esto —insertado aquí el tema intraducible al que la visitante se estará refiriendo— cuando hizo esto —insertada aquí la imagen a la que la visitante se estará refiriendo—?

La respuesta será siempre: sí.

Cuando la sala vuelva a estar completamente vacía, ausente de visitas. Quedarán todas las imágenes, hablando entre ellas. Y Carlota estará también, dentro de todas. Uniéndolas con su mirada.

La espiral se retuerce y vuelve a empezar.

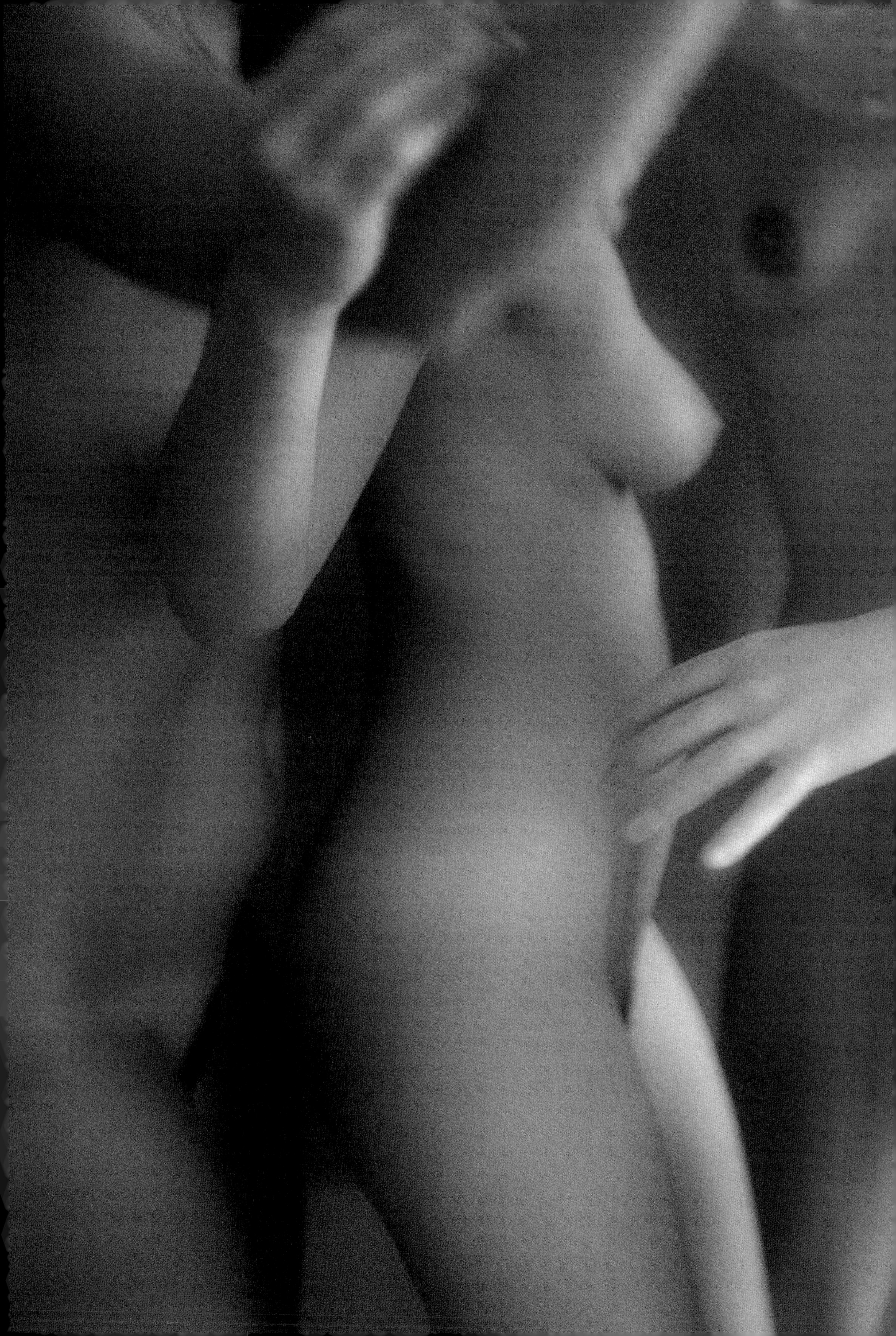

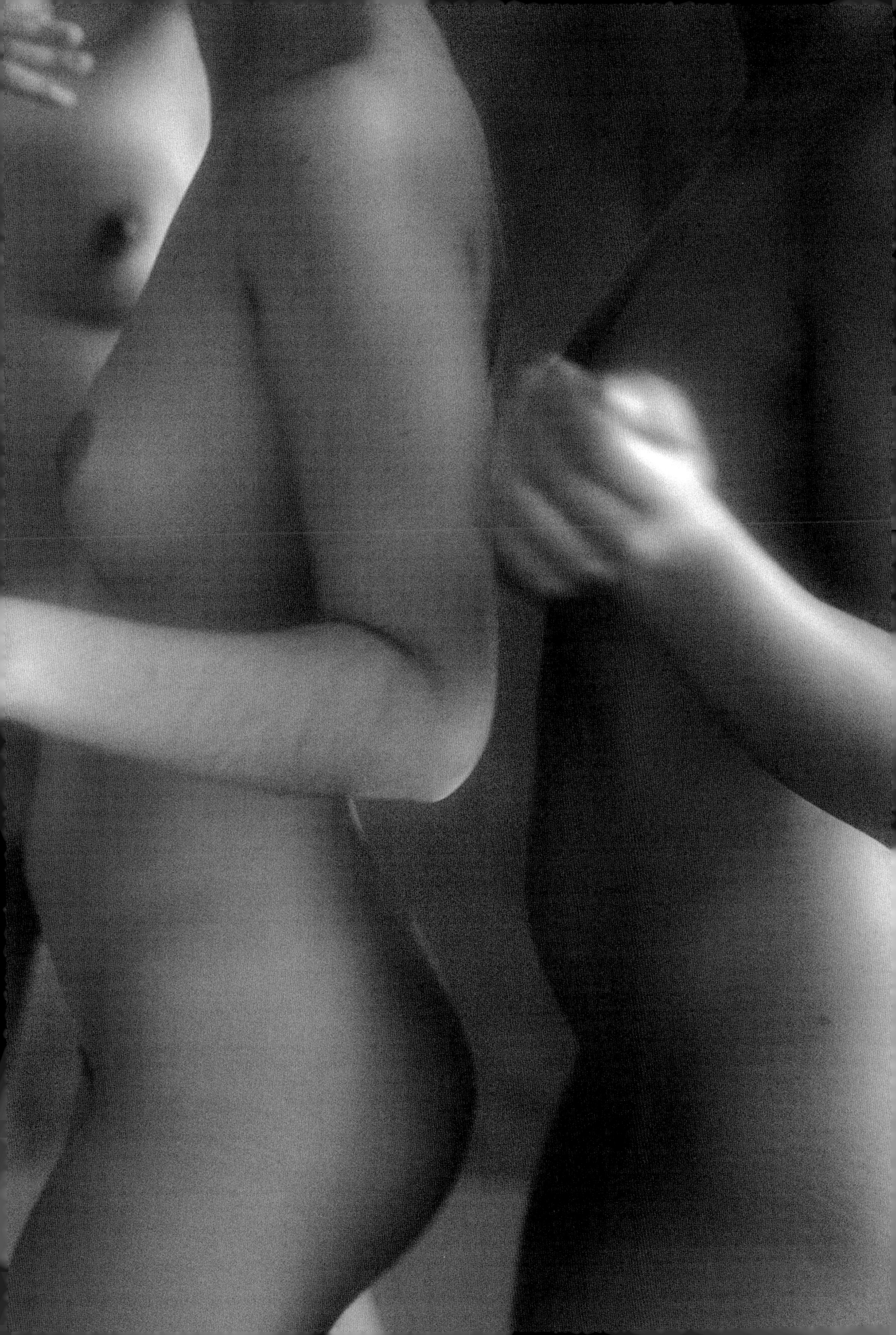

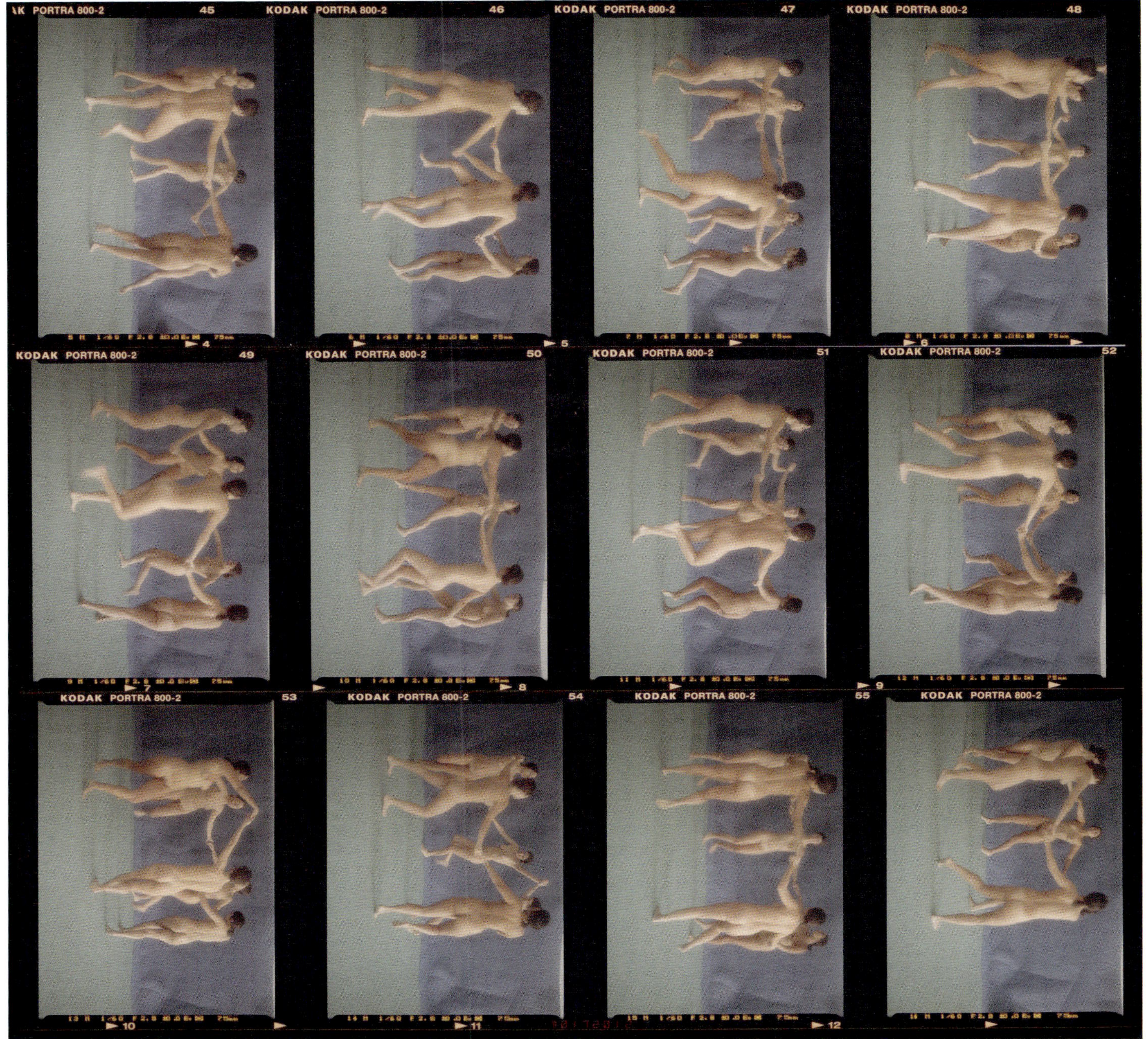

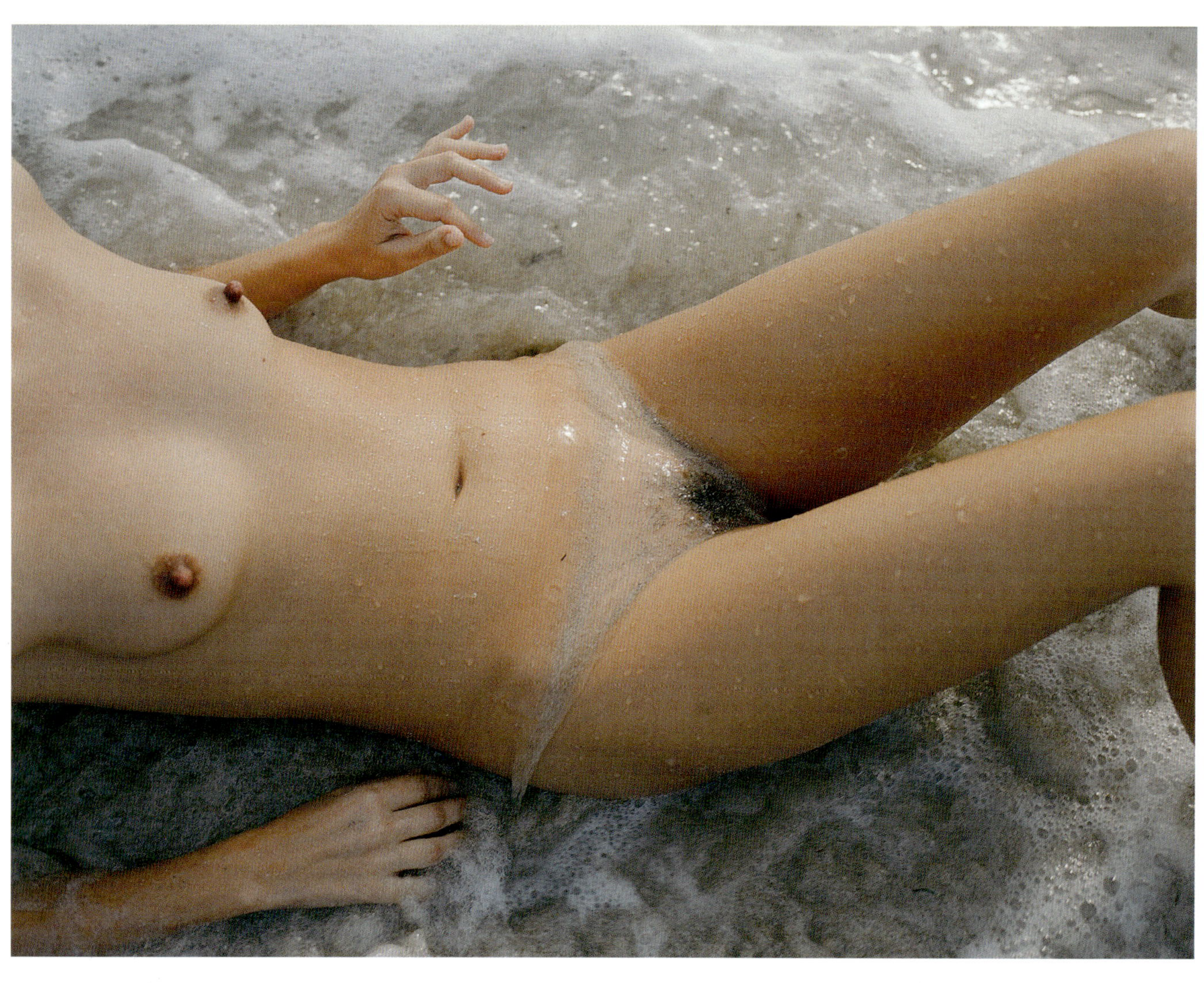

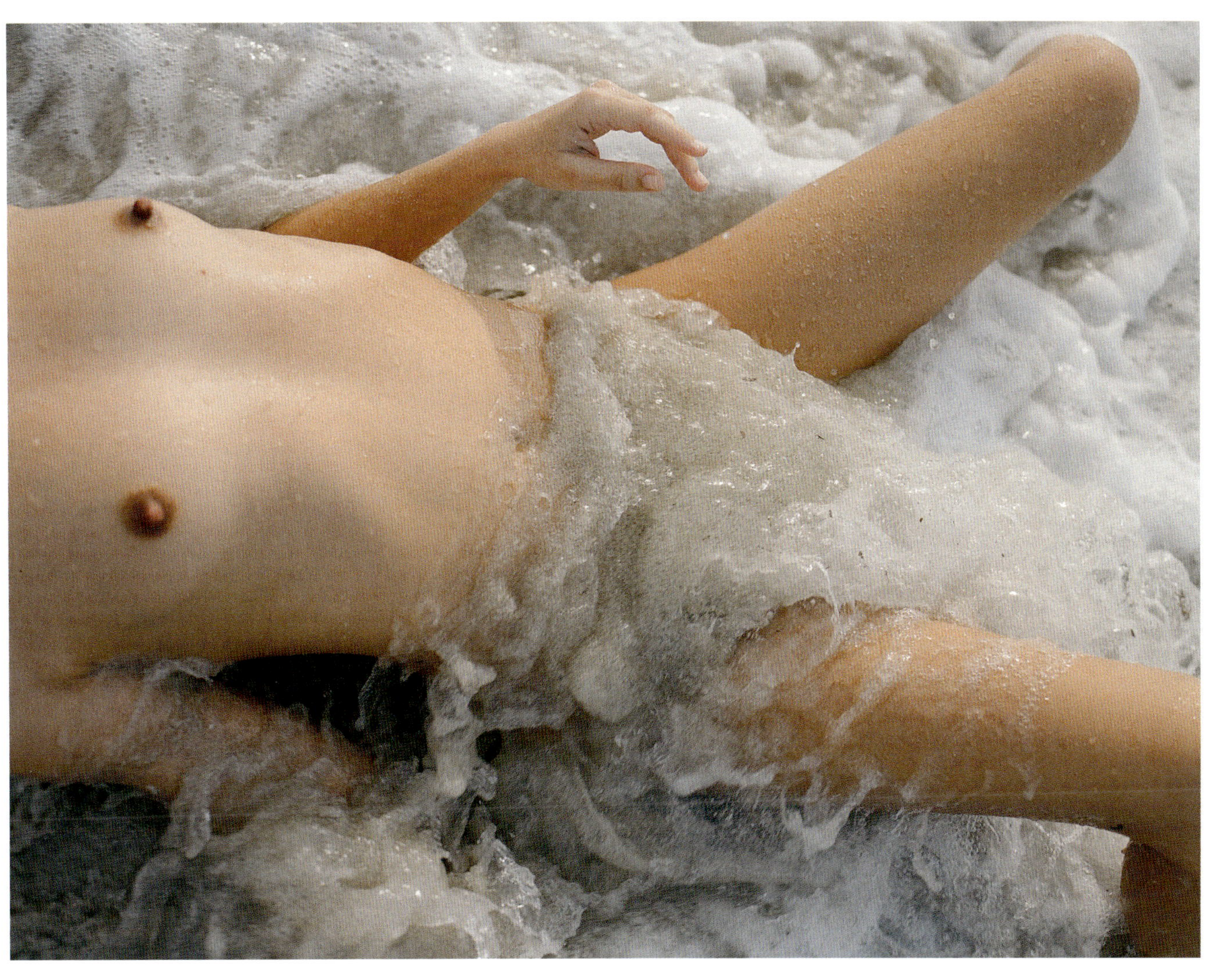

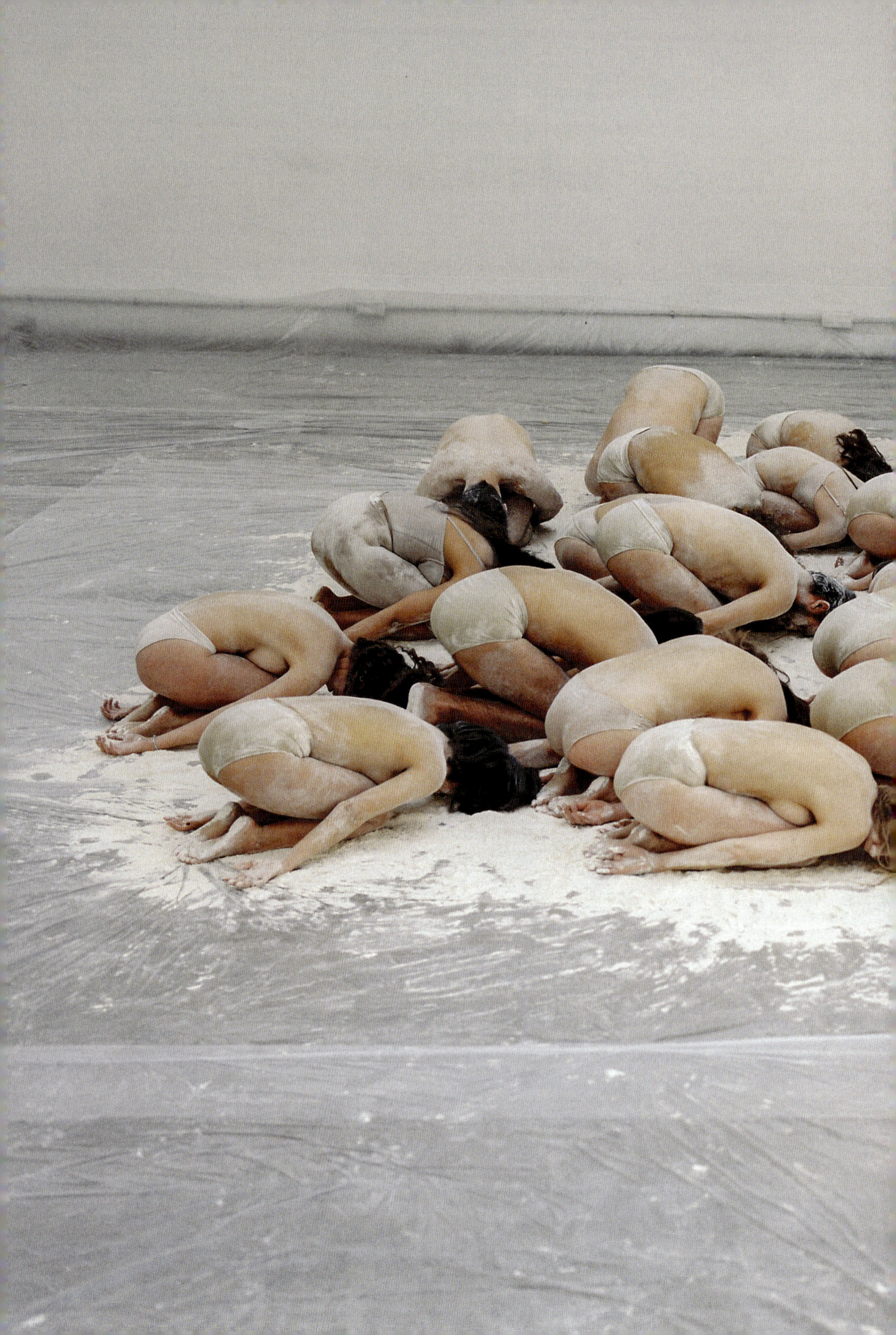

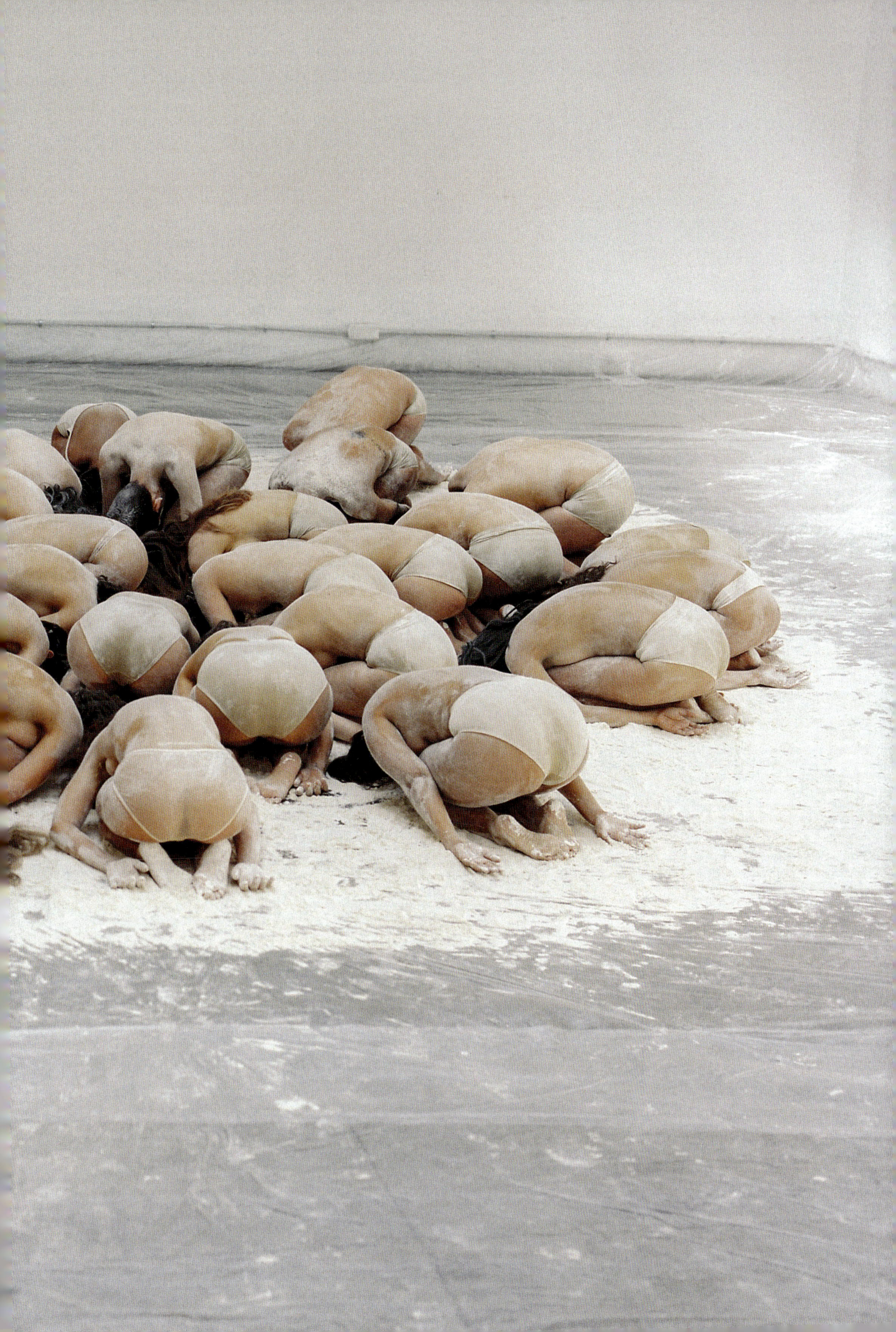

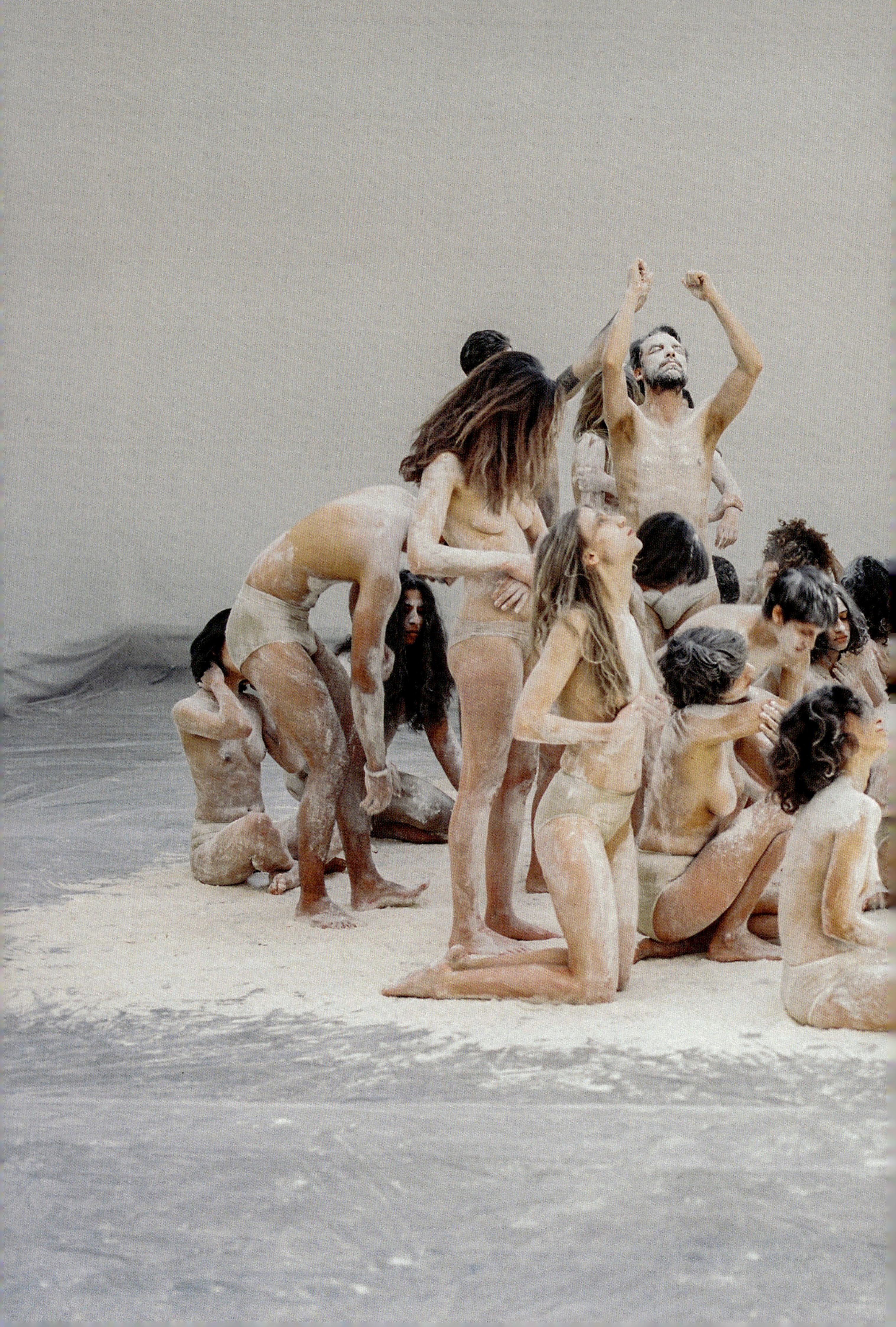

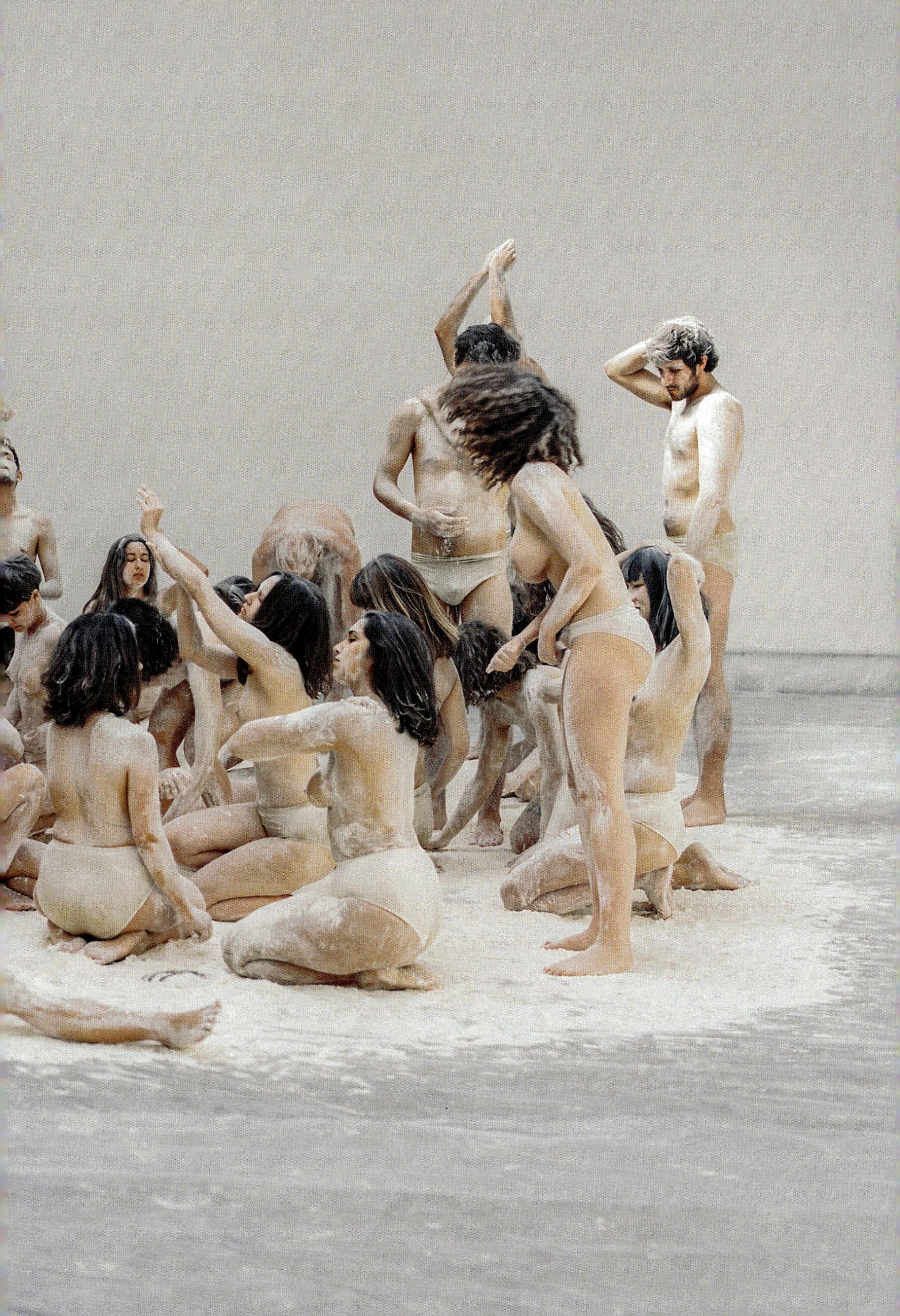

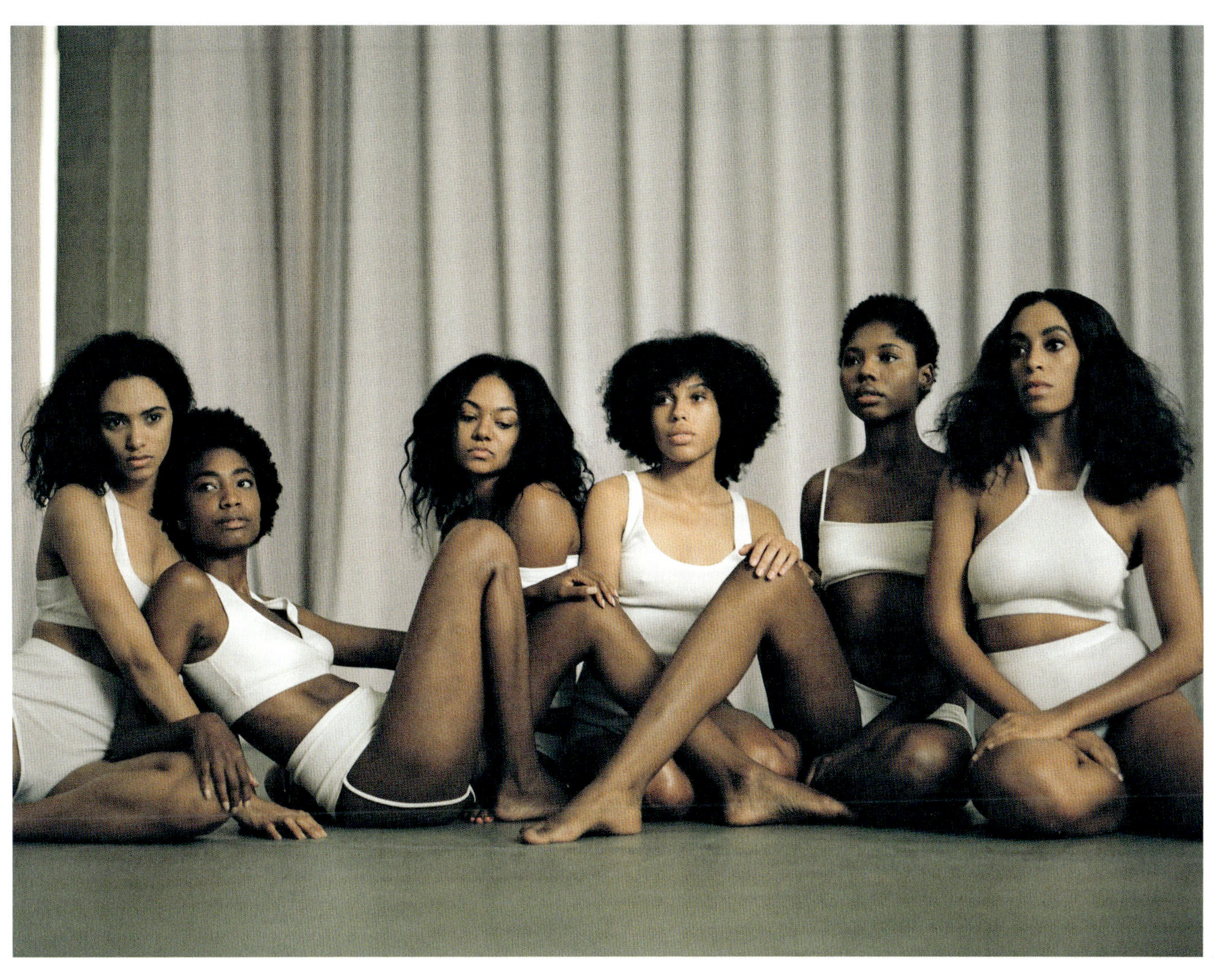

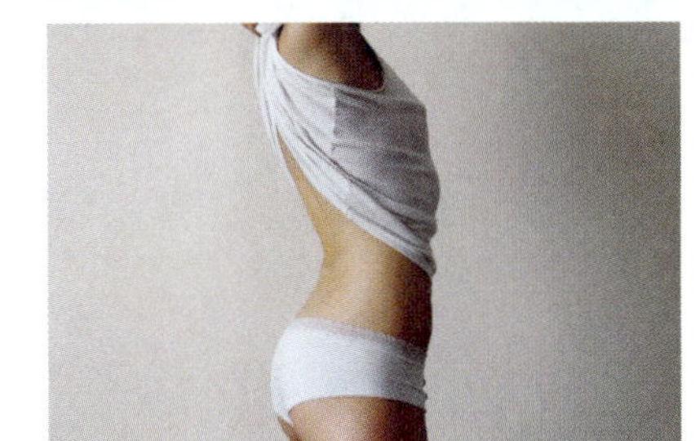

01

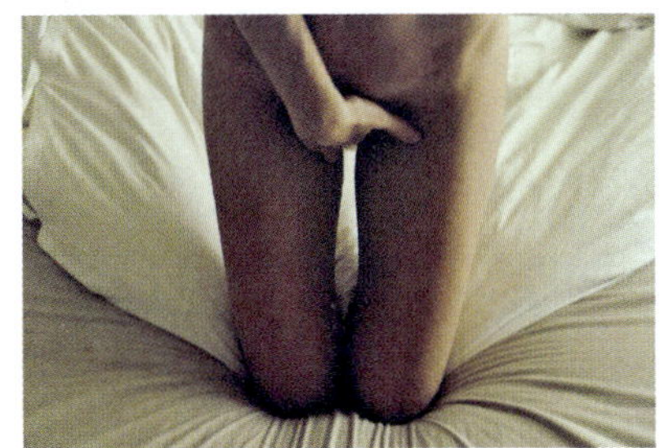

02

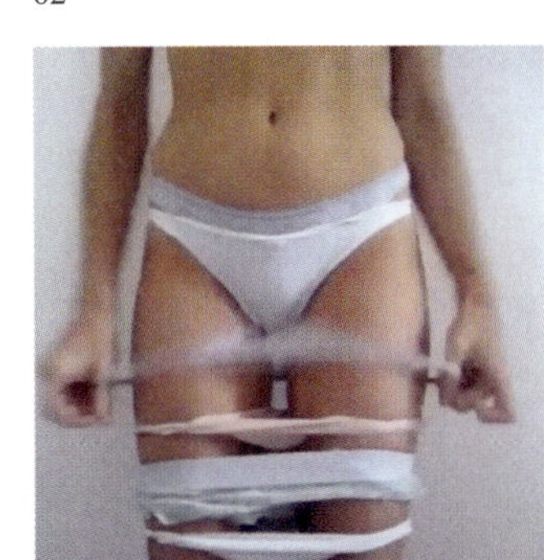

03

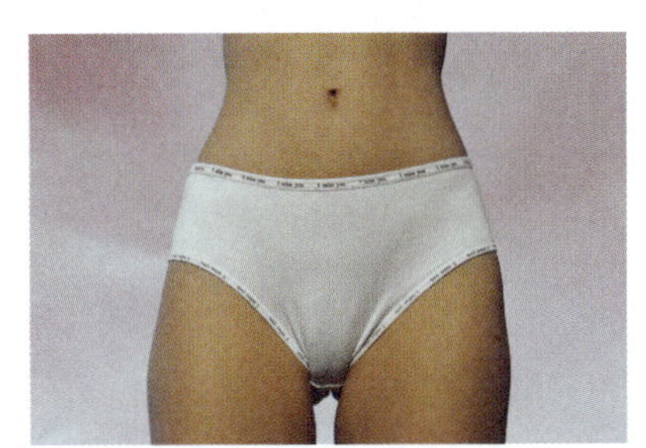

04

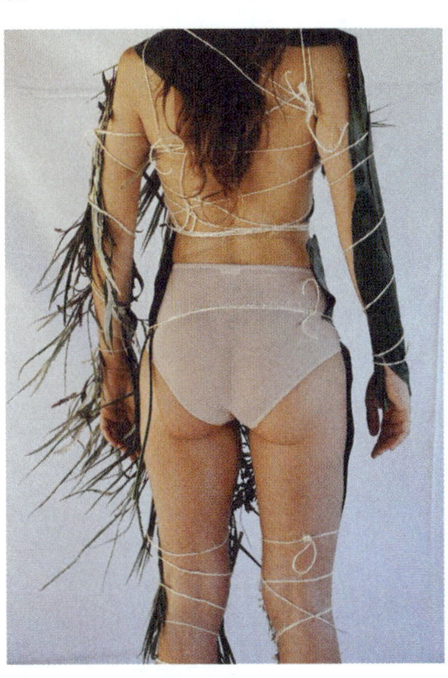

05

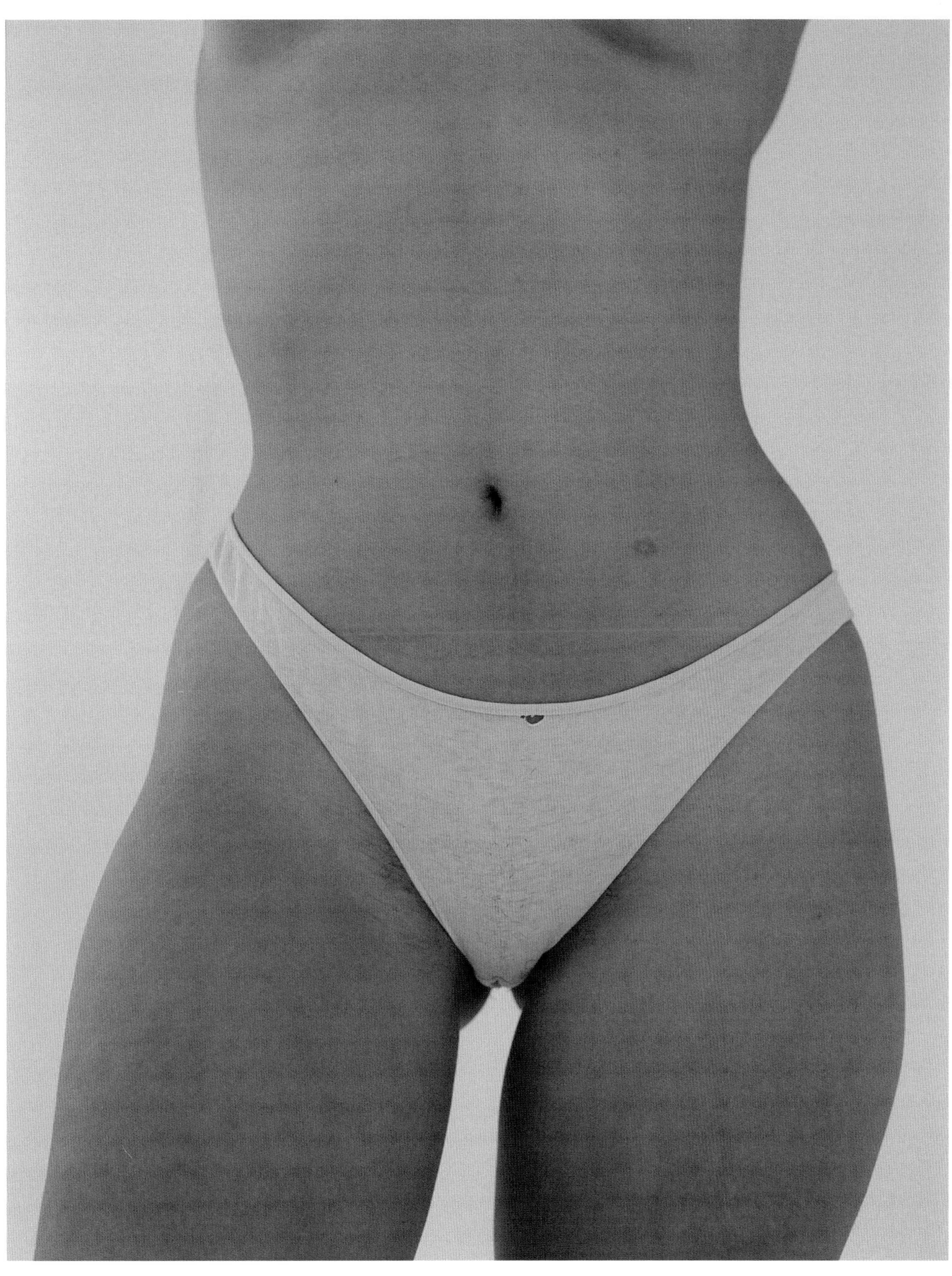

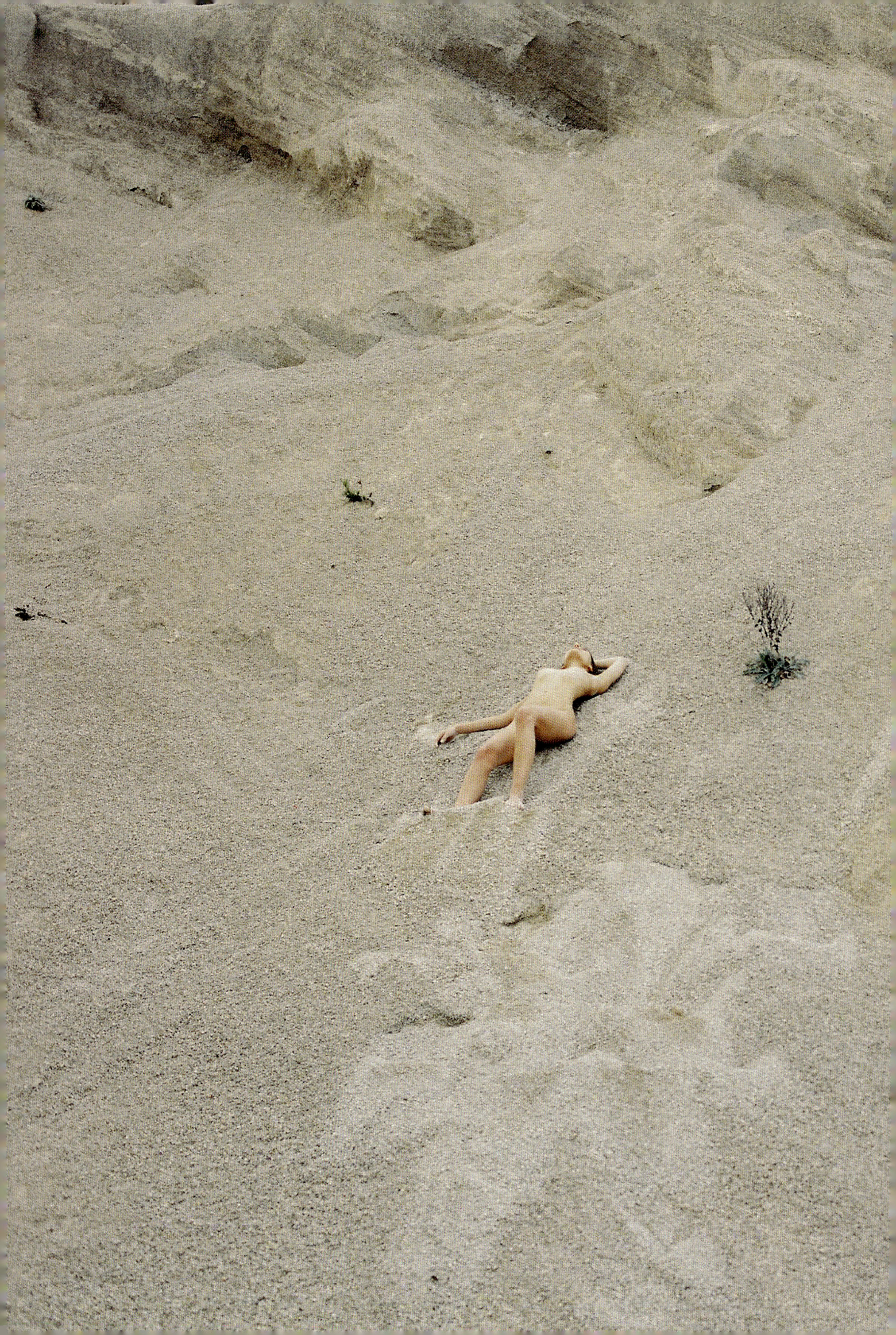

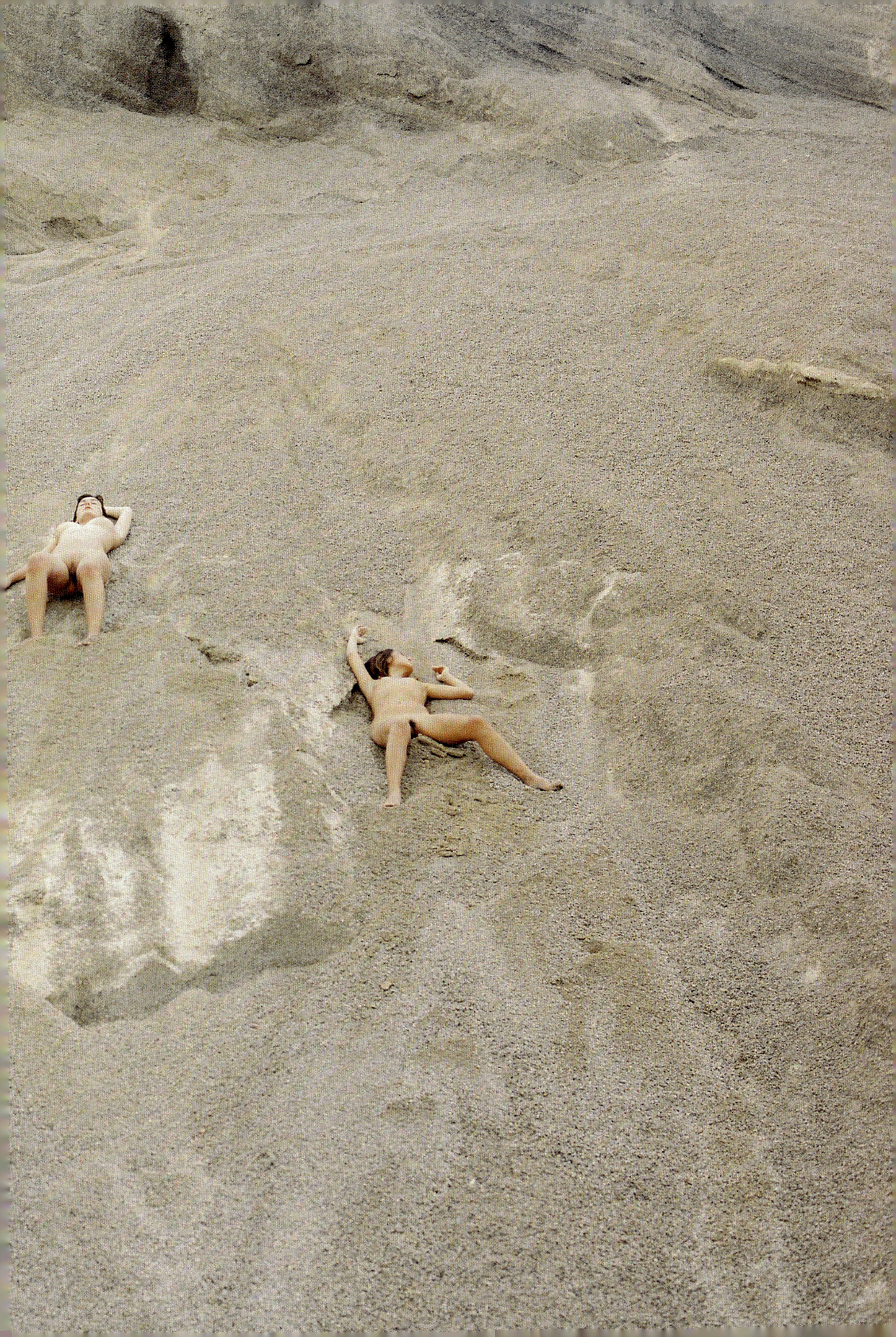

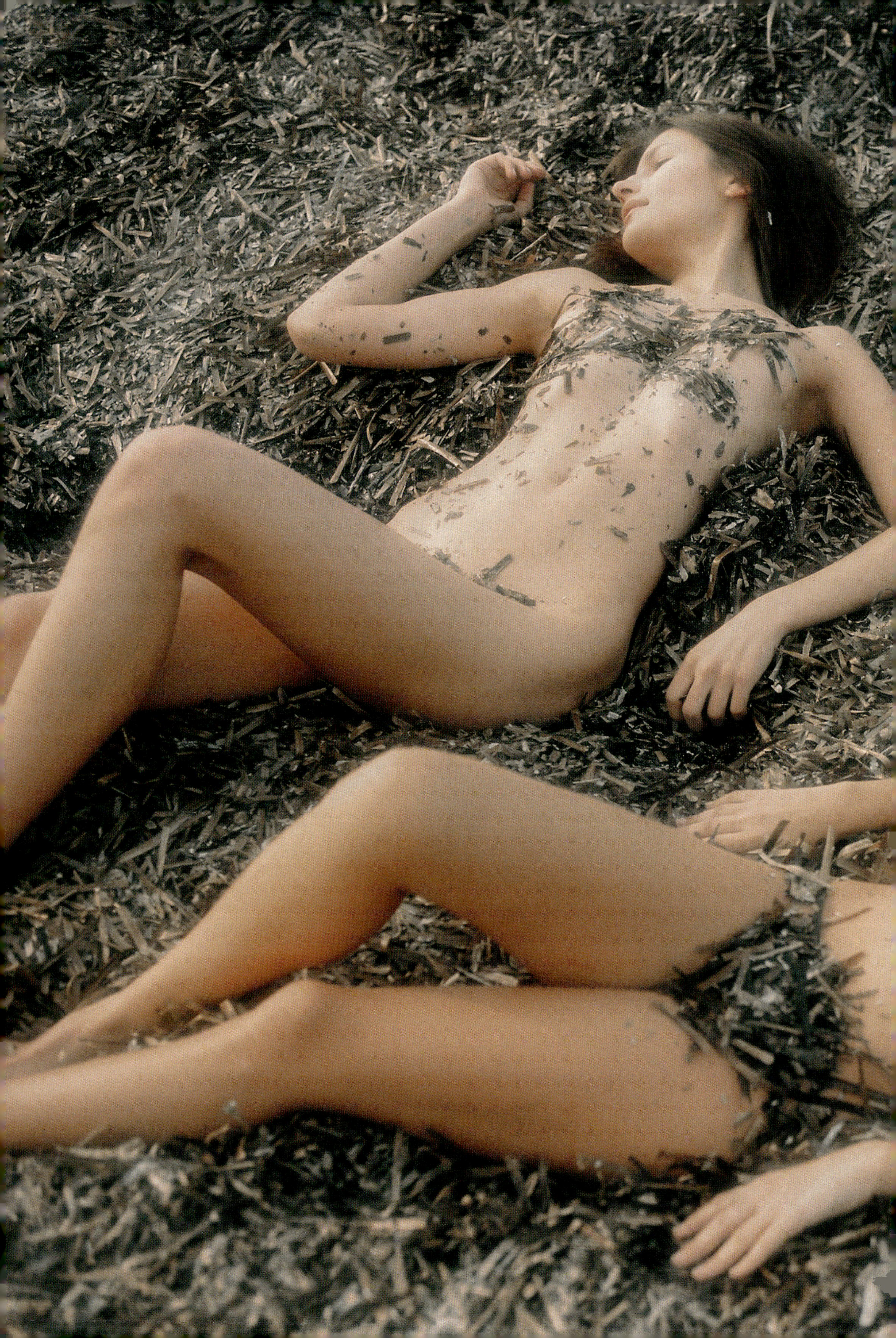

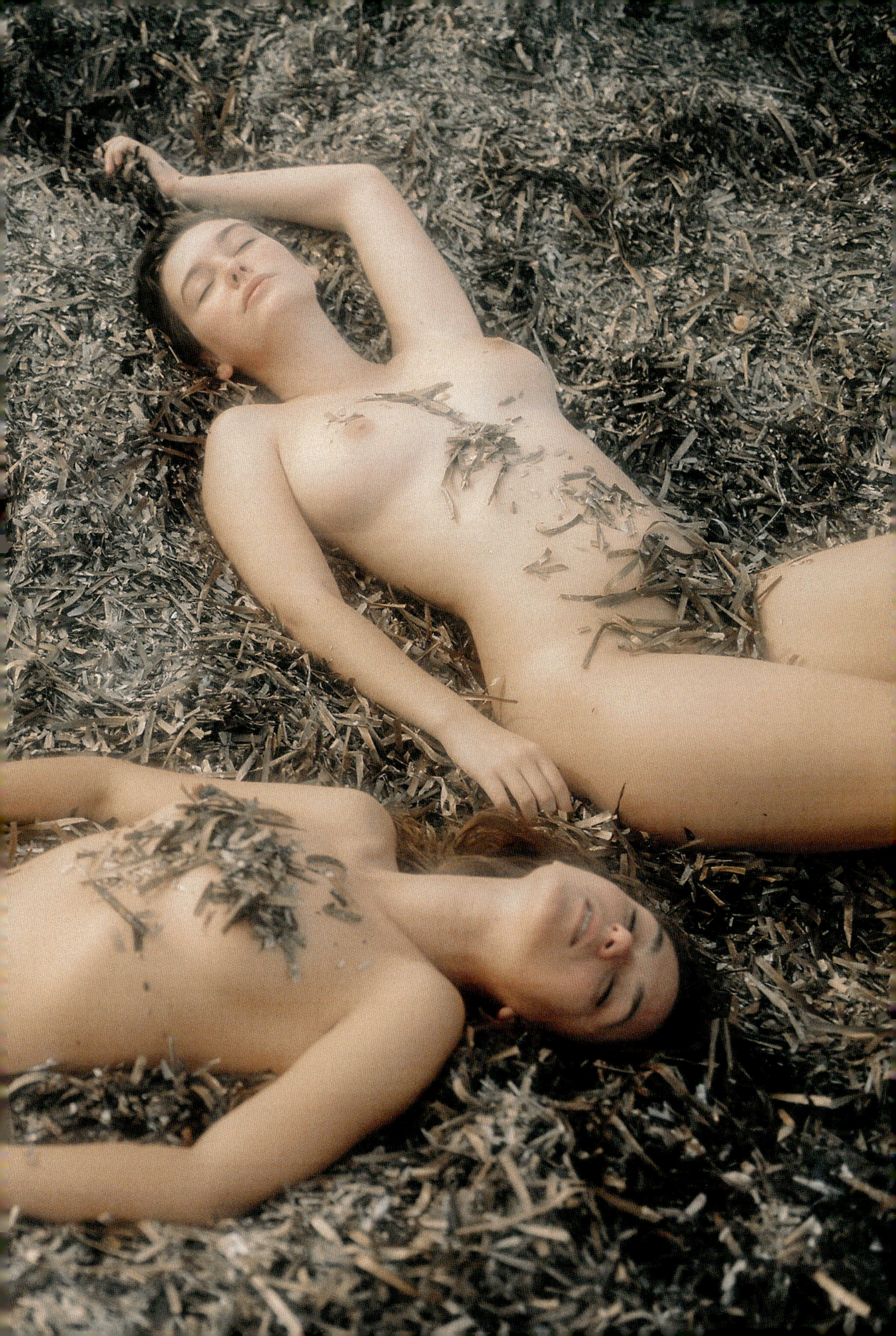

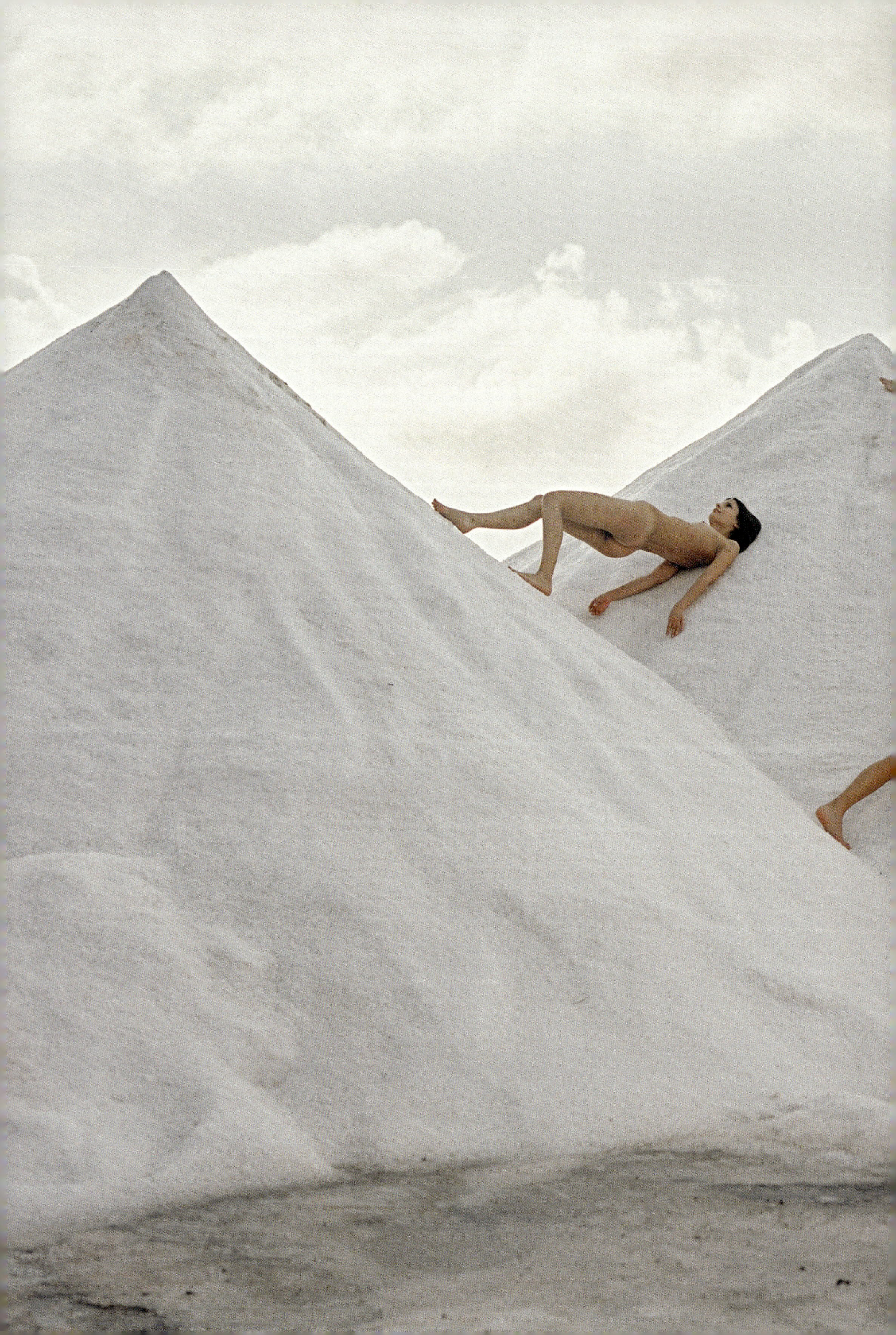

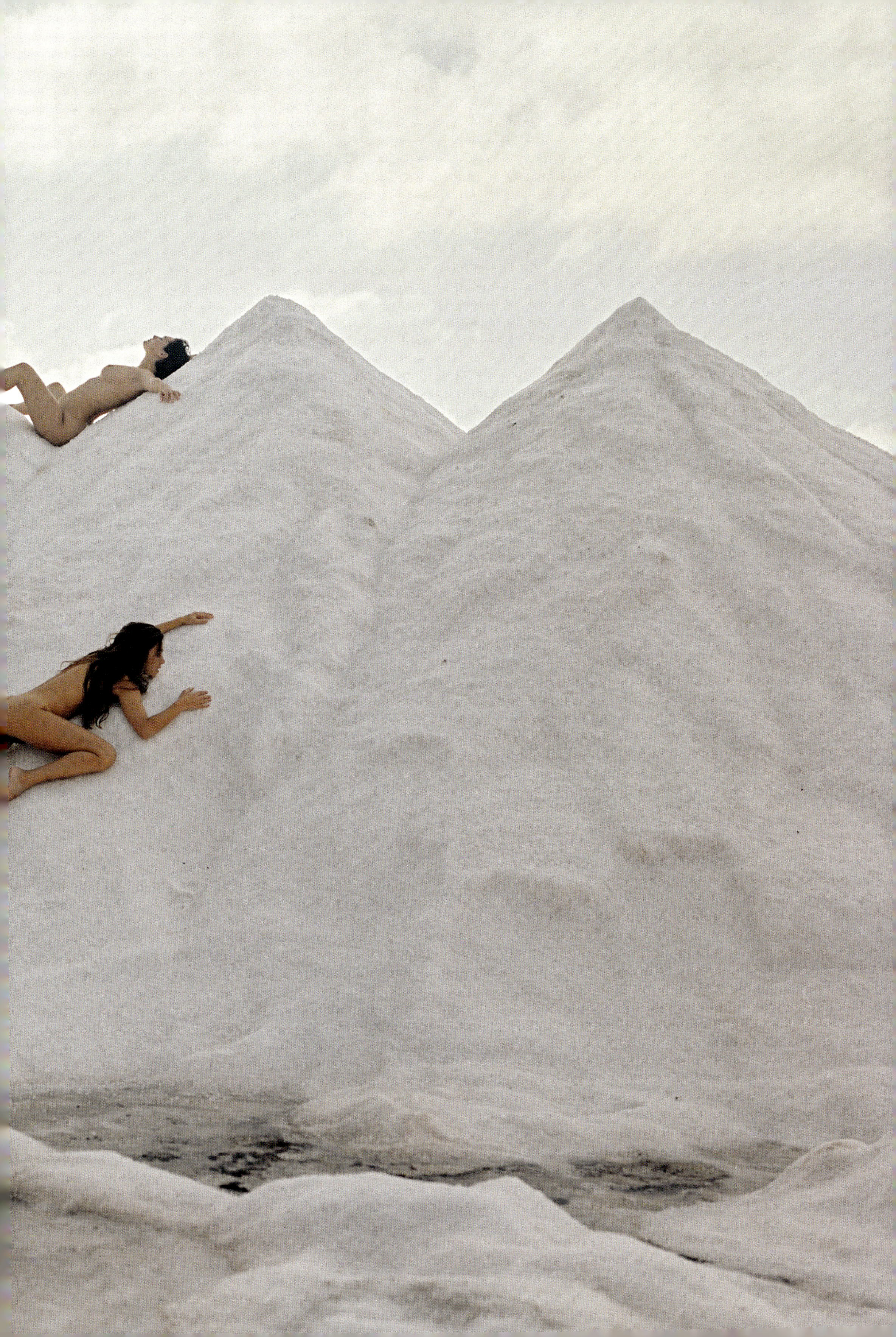

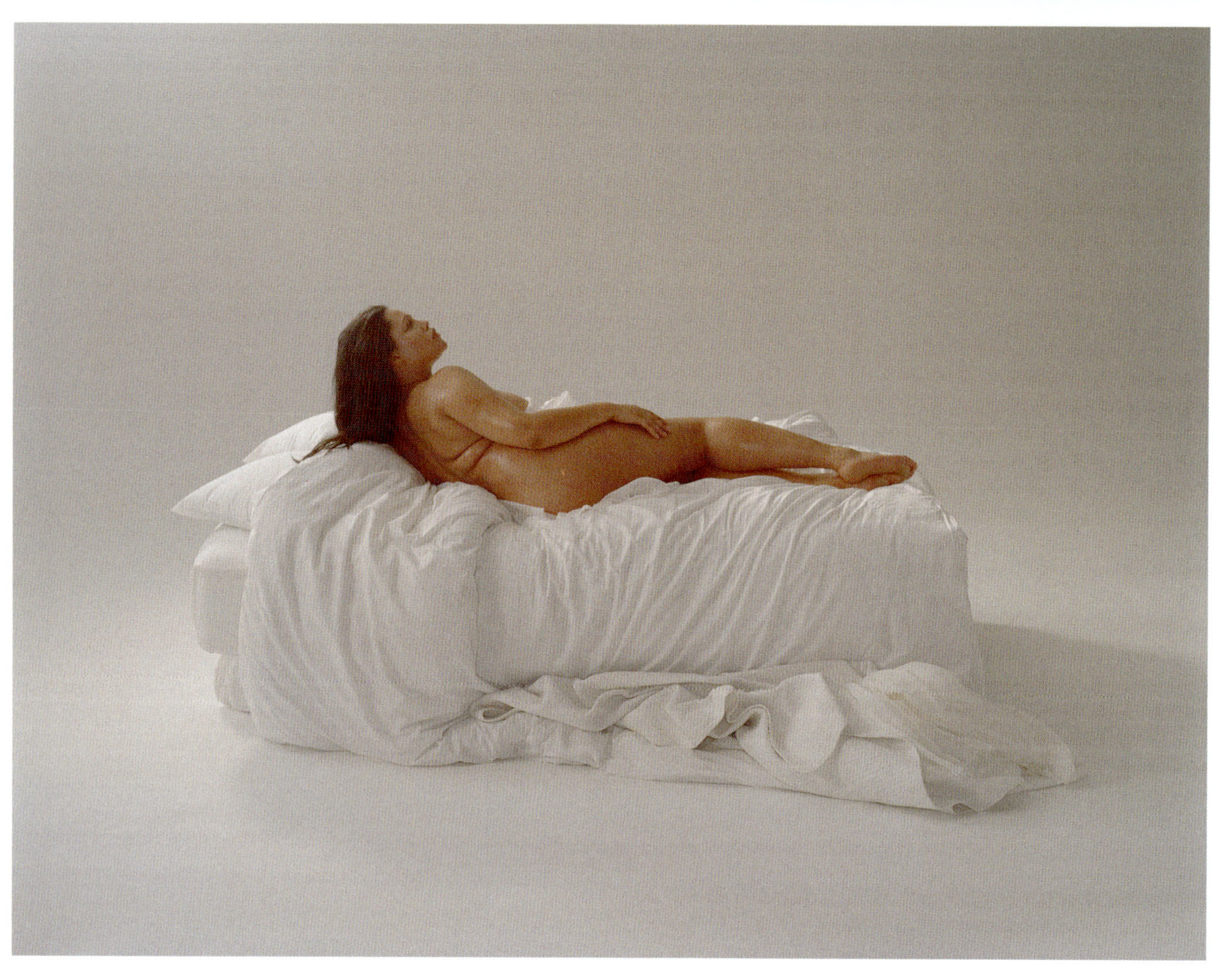

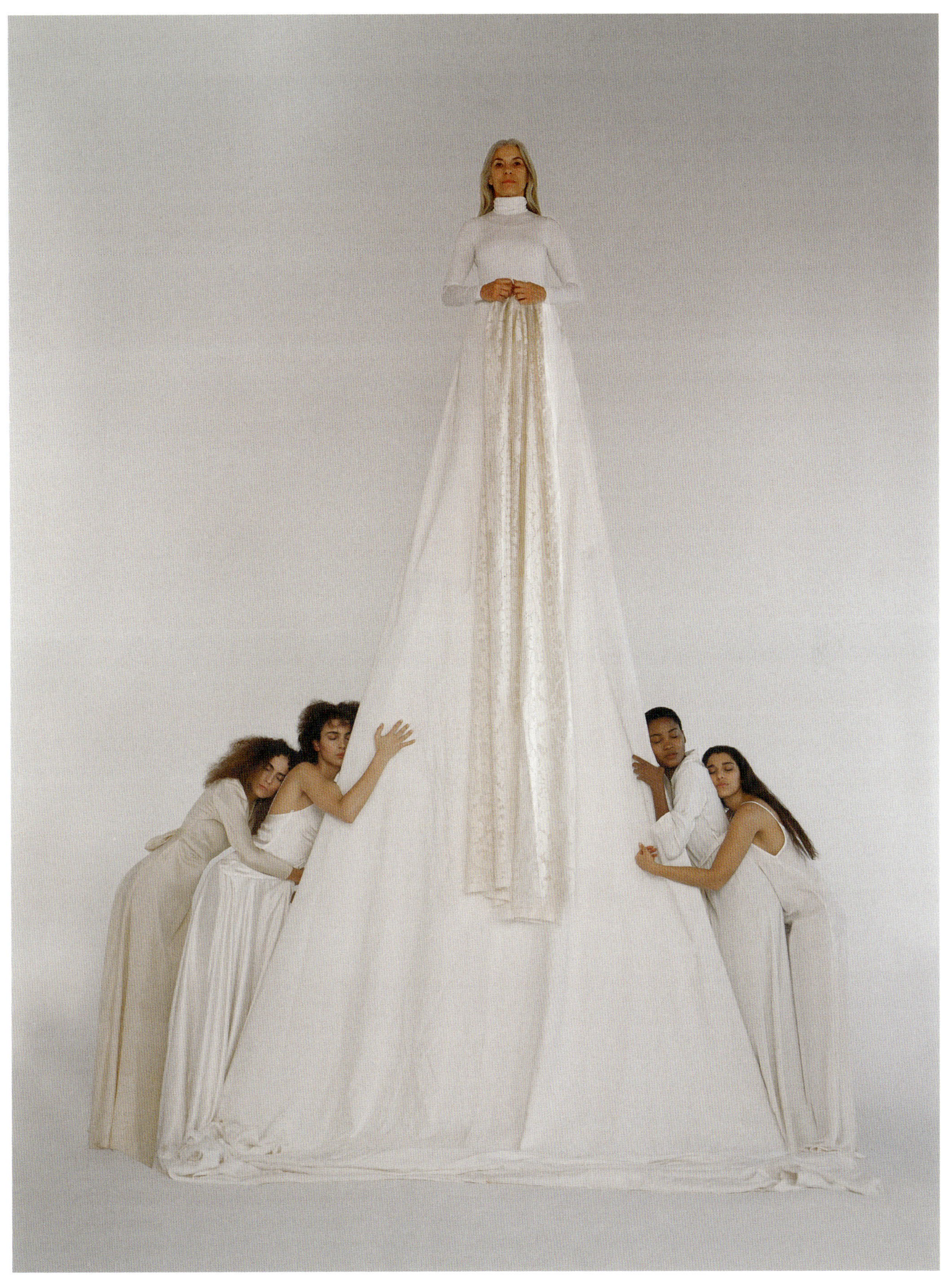

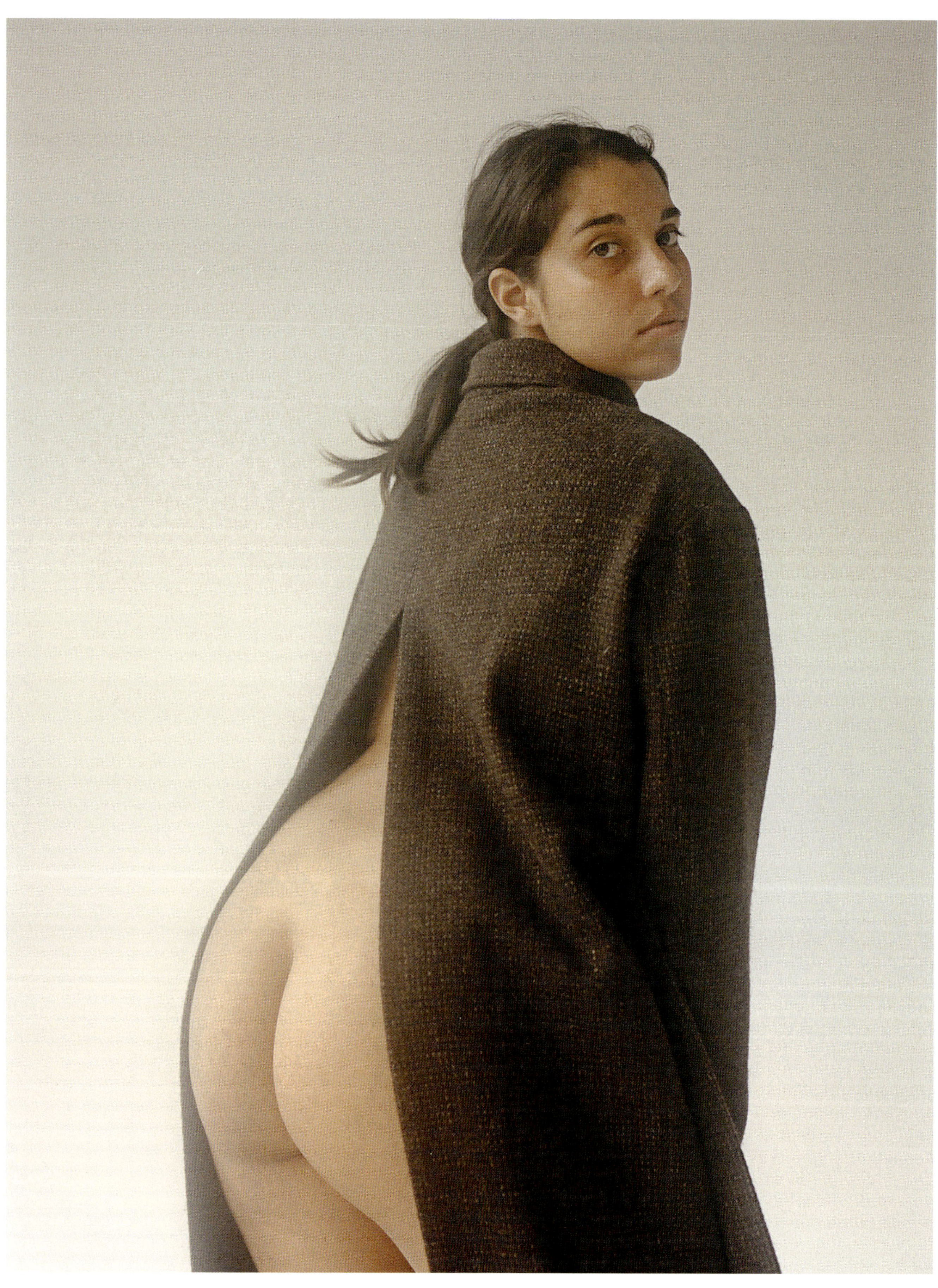

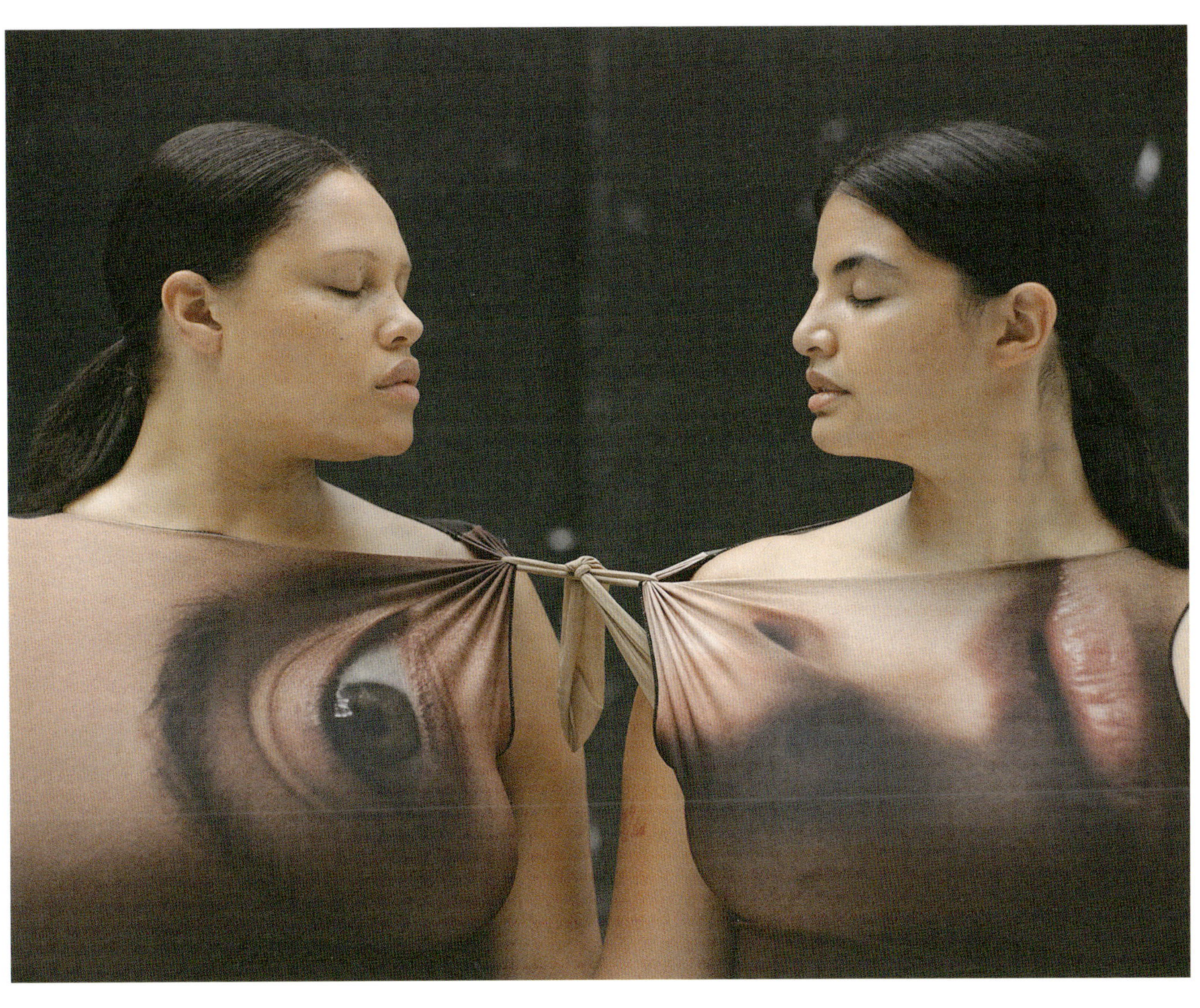

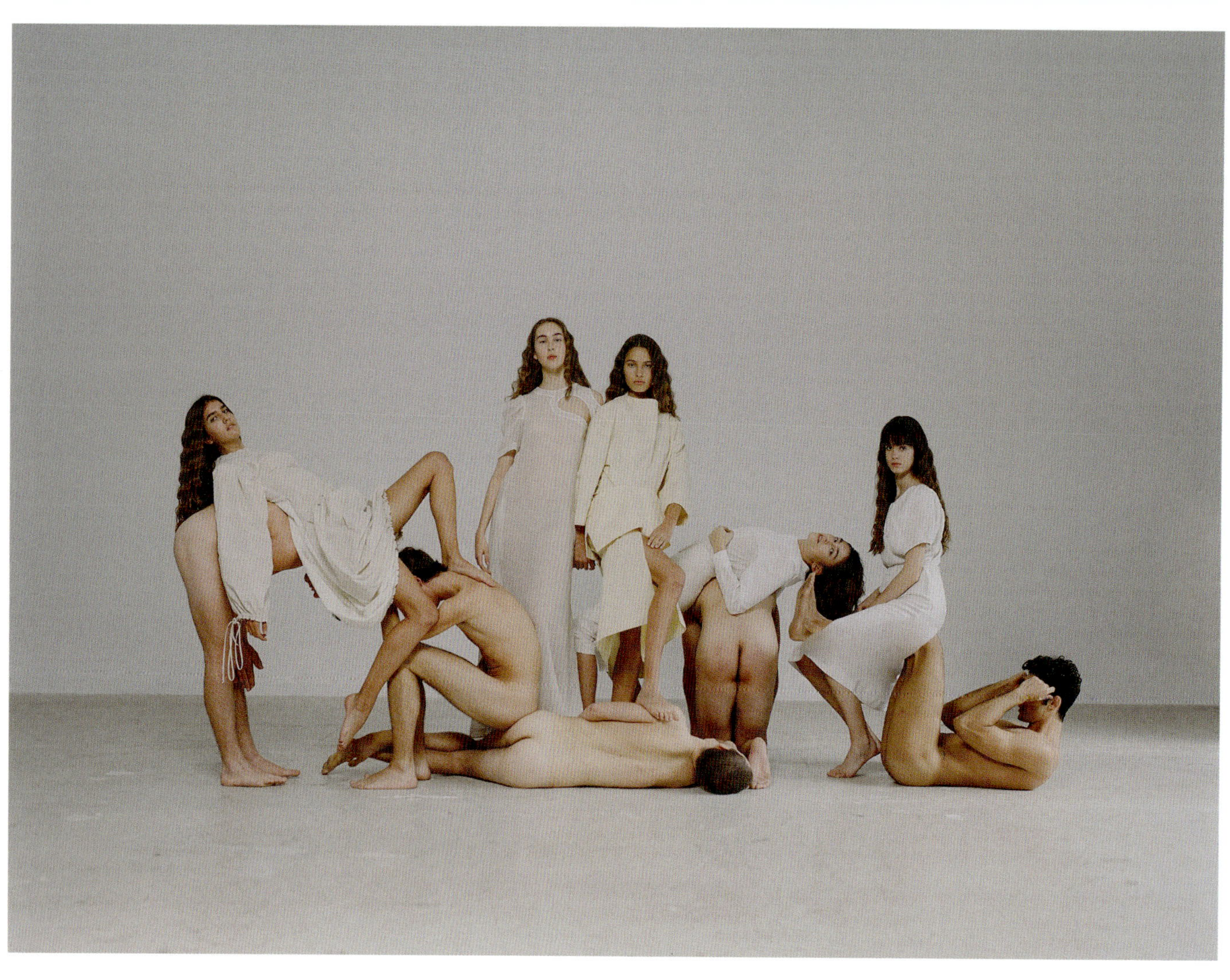

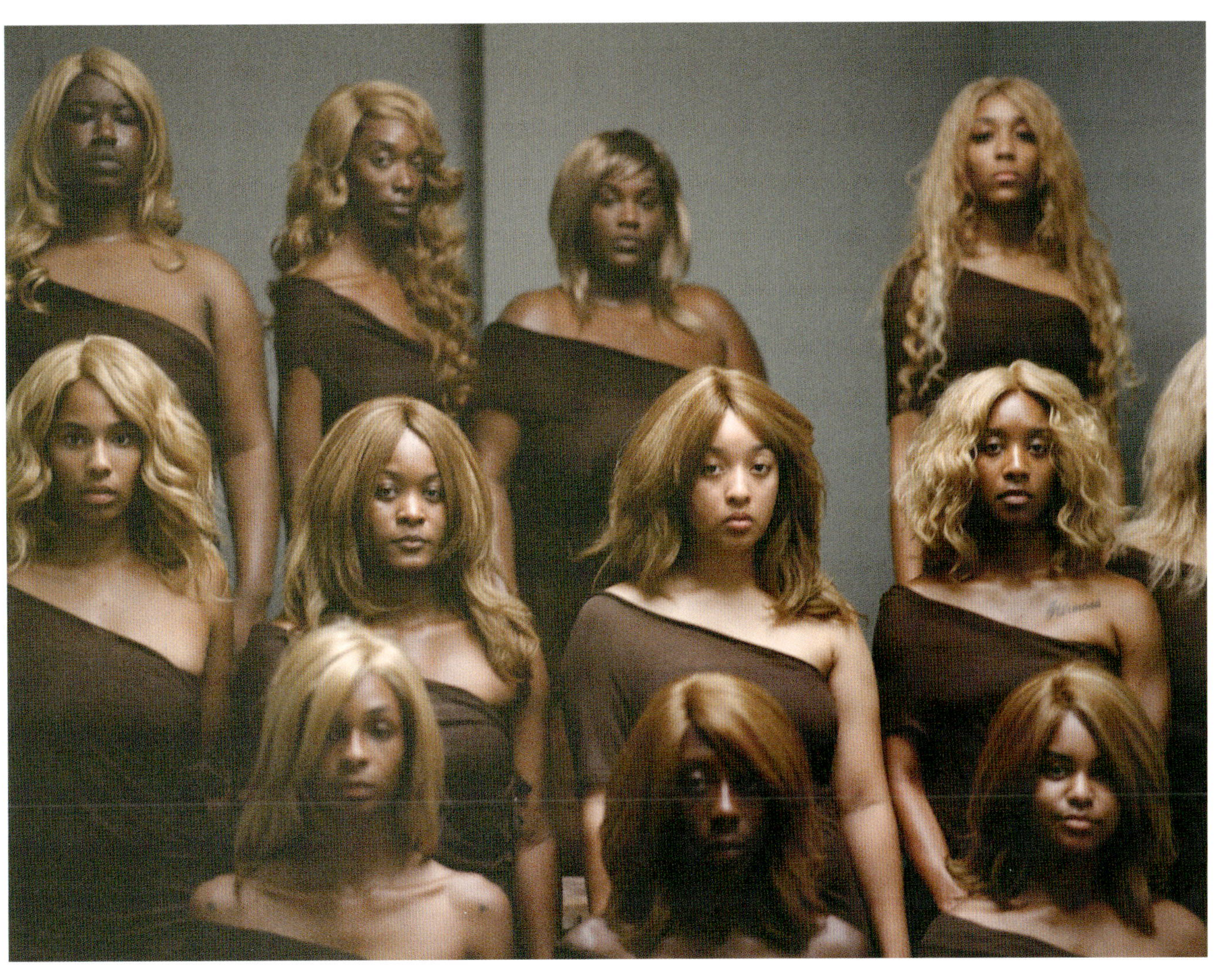

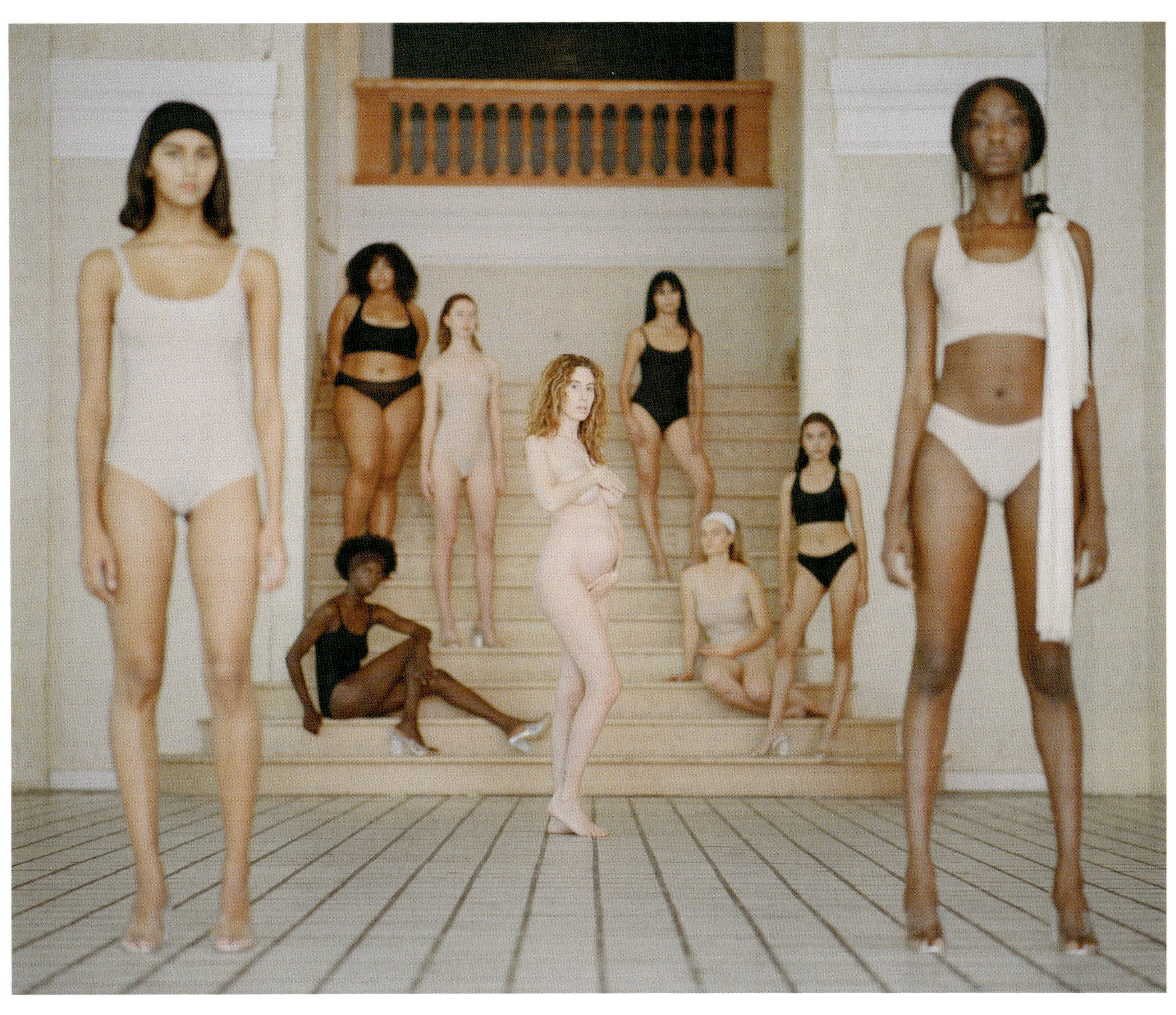

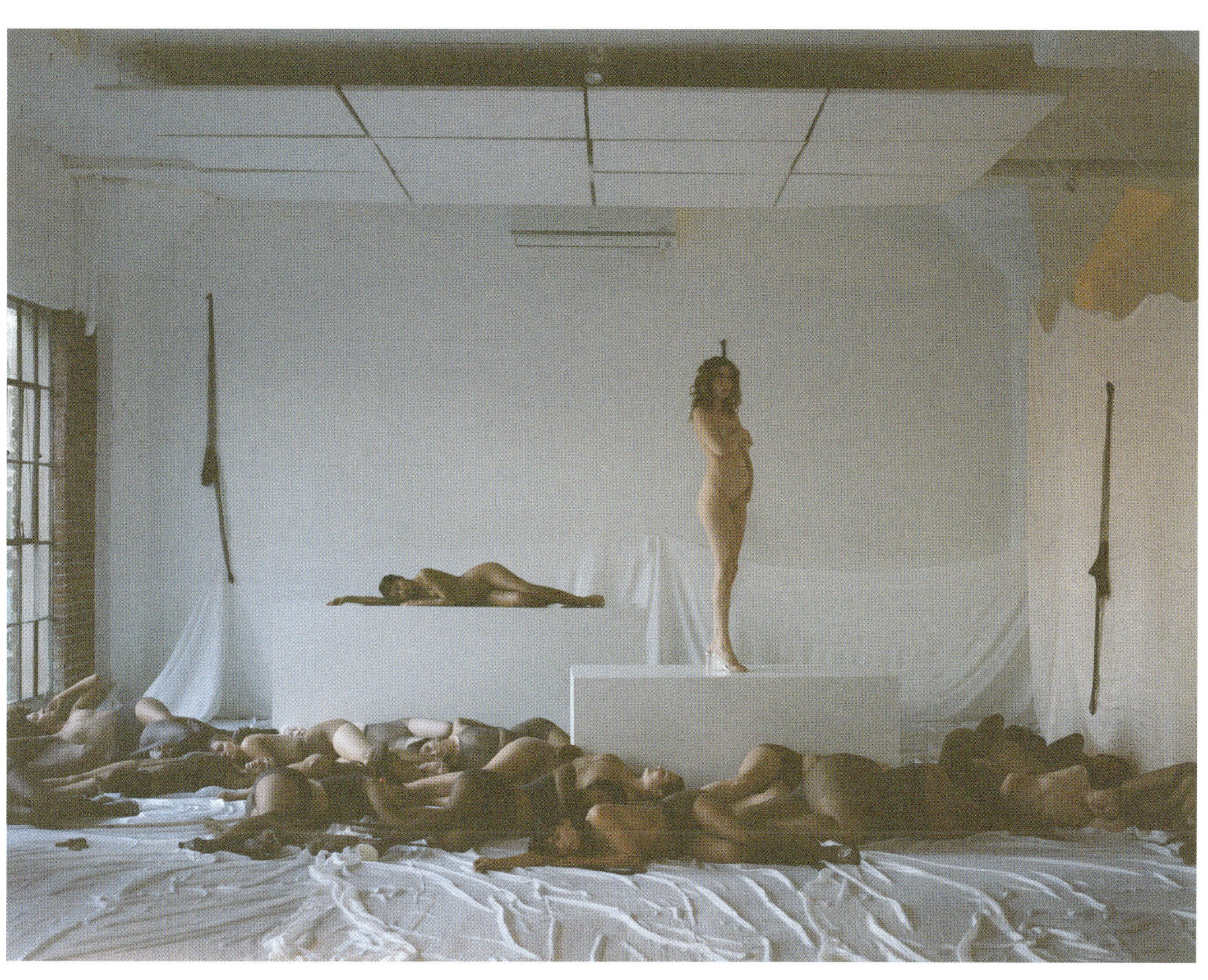

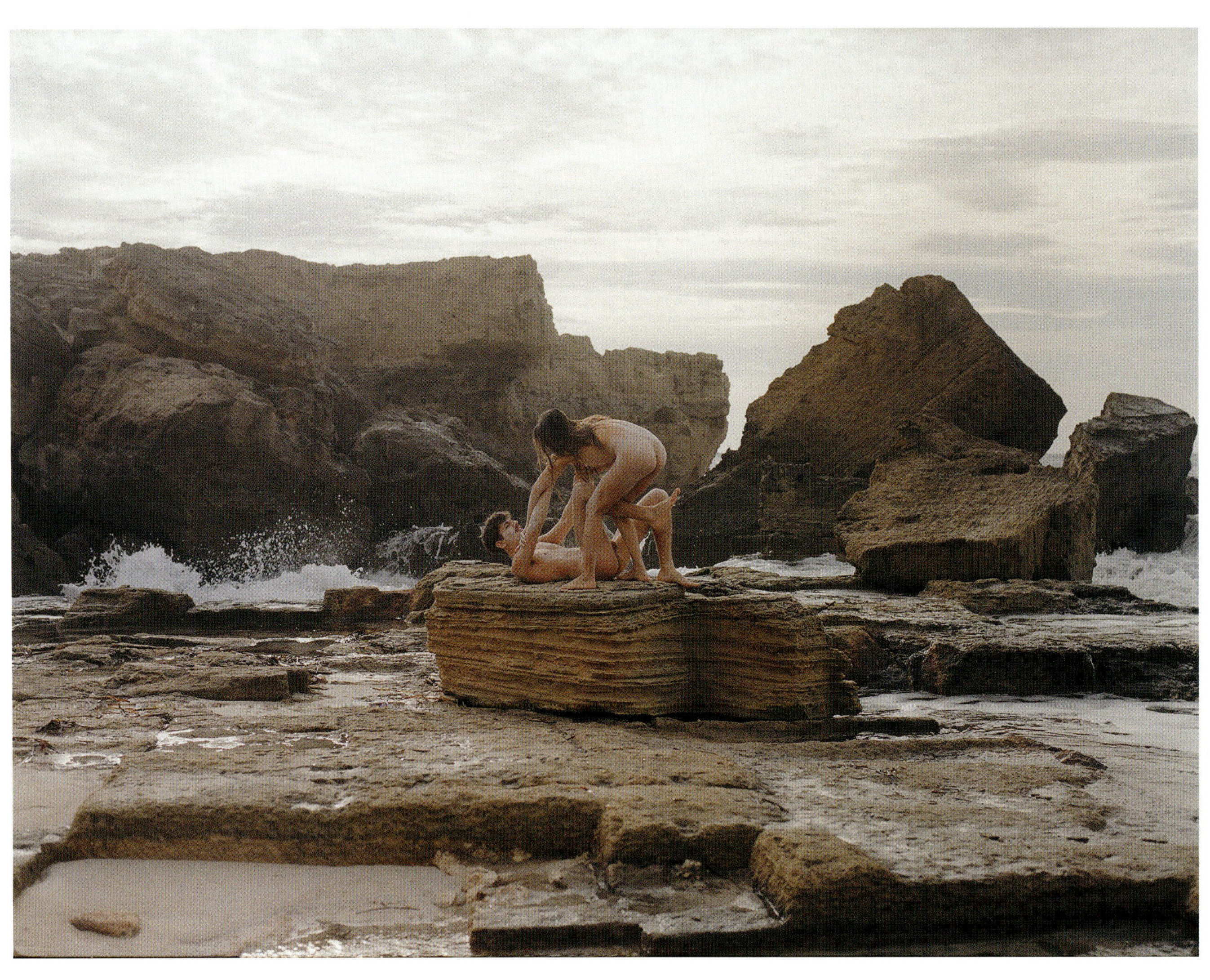

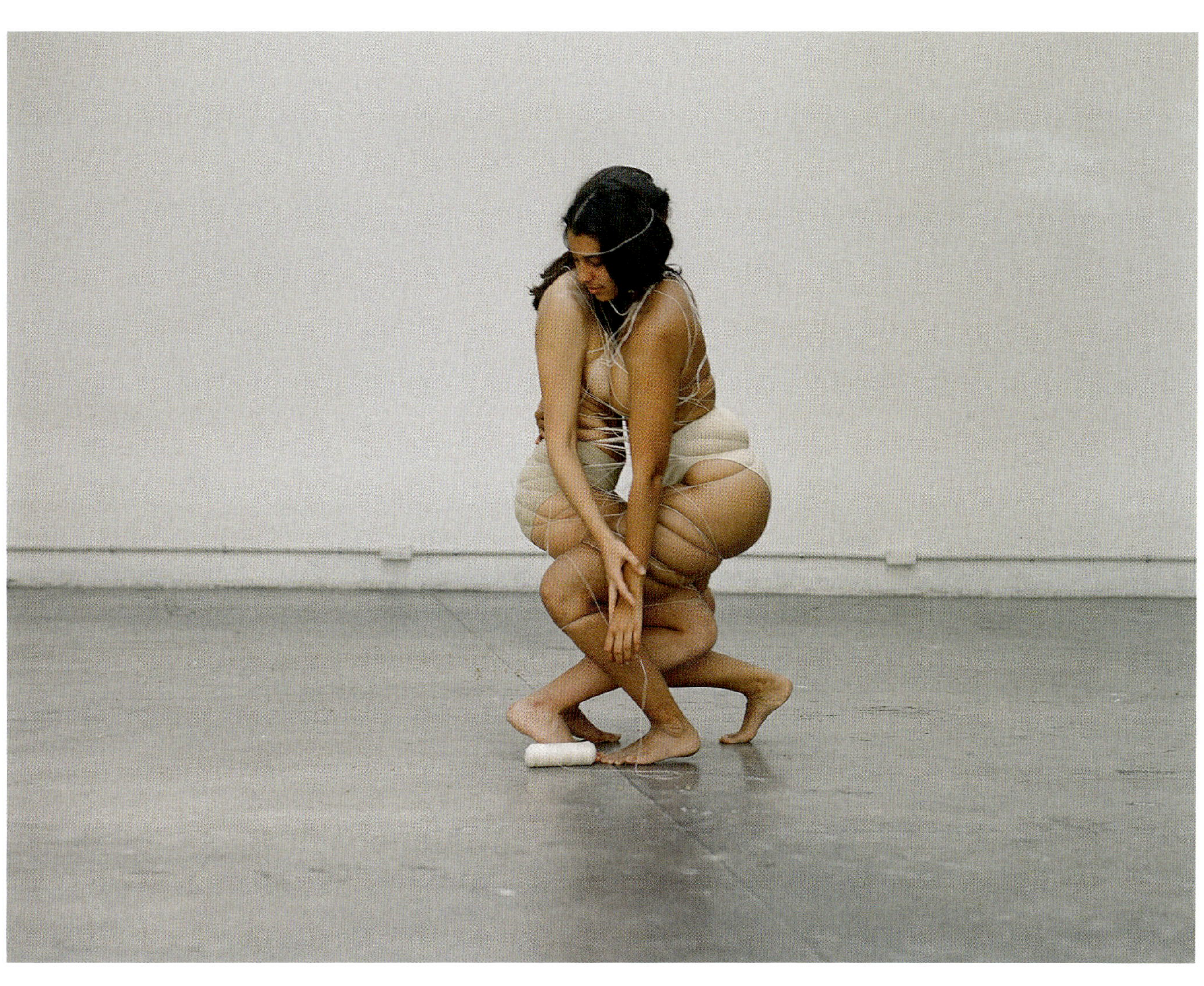

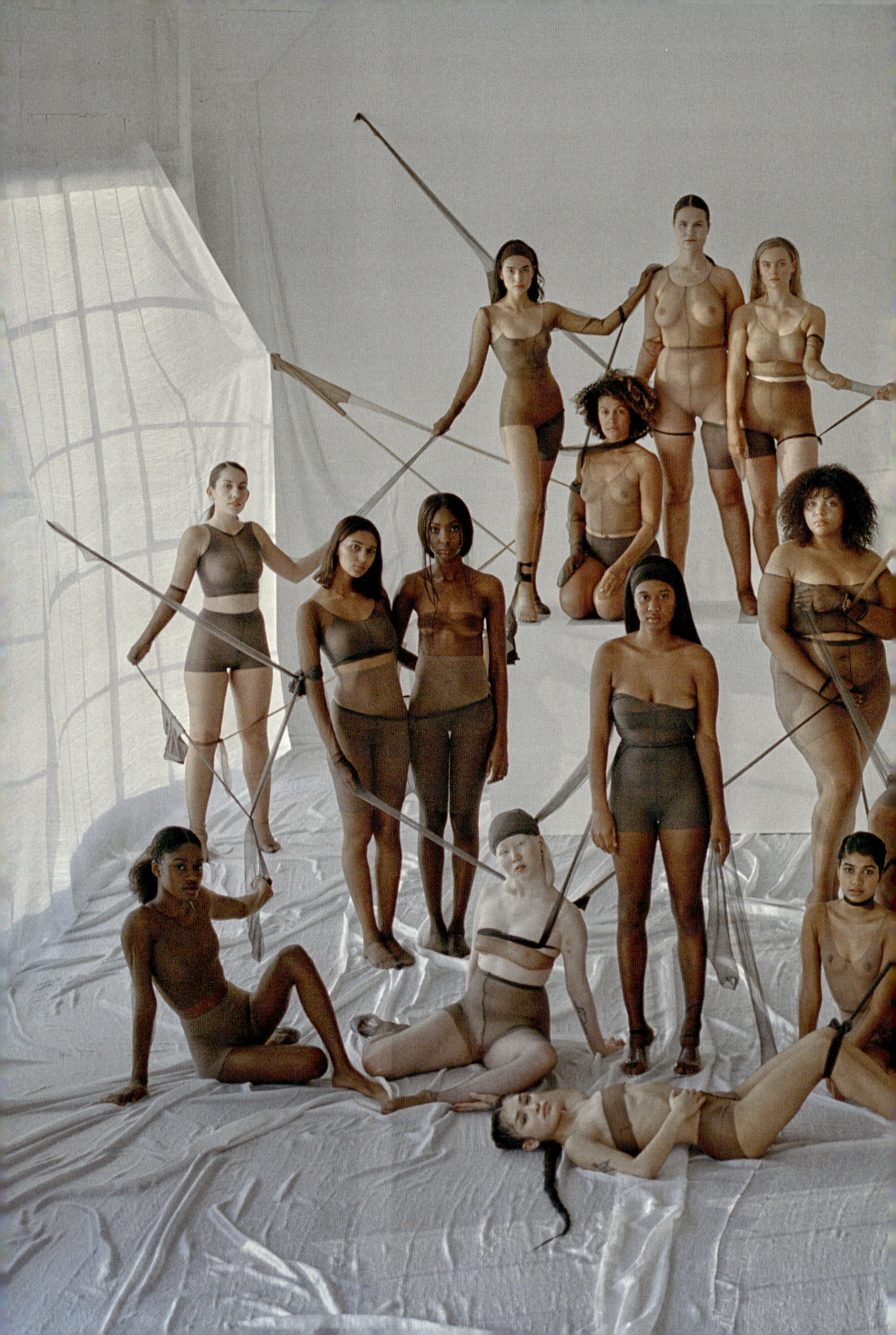

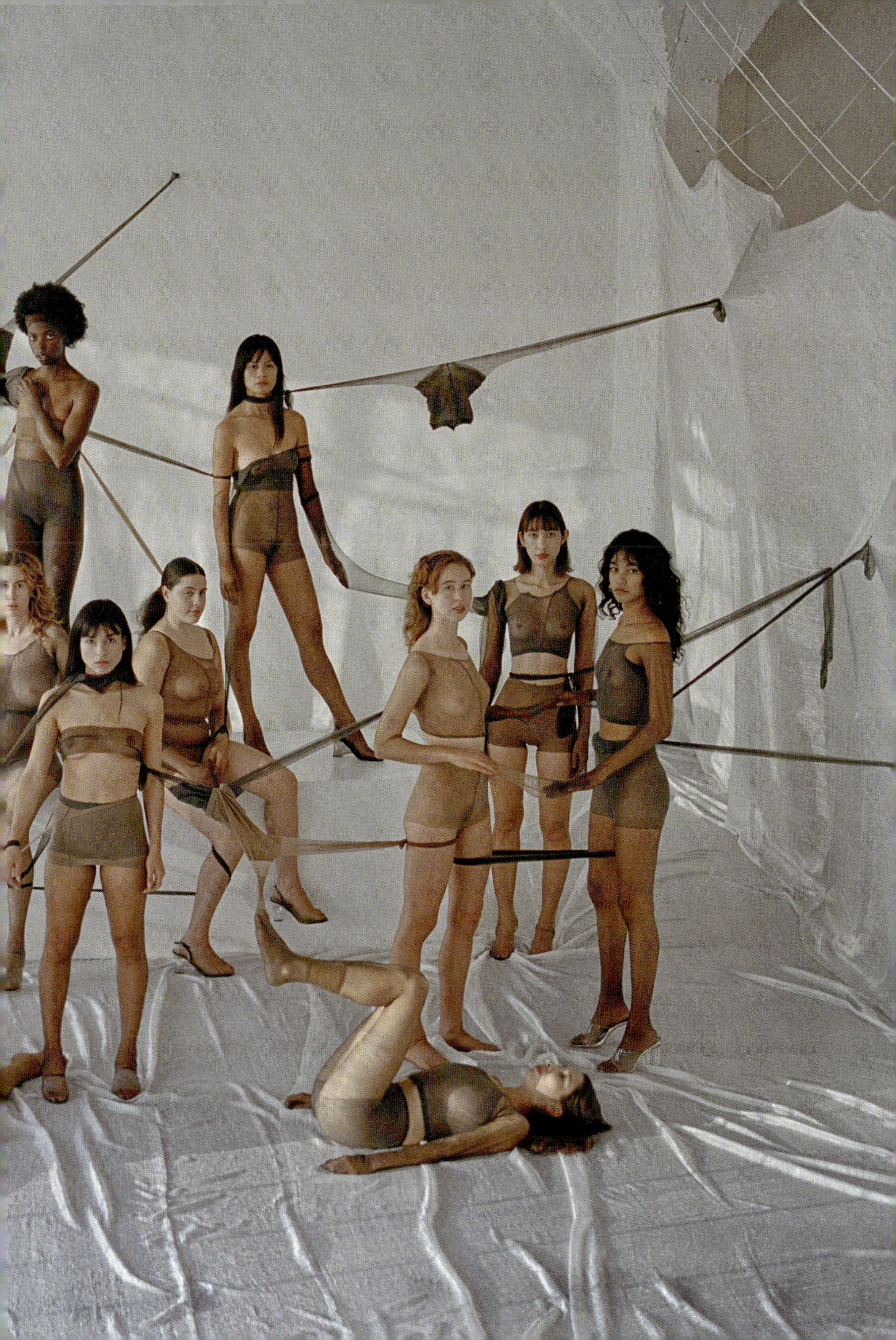

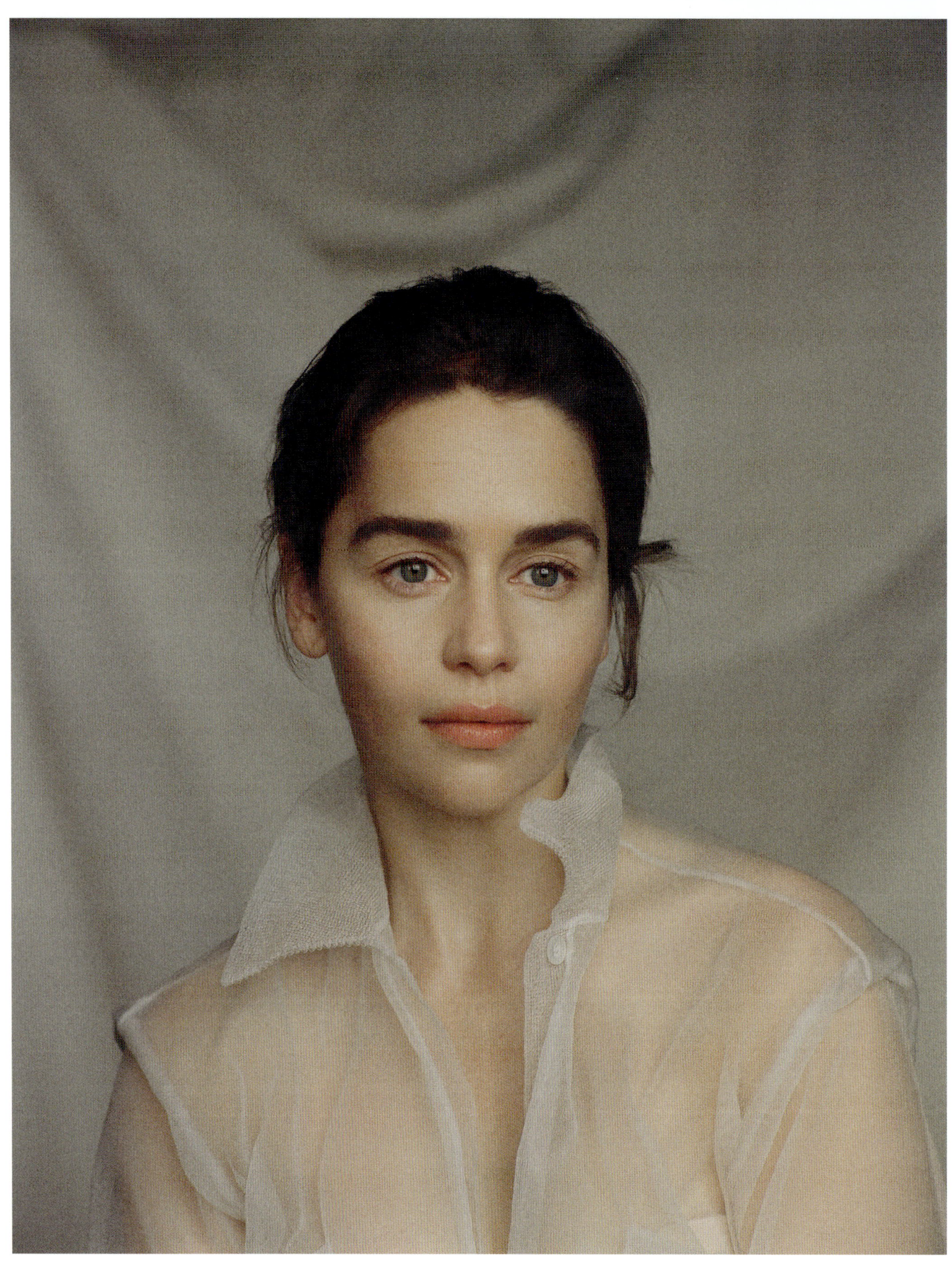

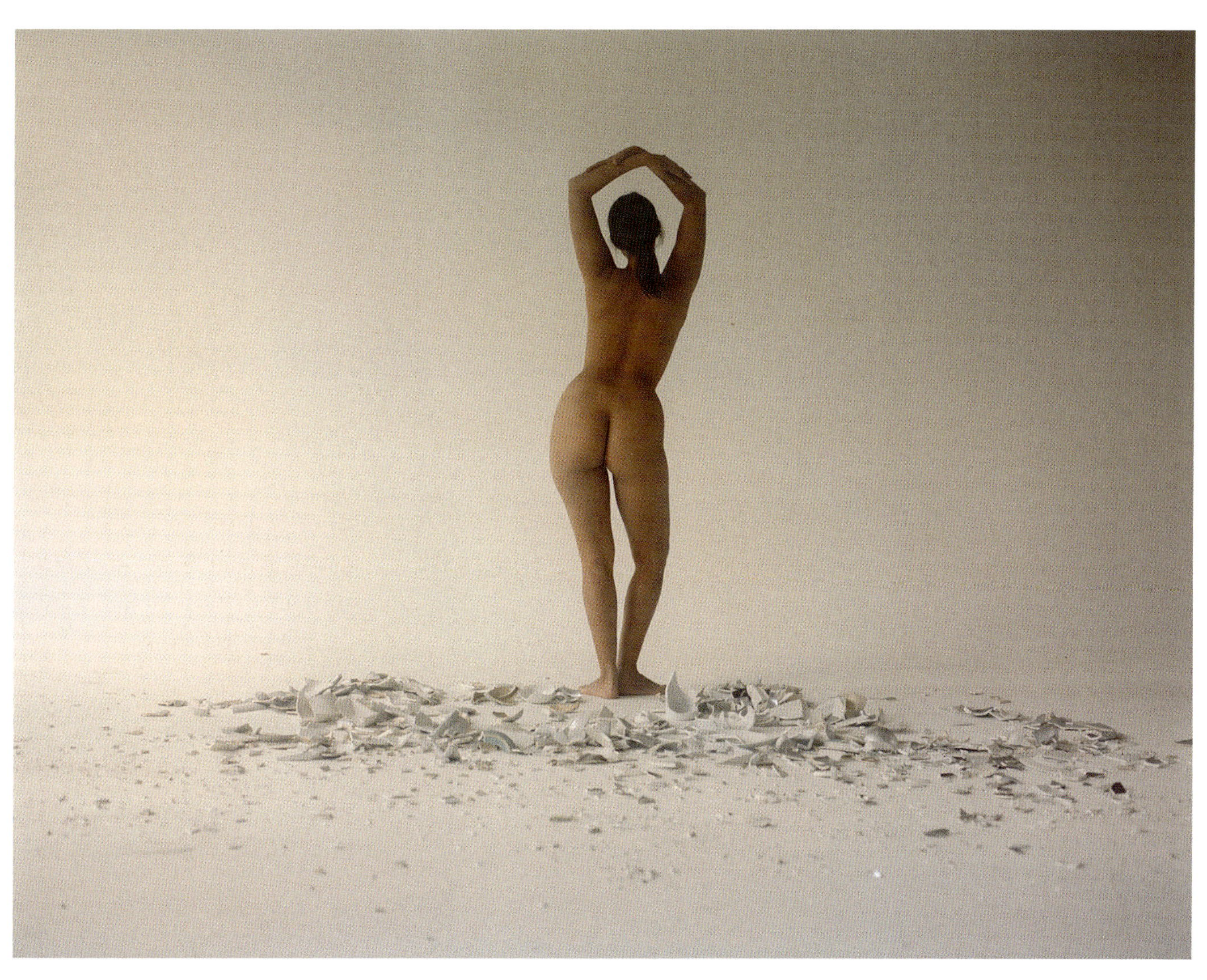

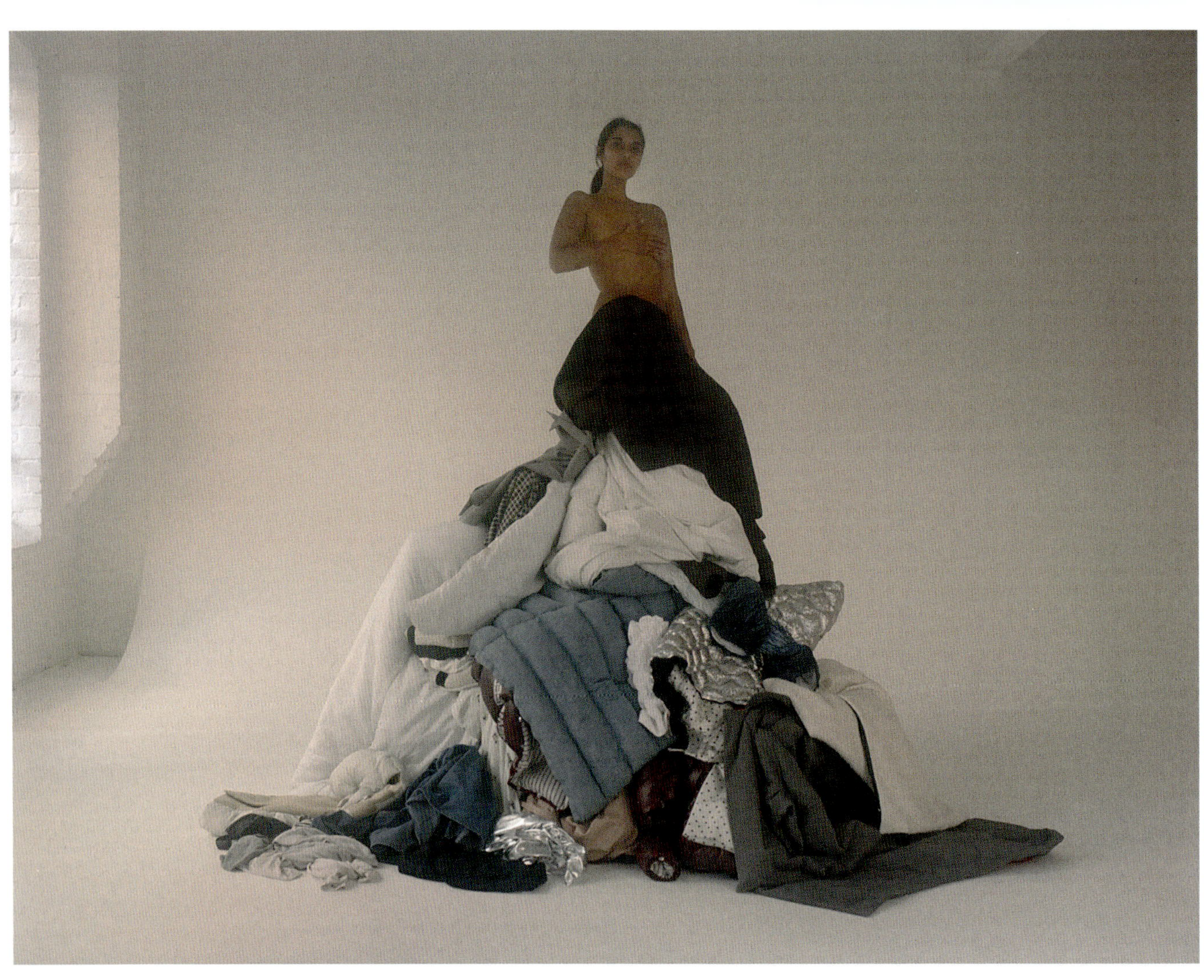

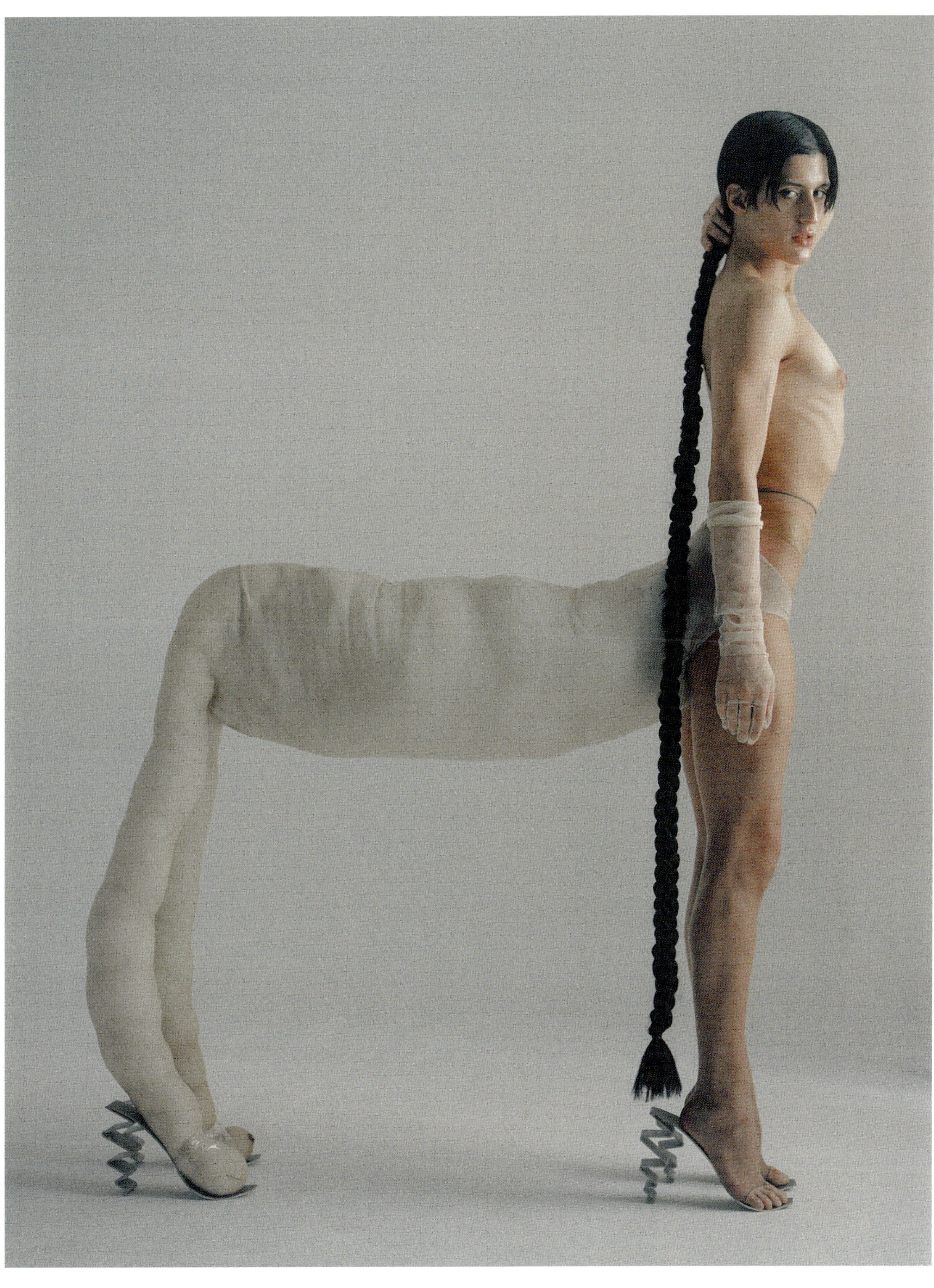

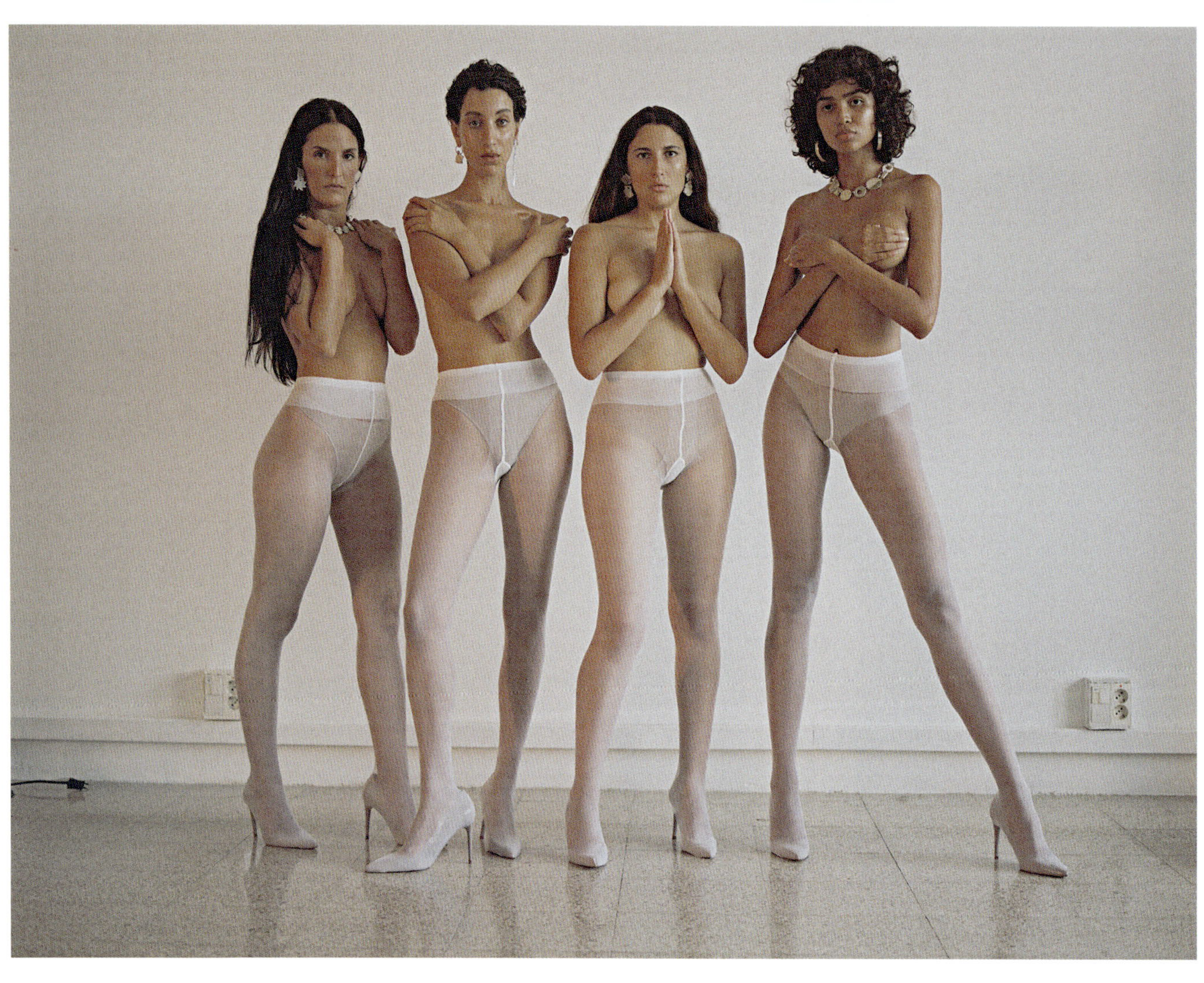

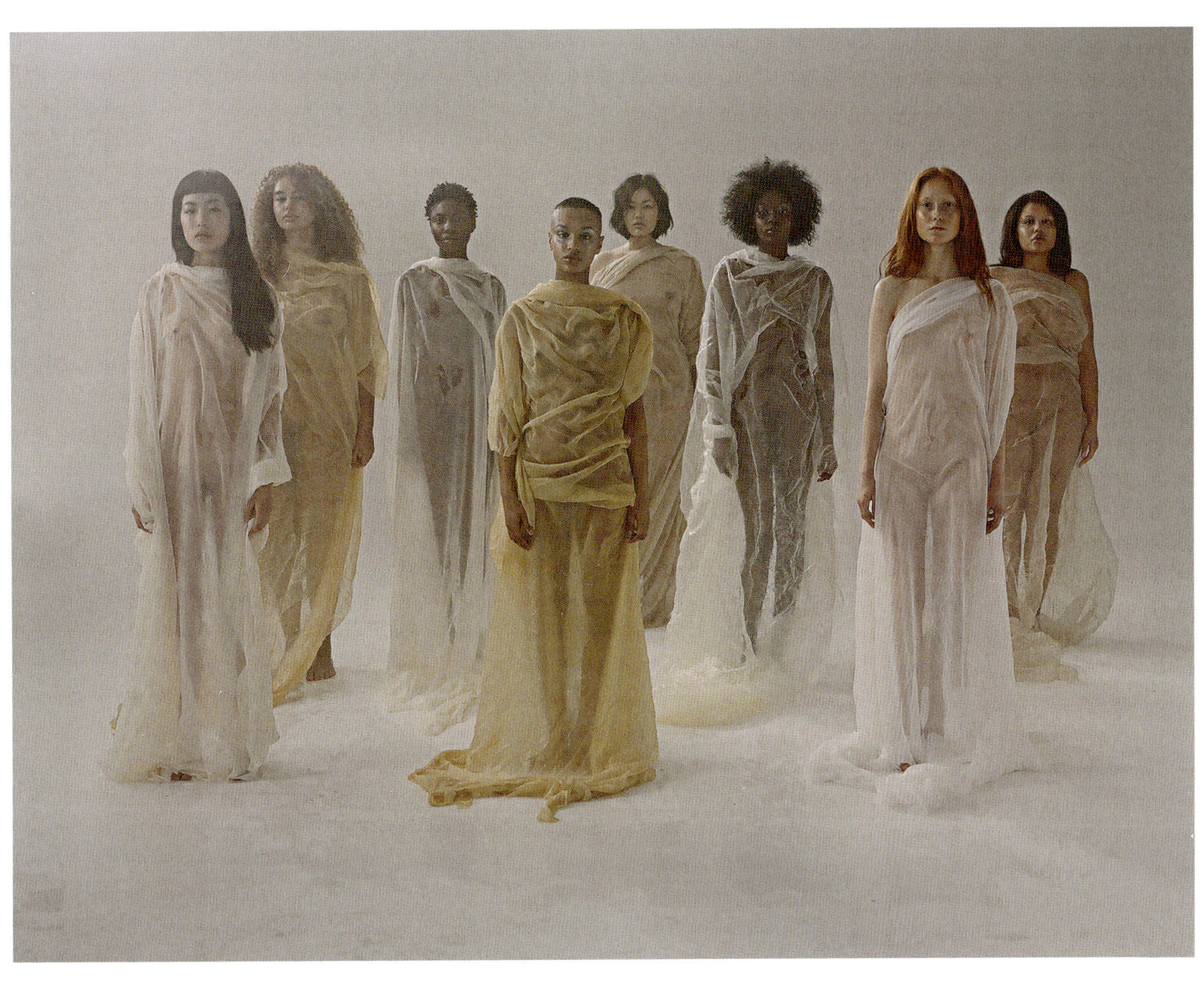

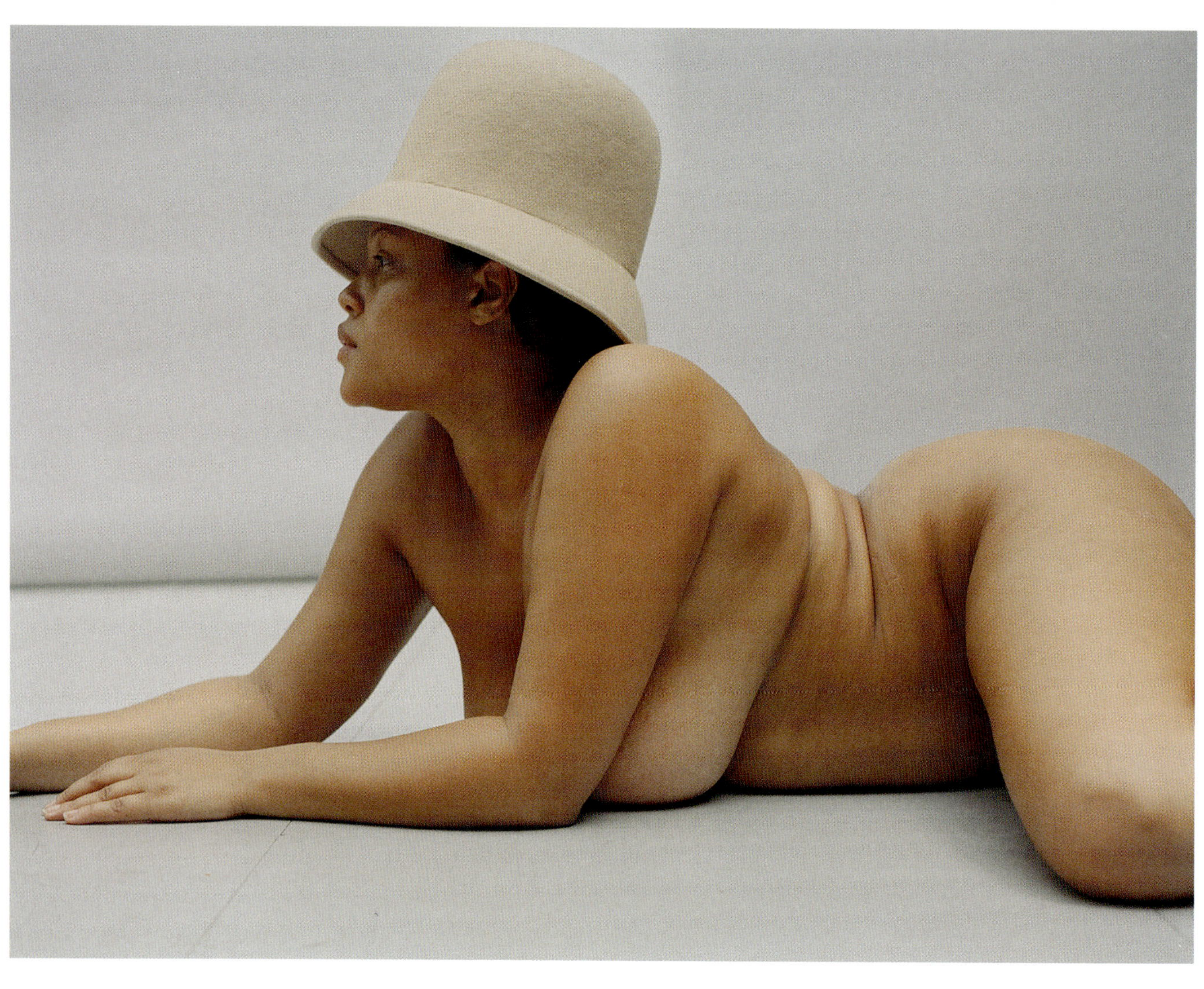

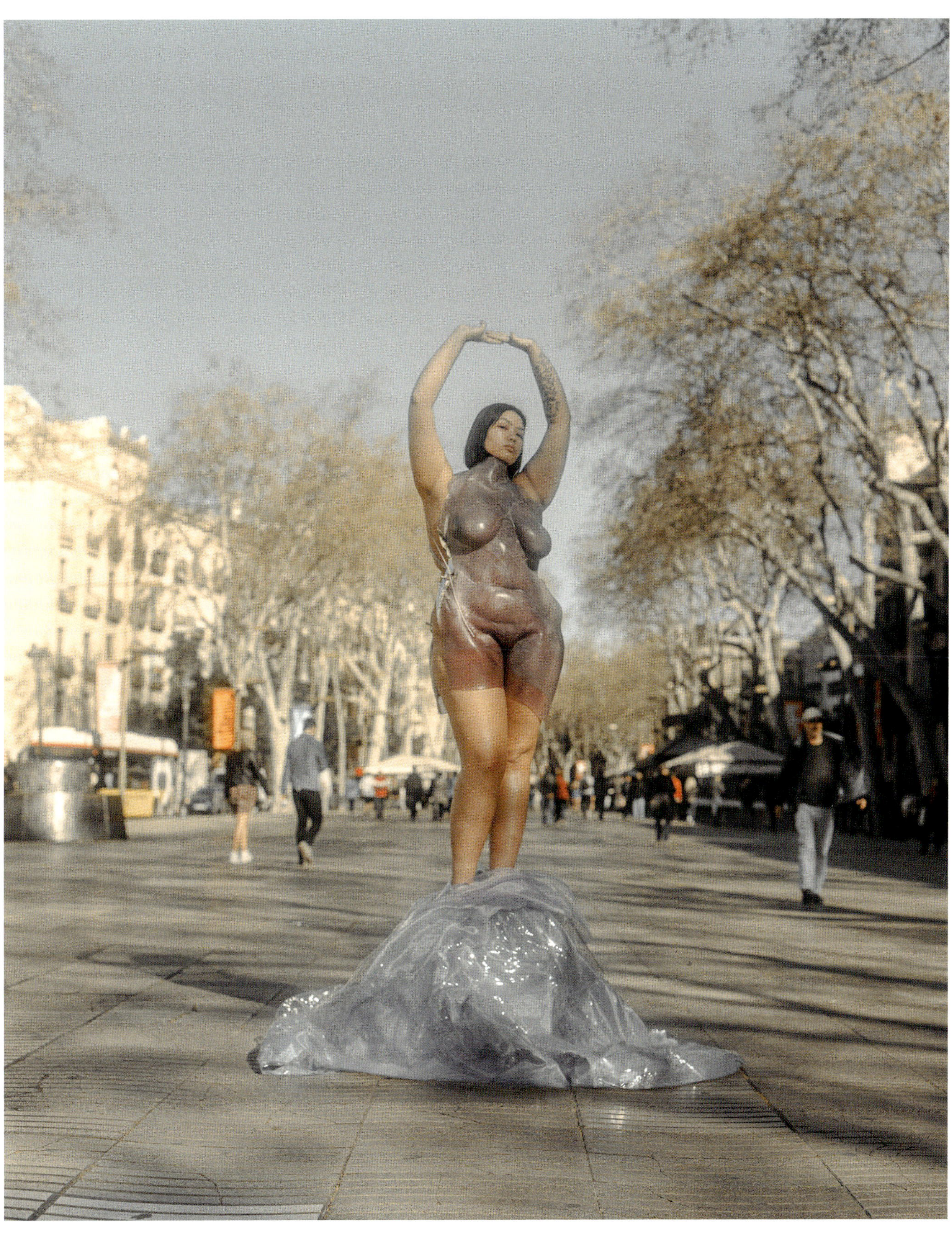

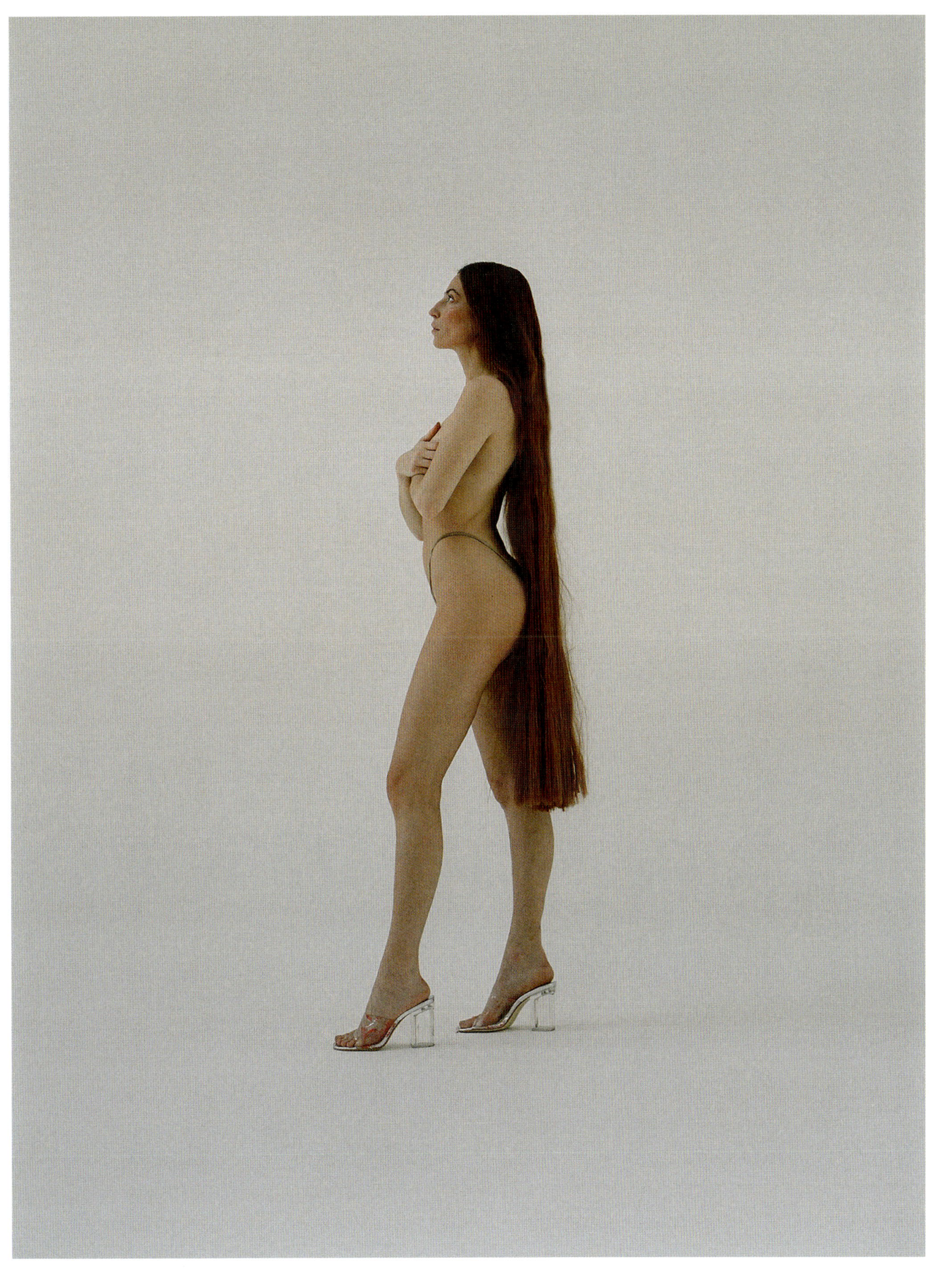

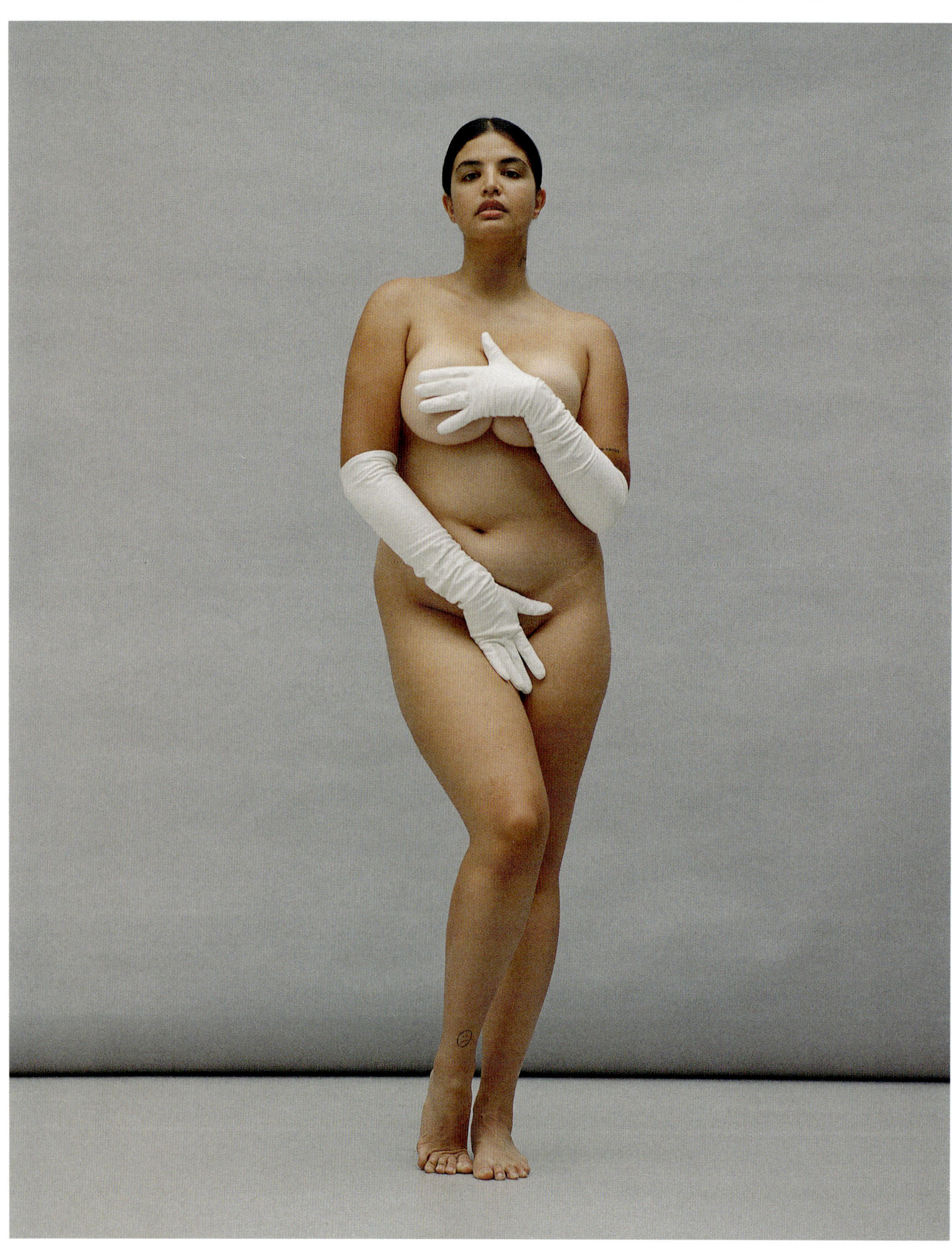

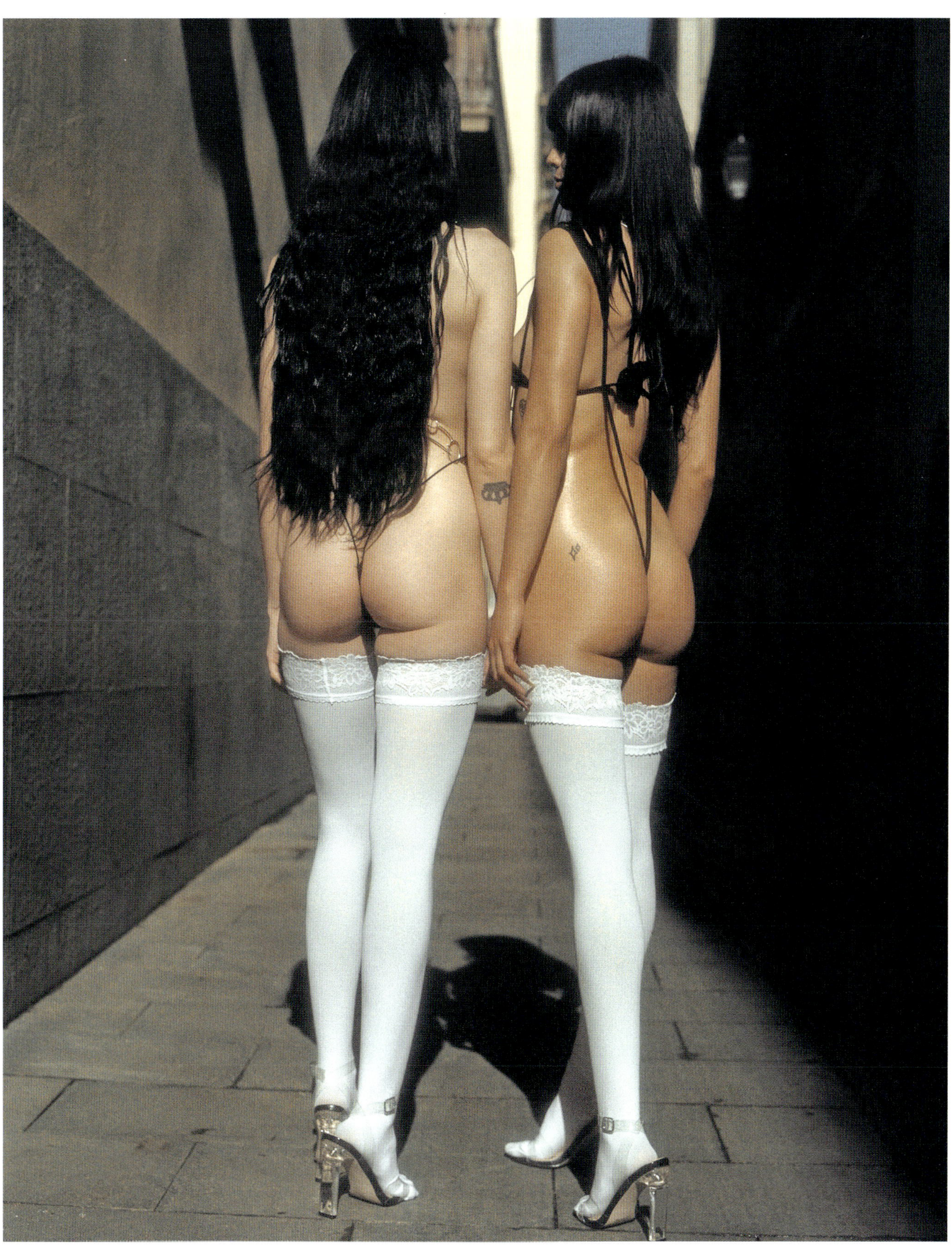

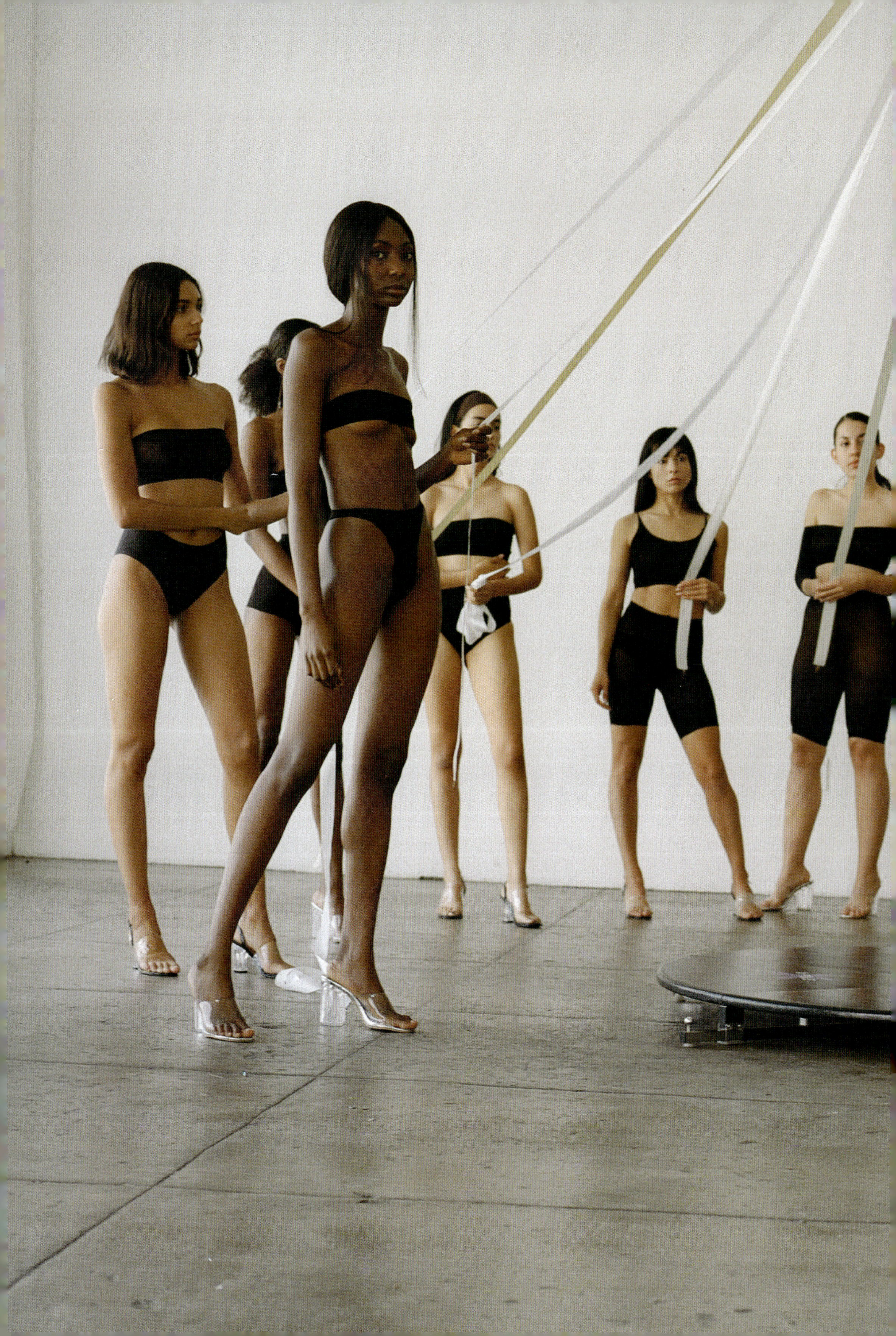

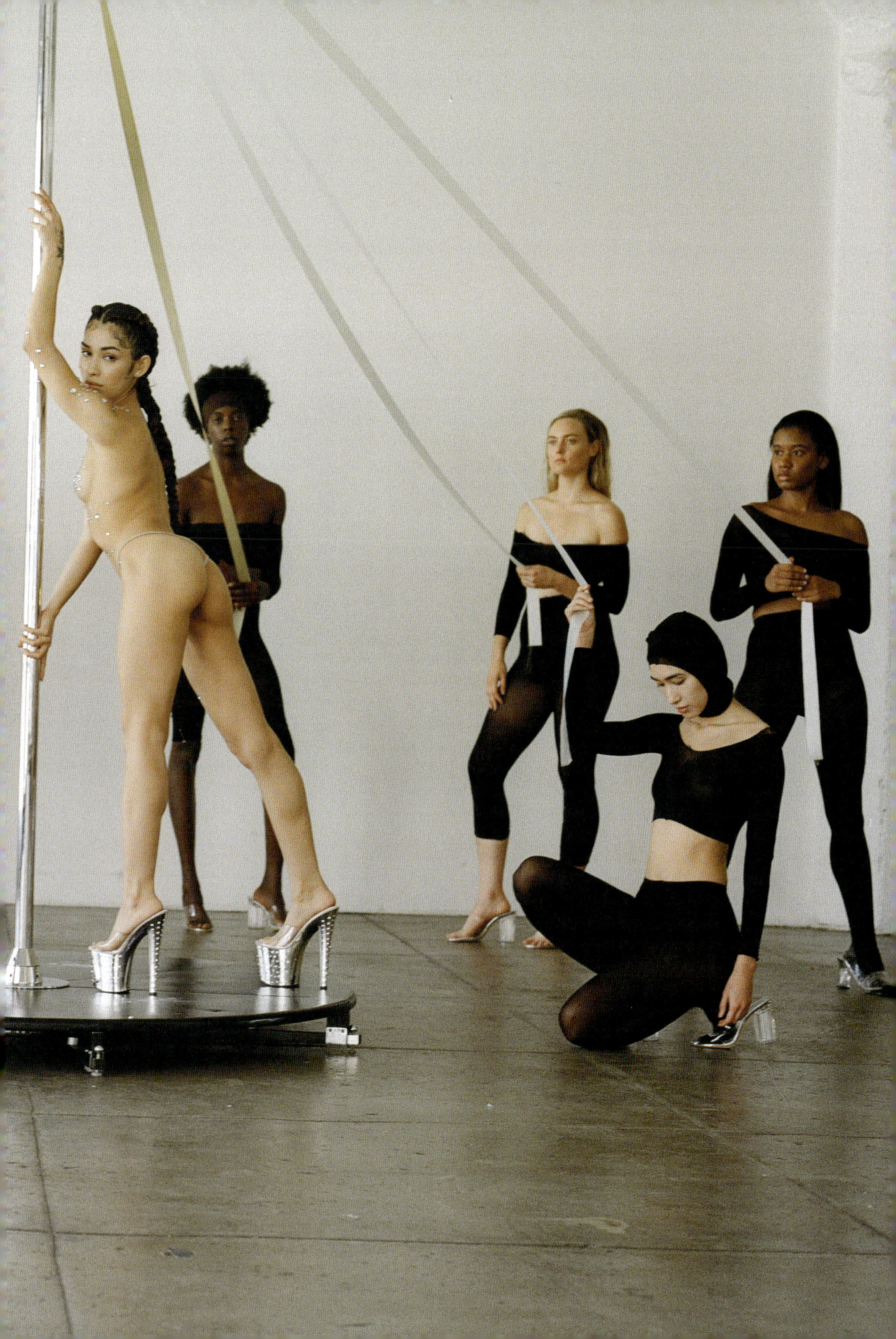

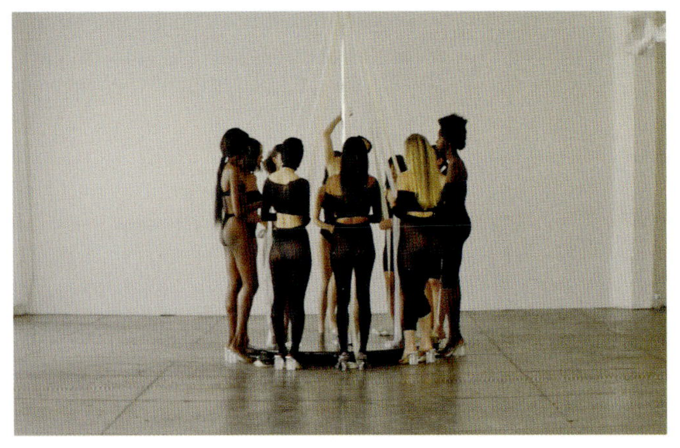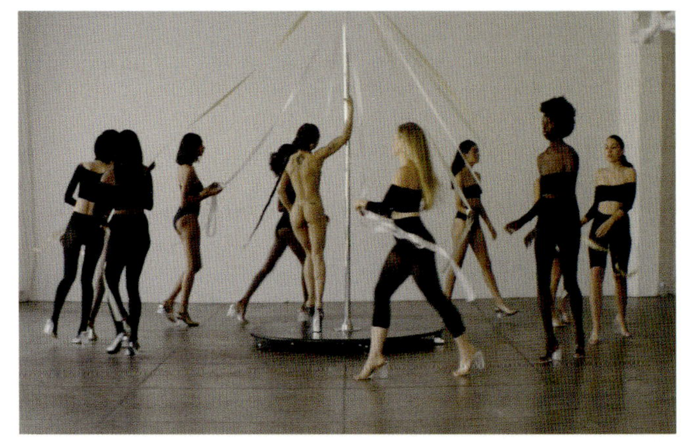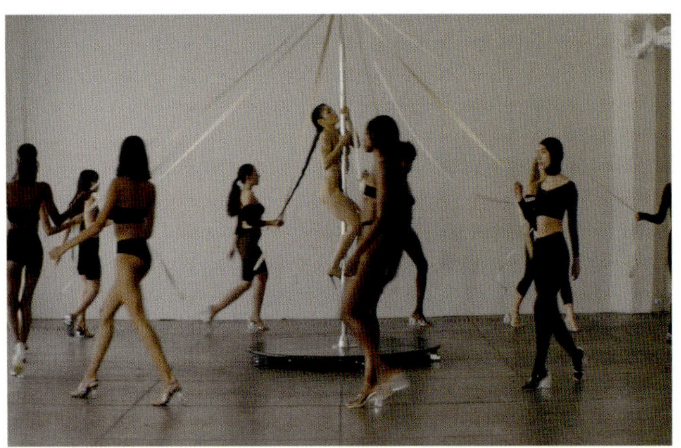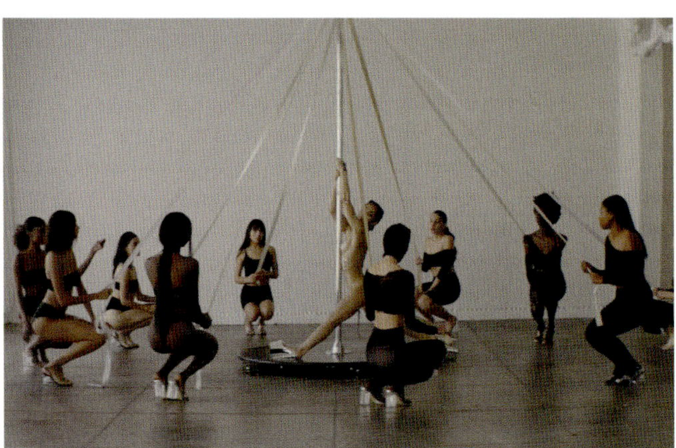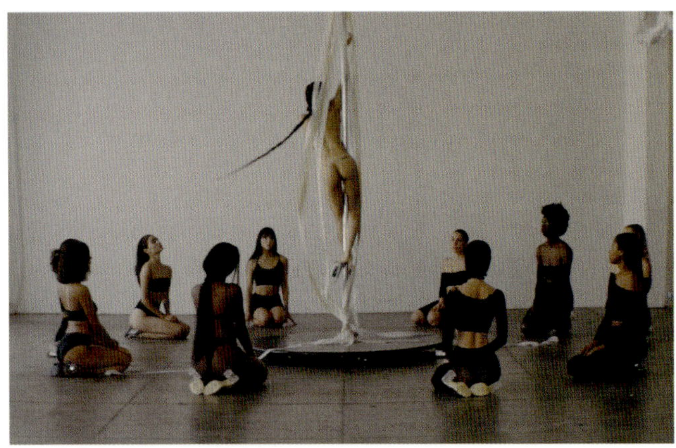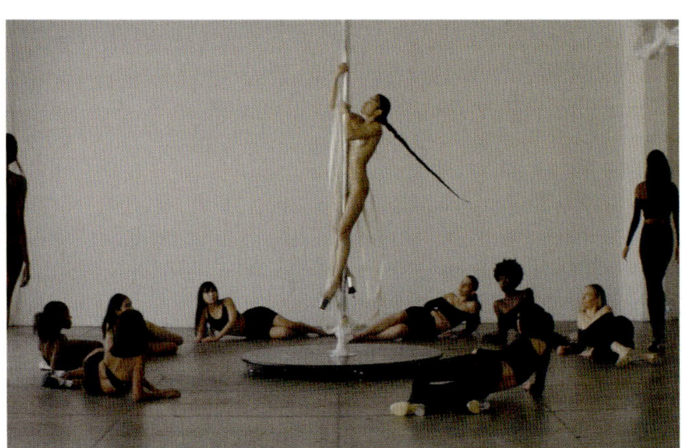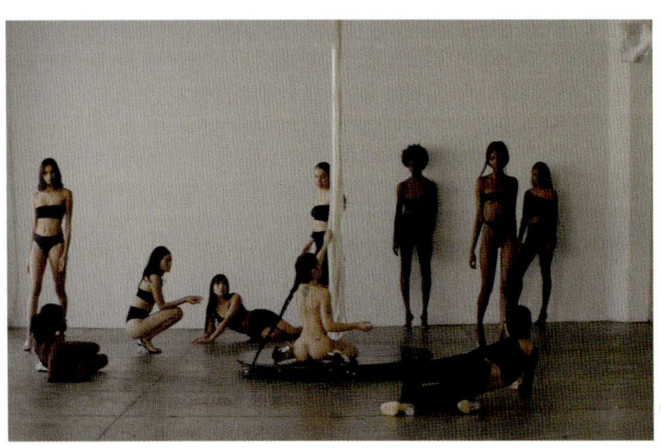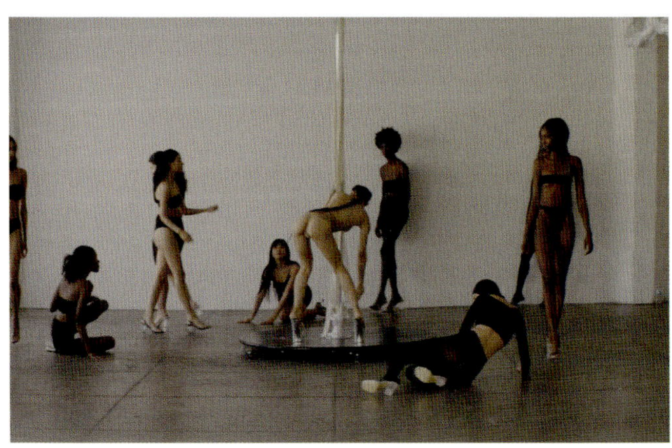

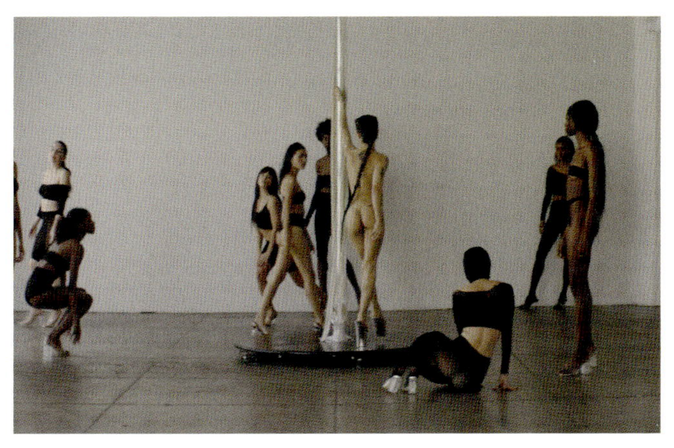 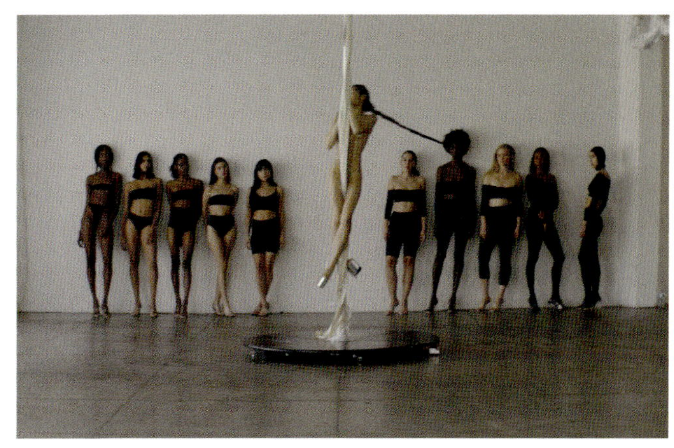

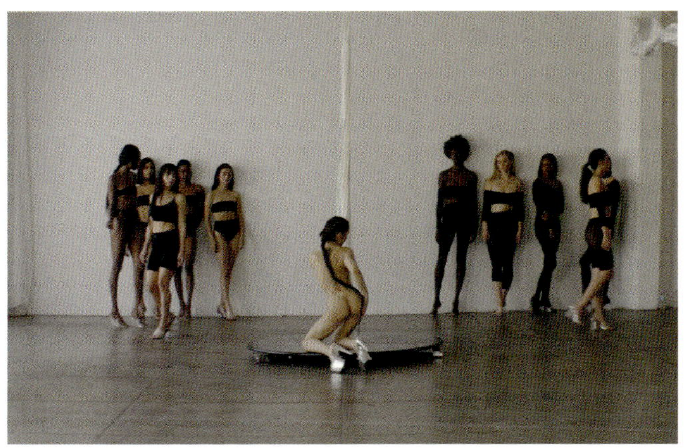 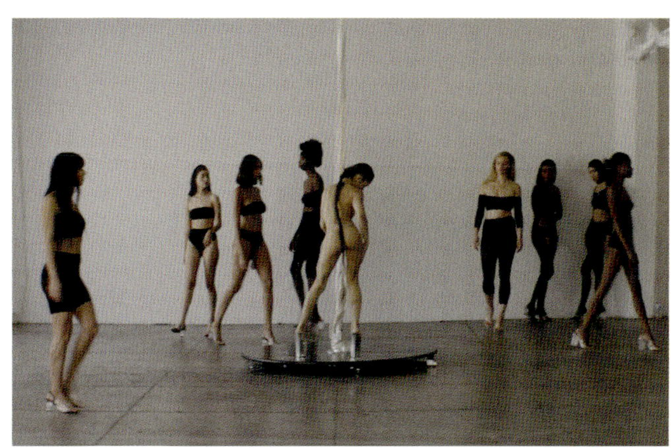

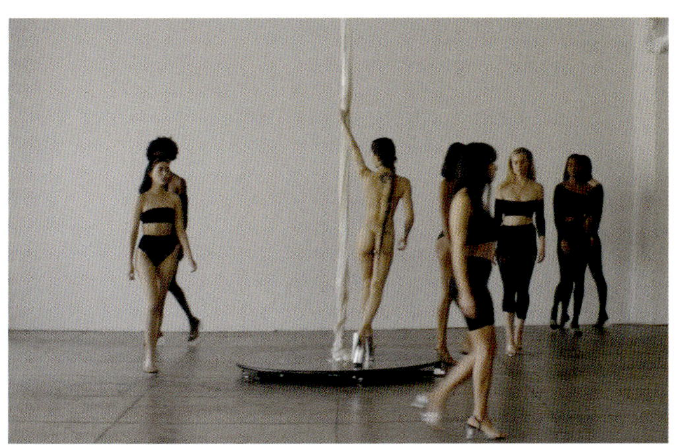 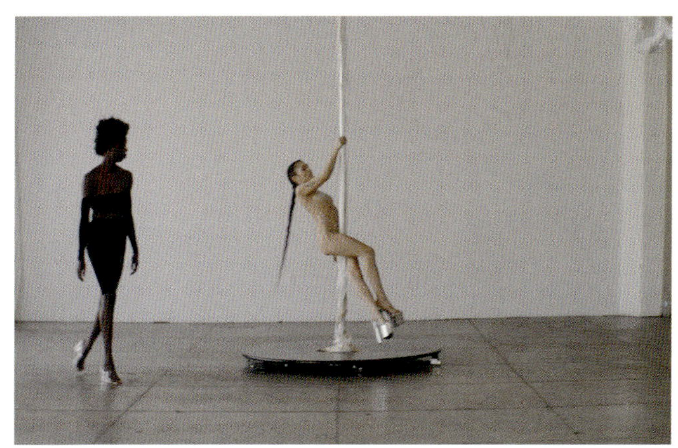

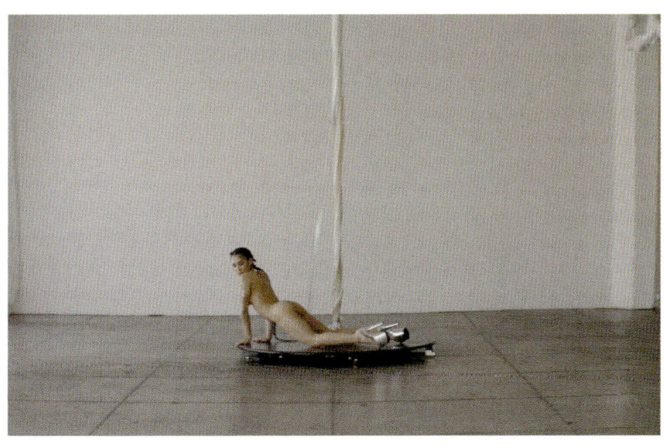 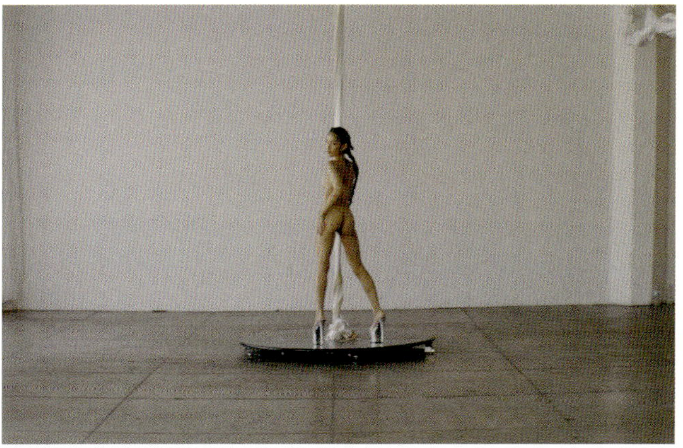

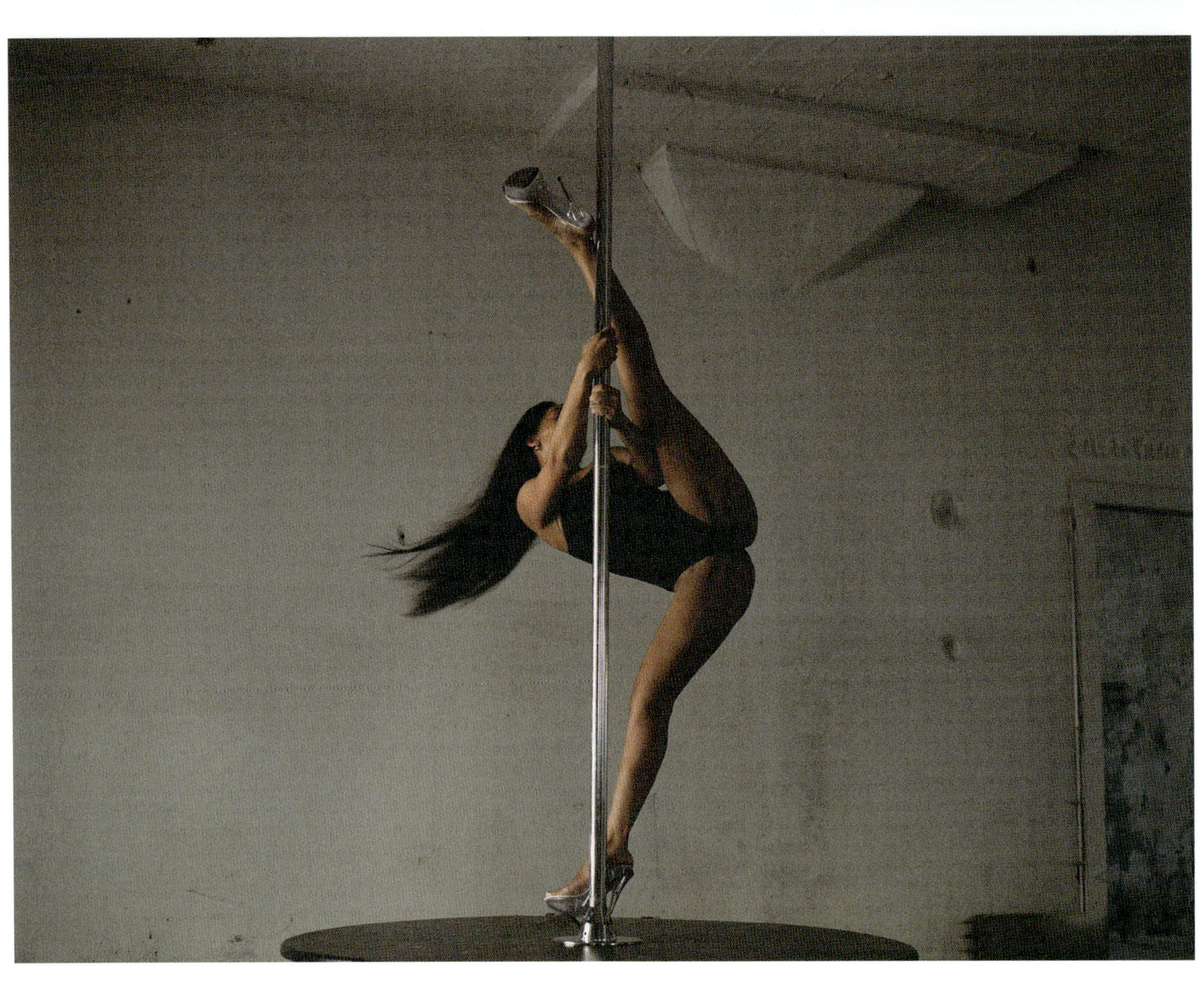

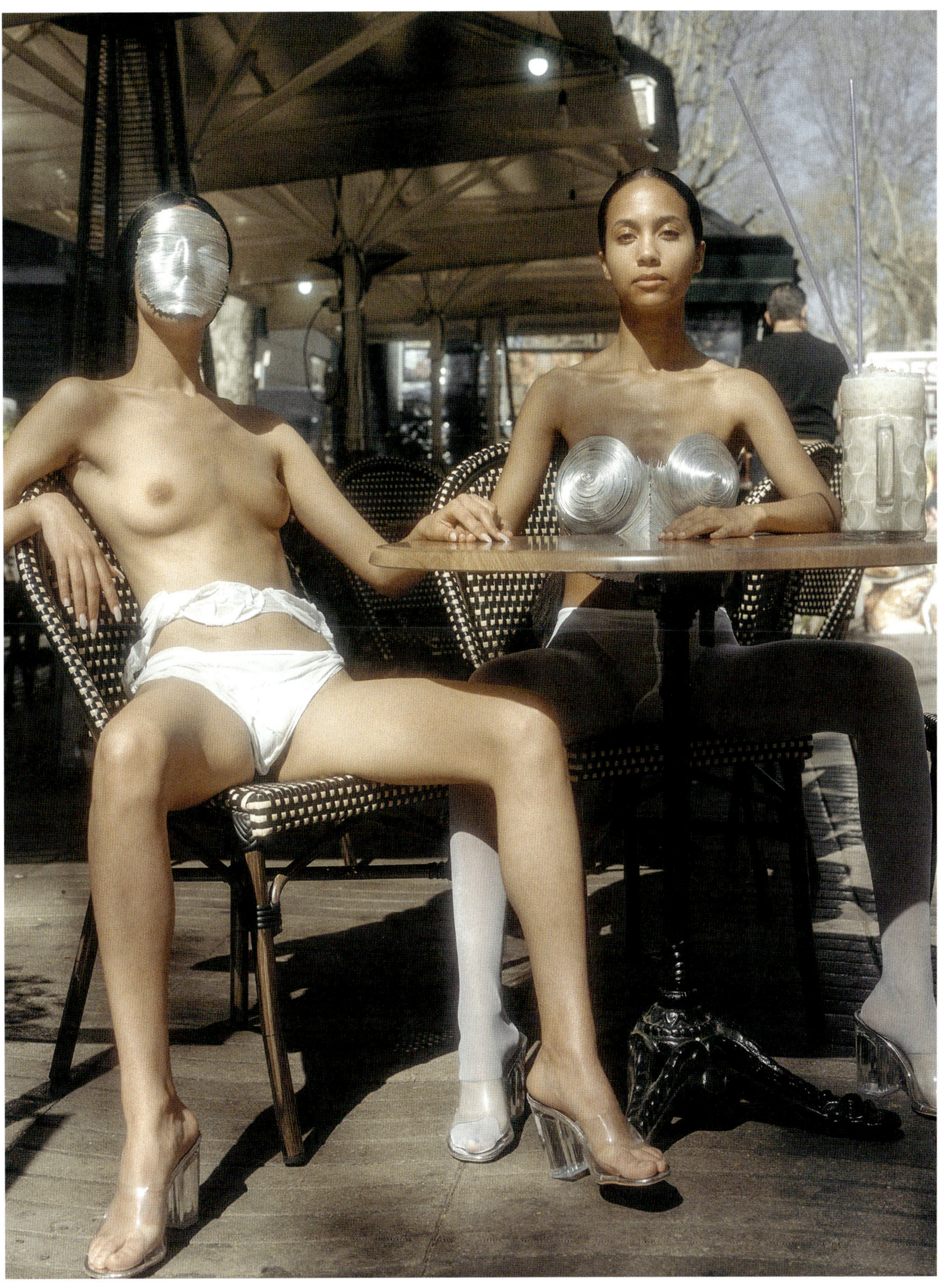

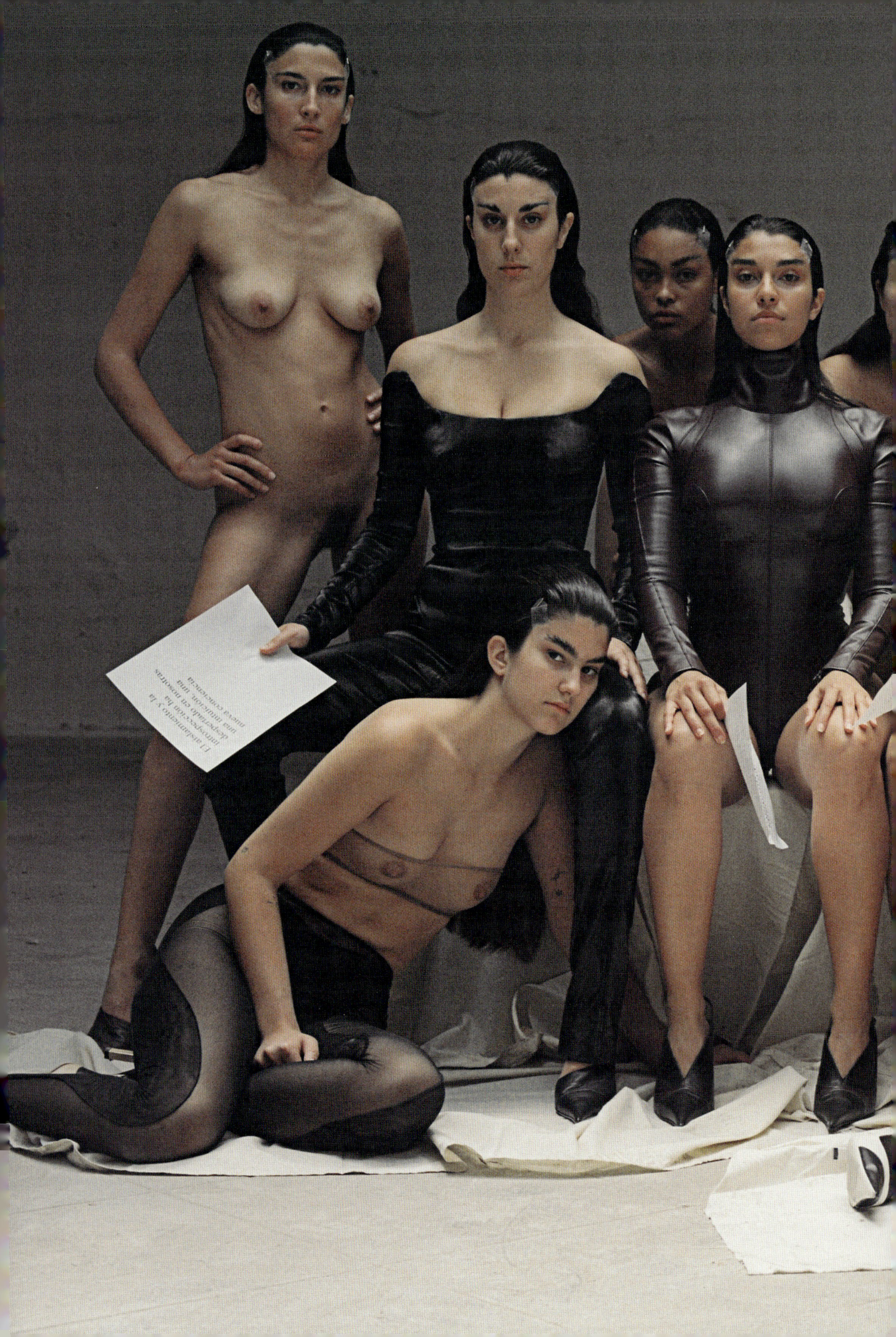
[] tratamiento y la
desprecación en ha
una conciencia

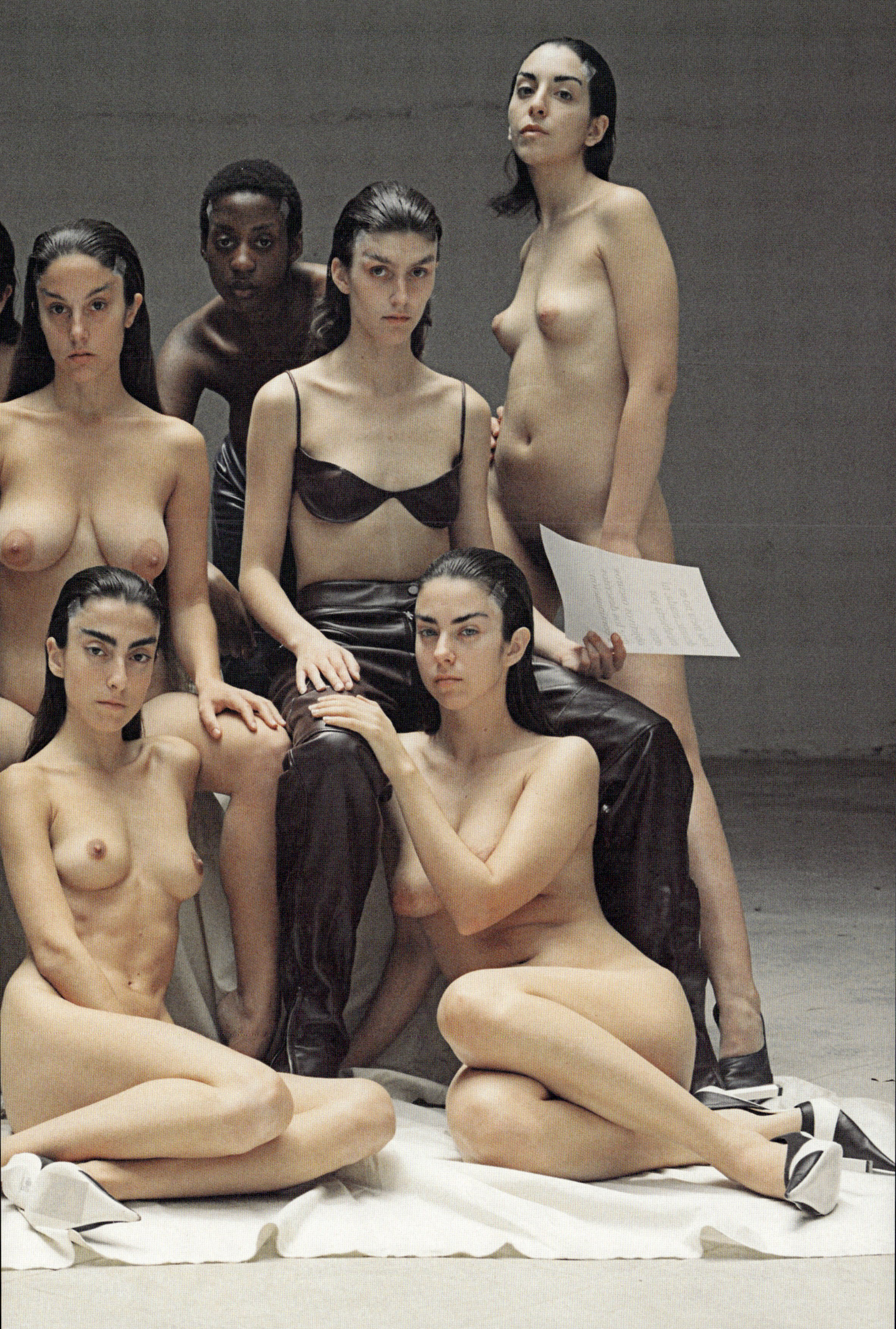

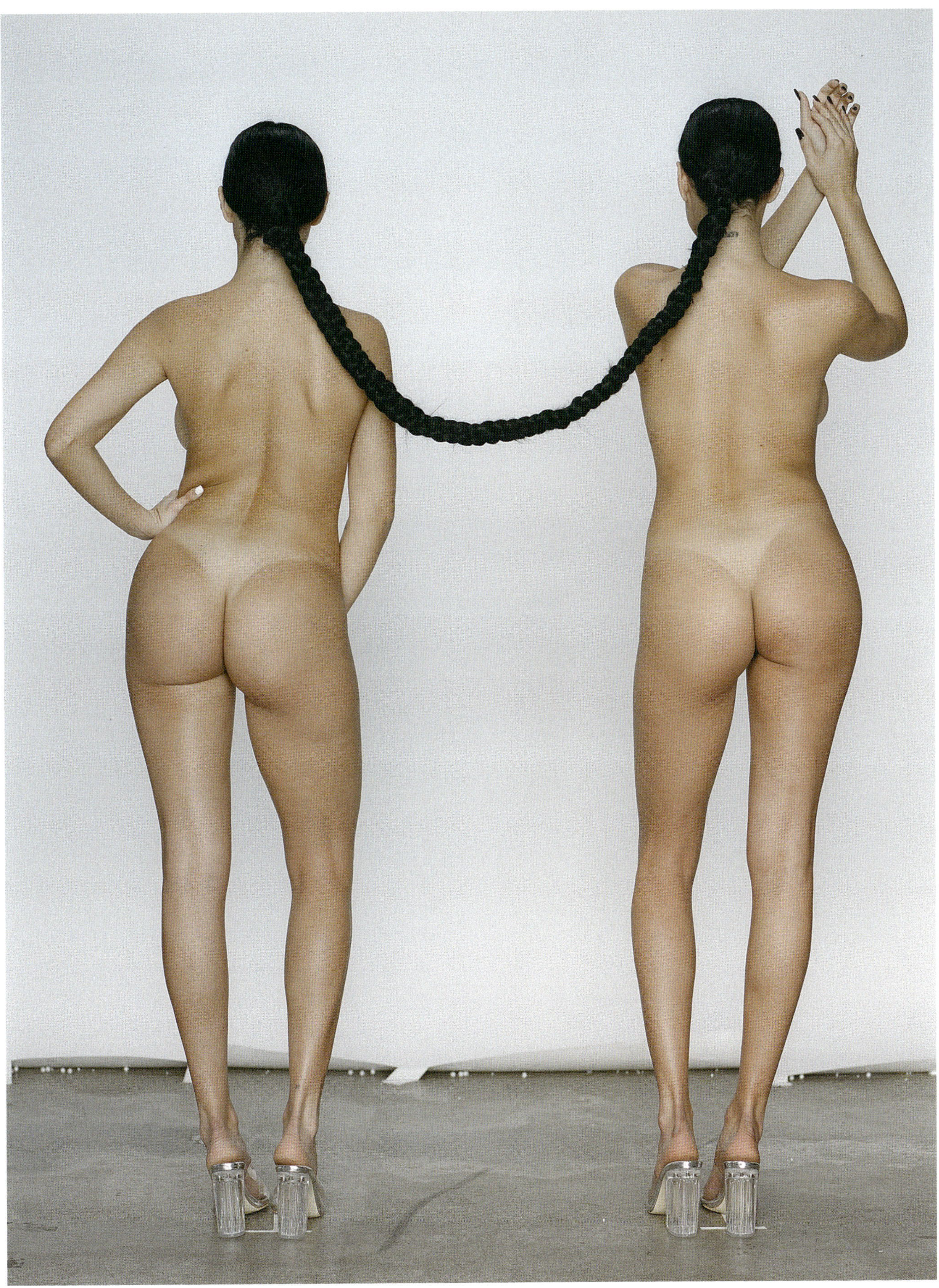

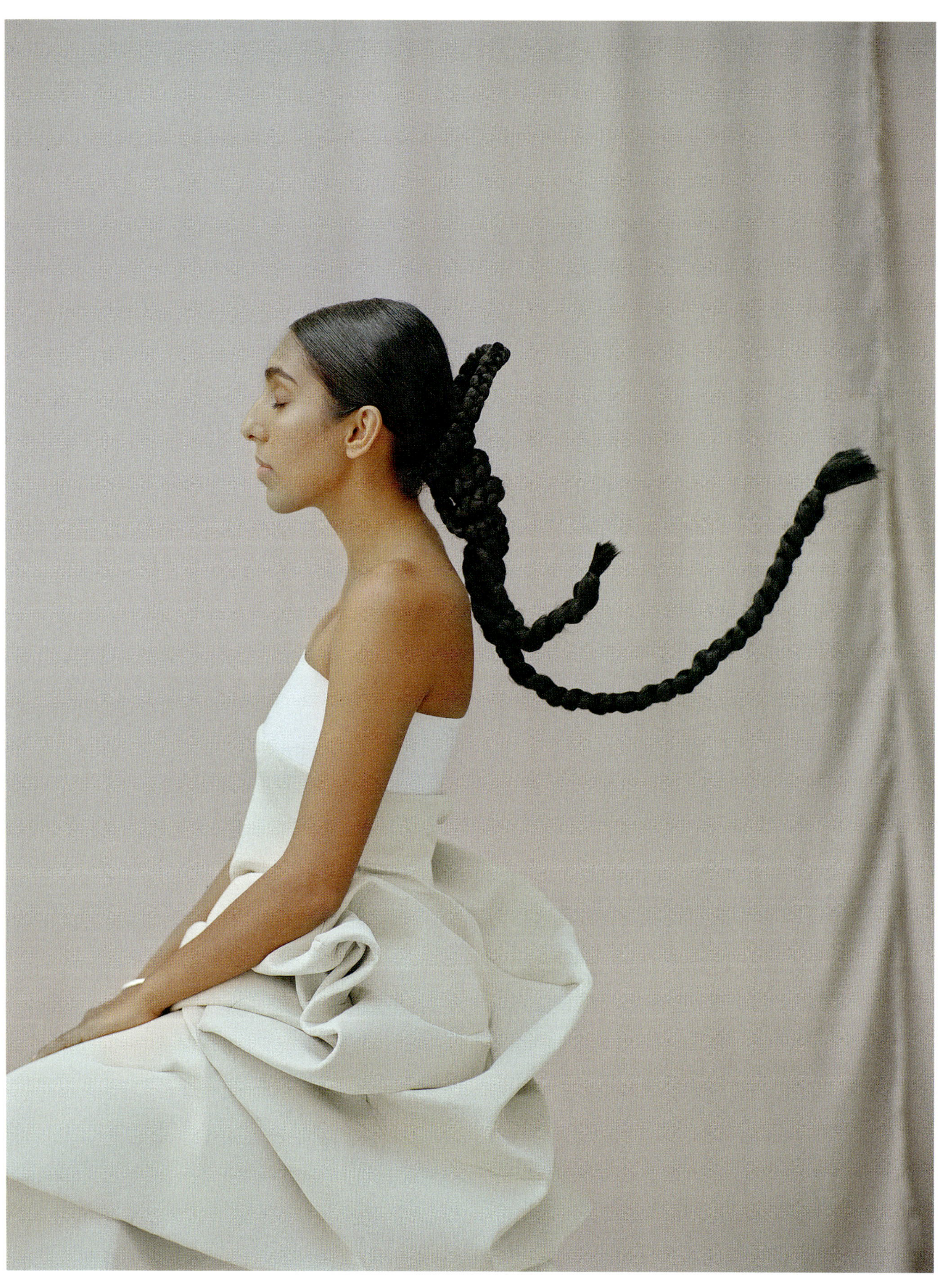

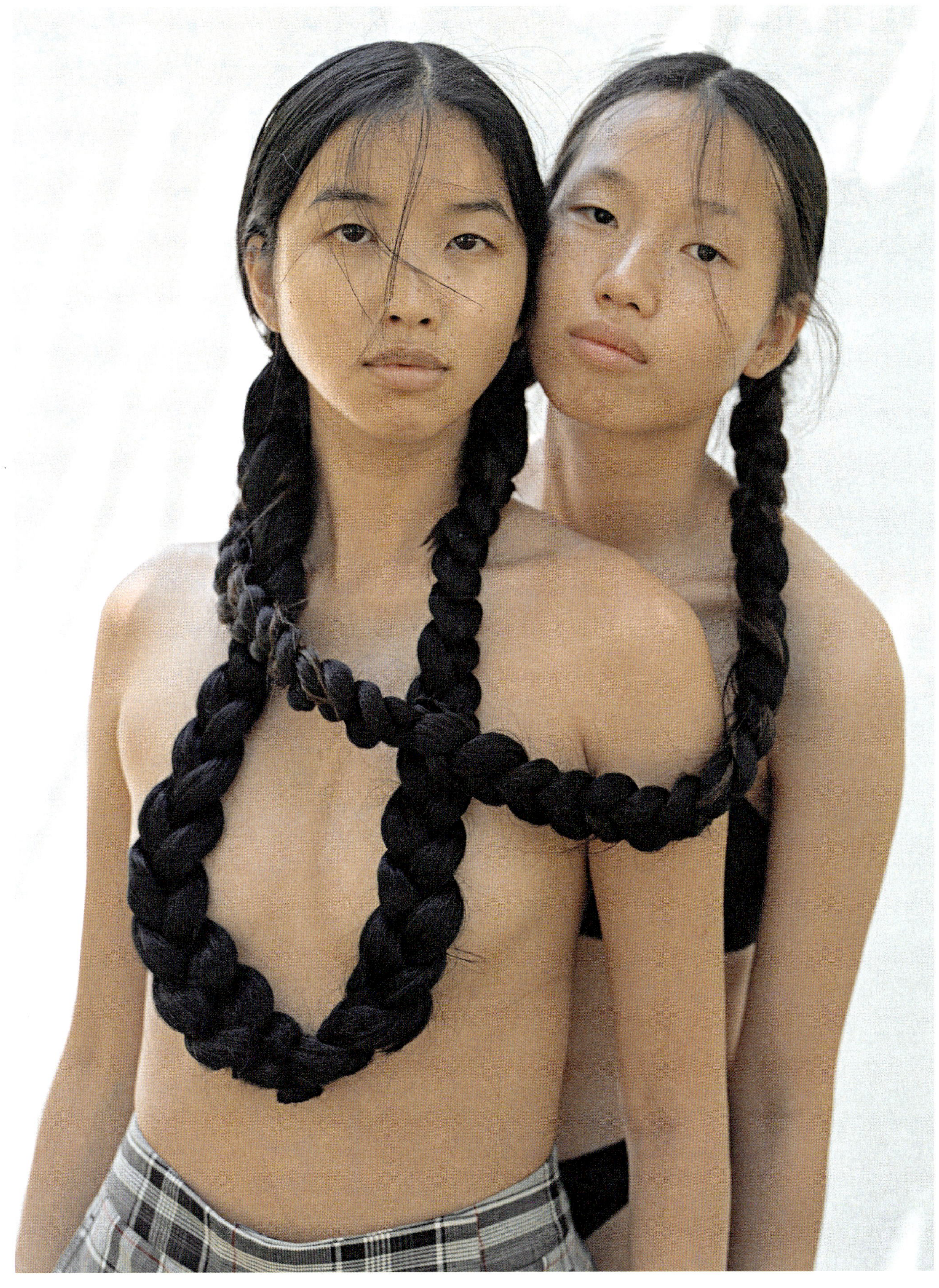

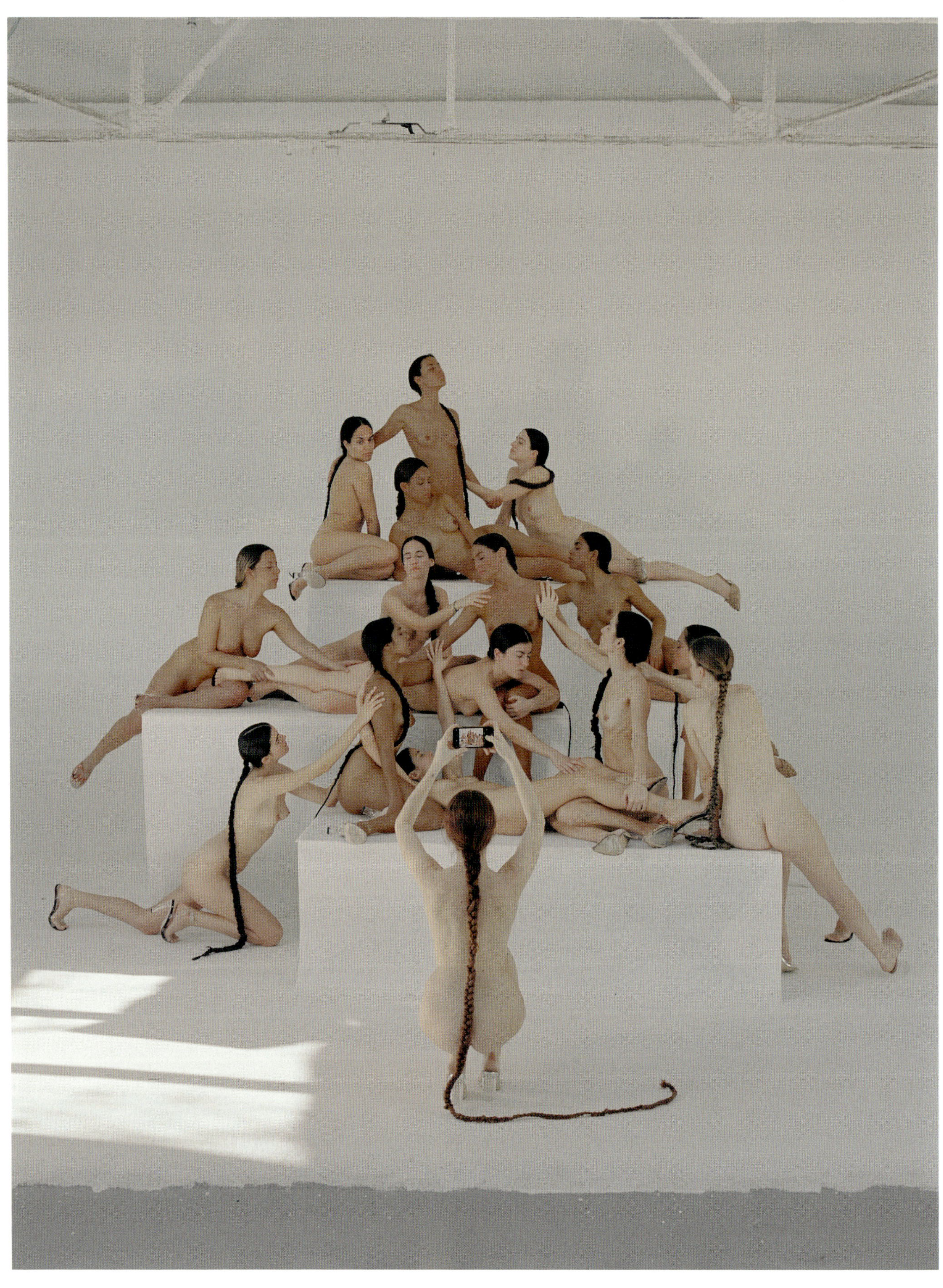

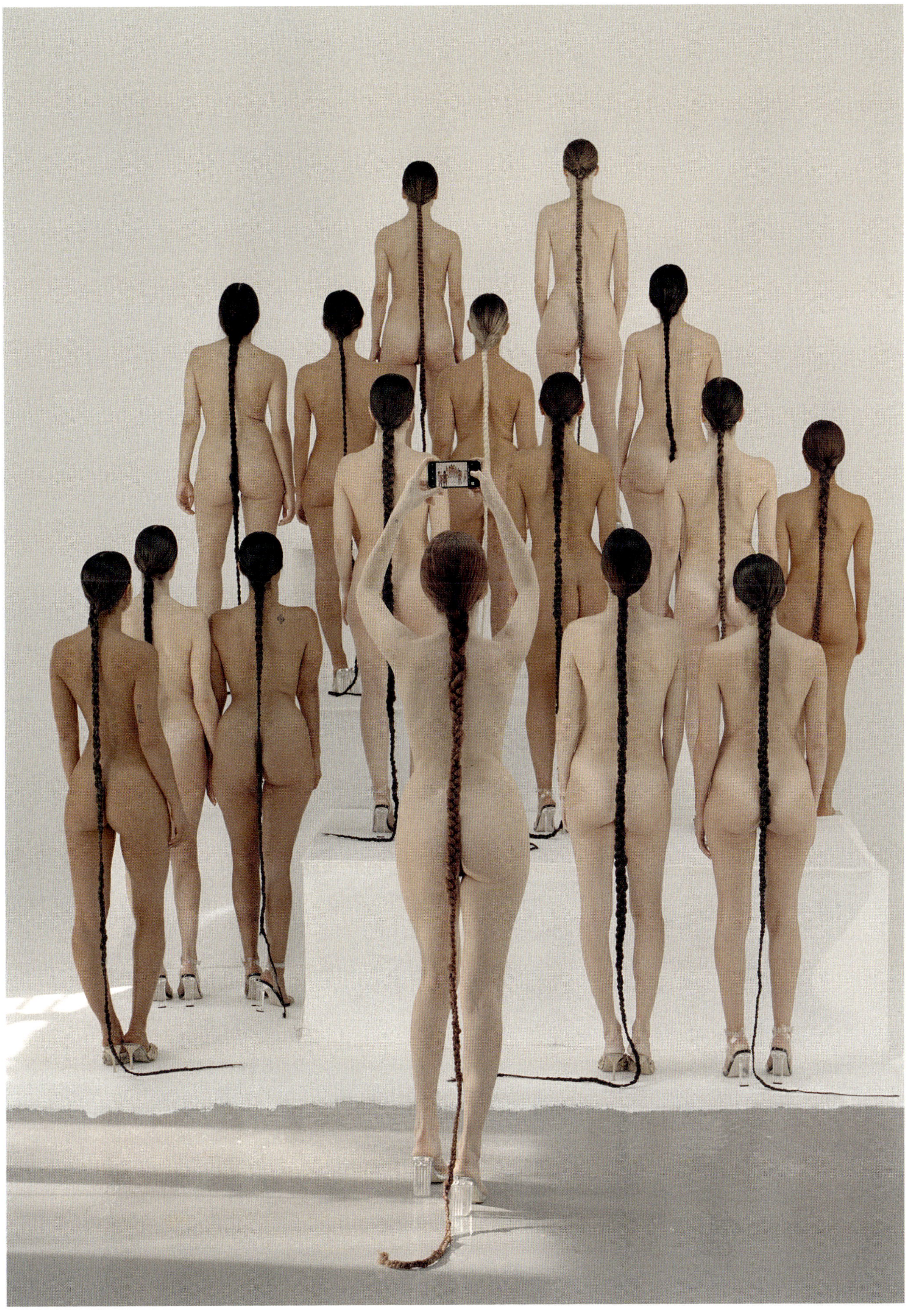

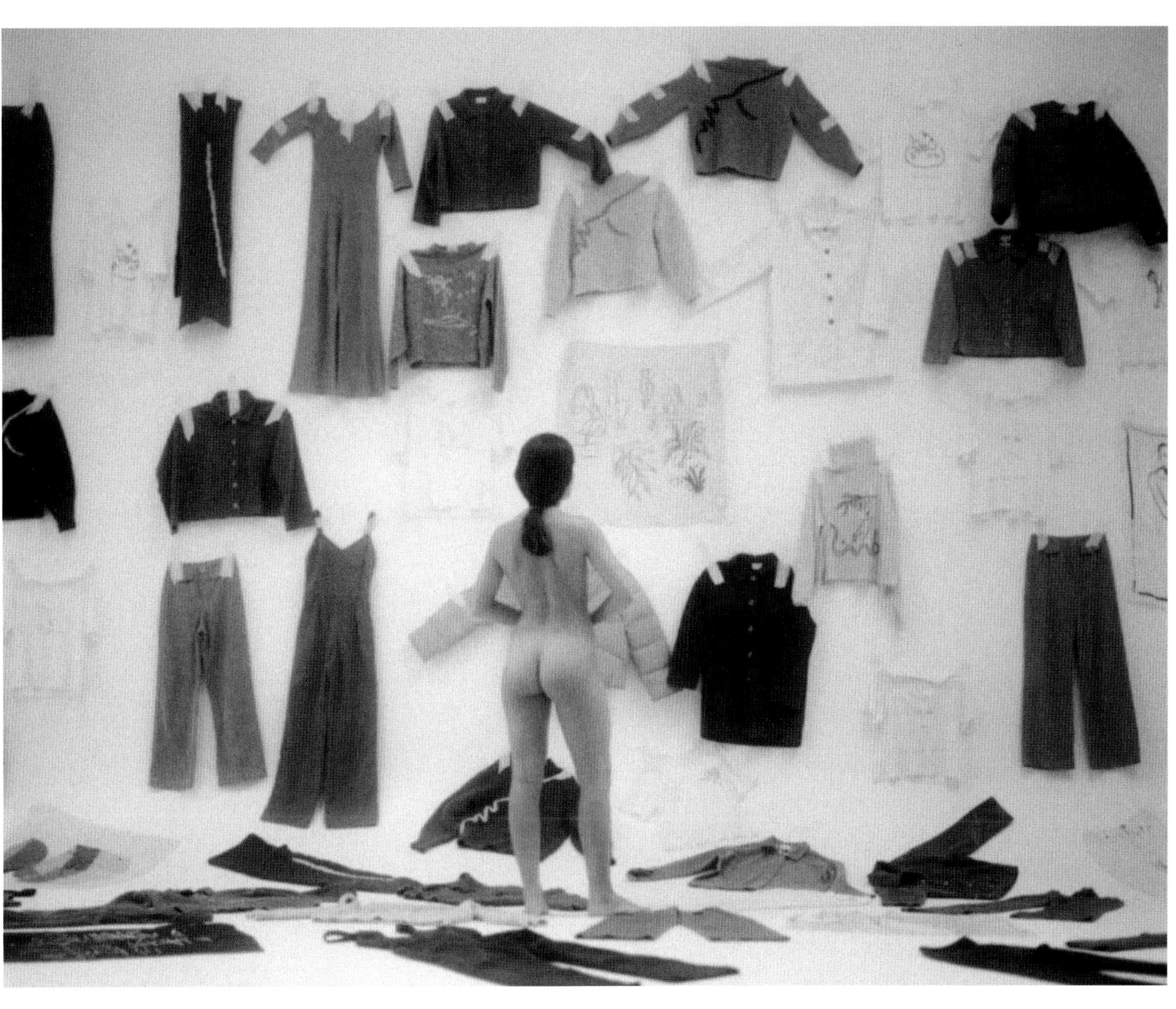

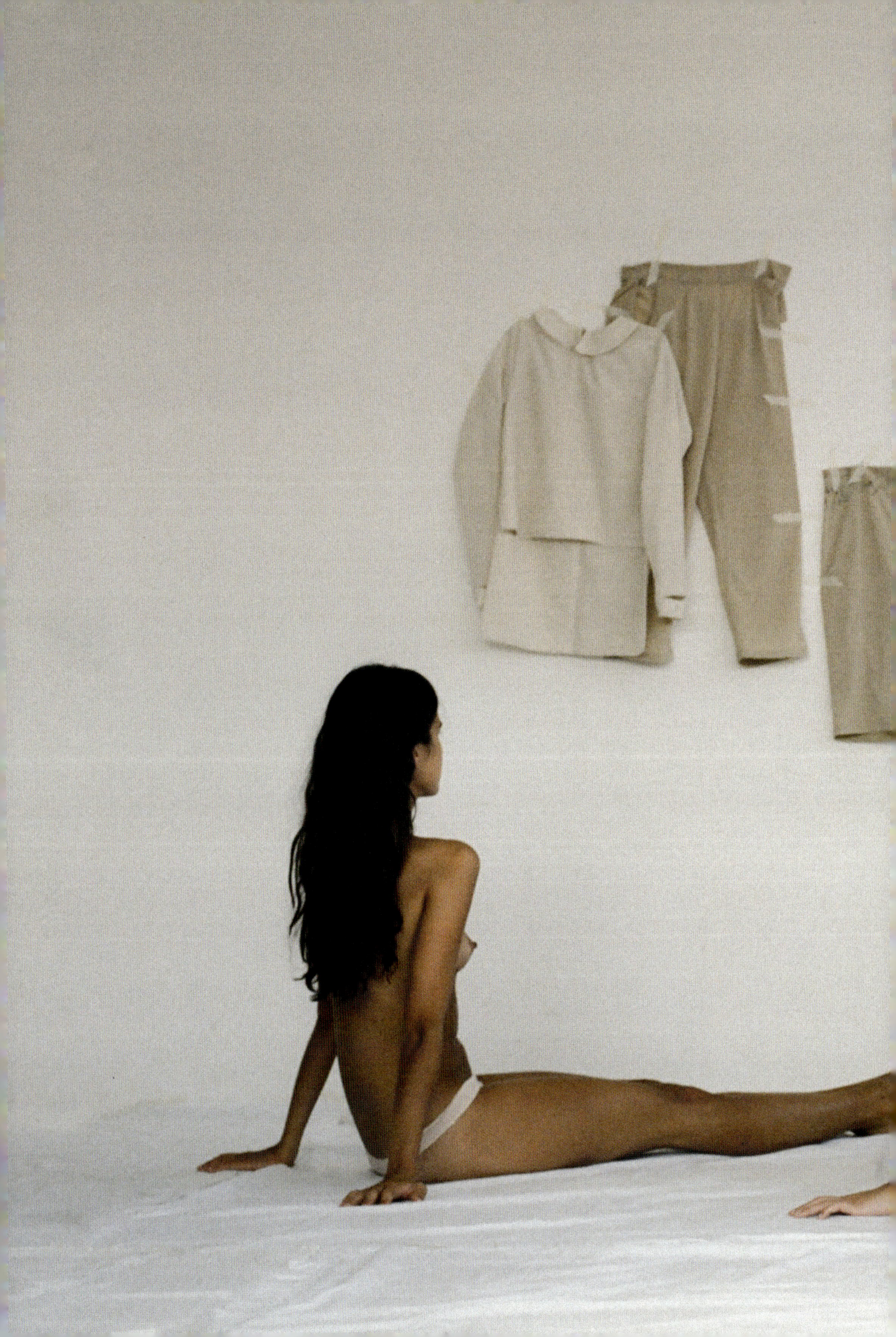

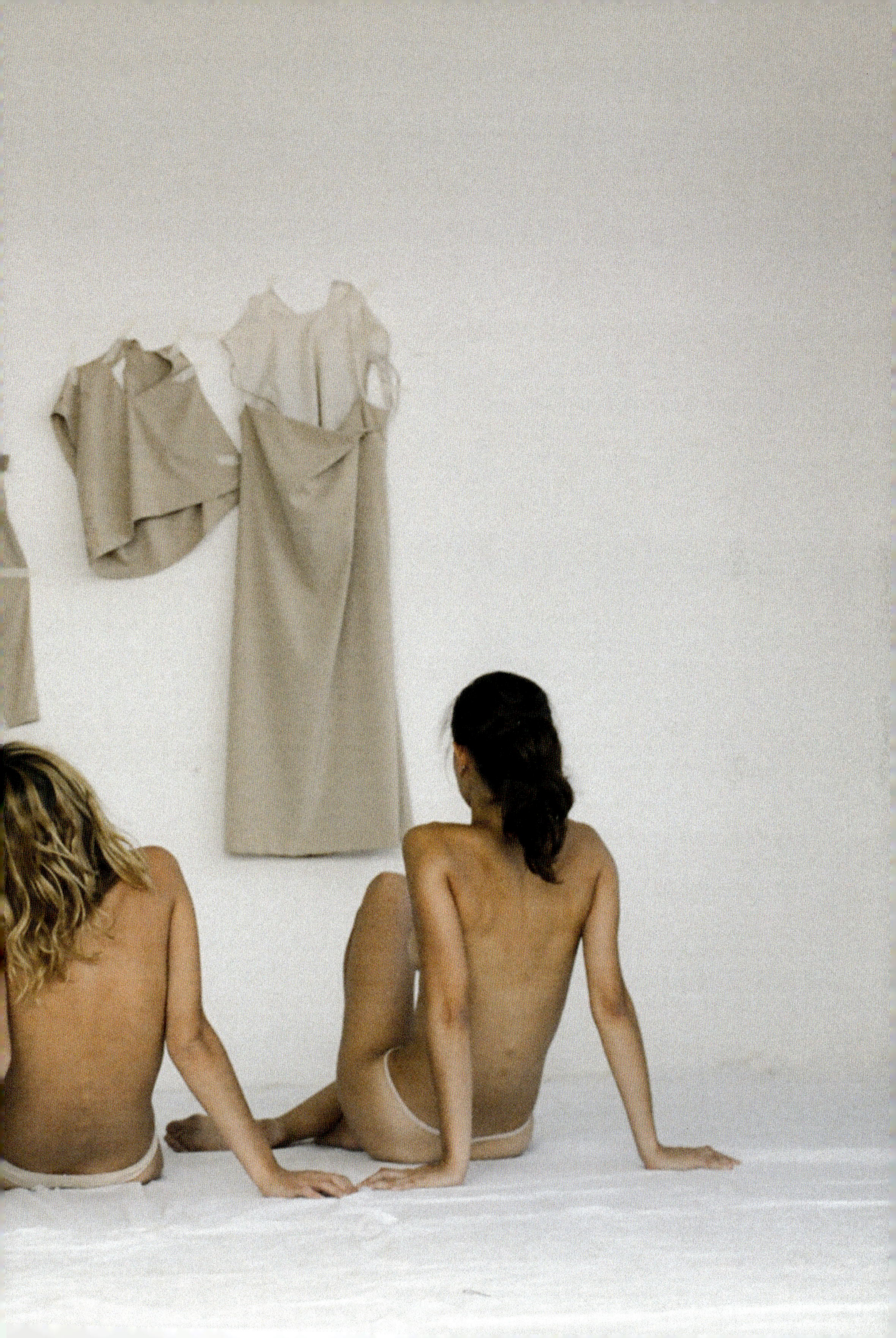

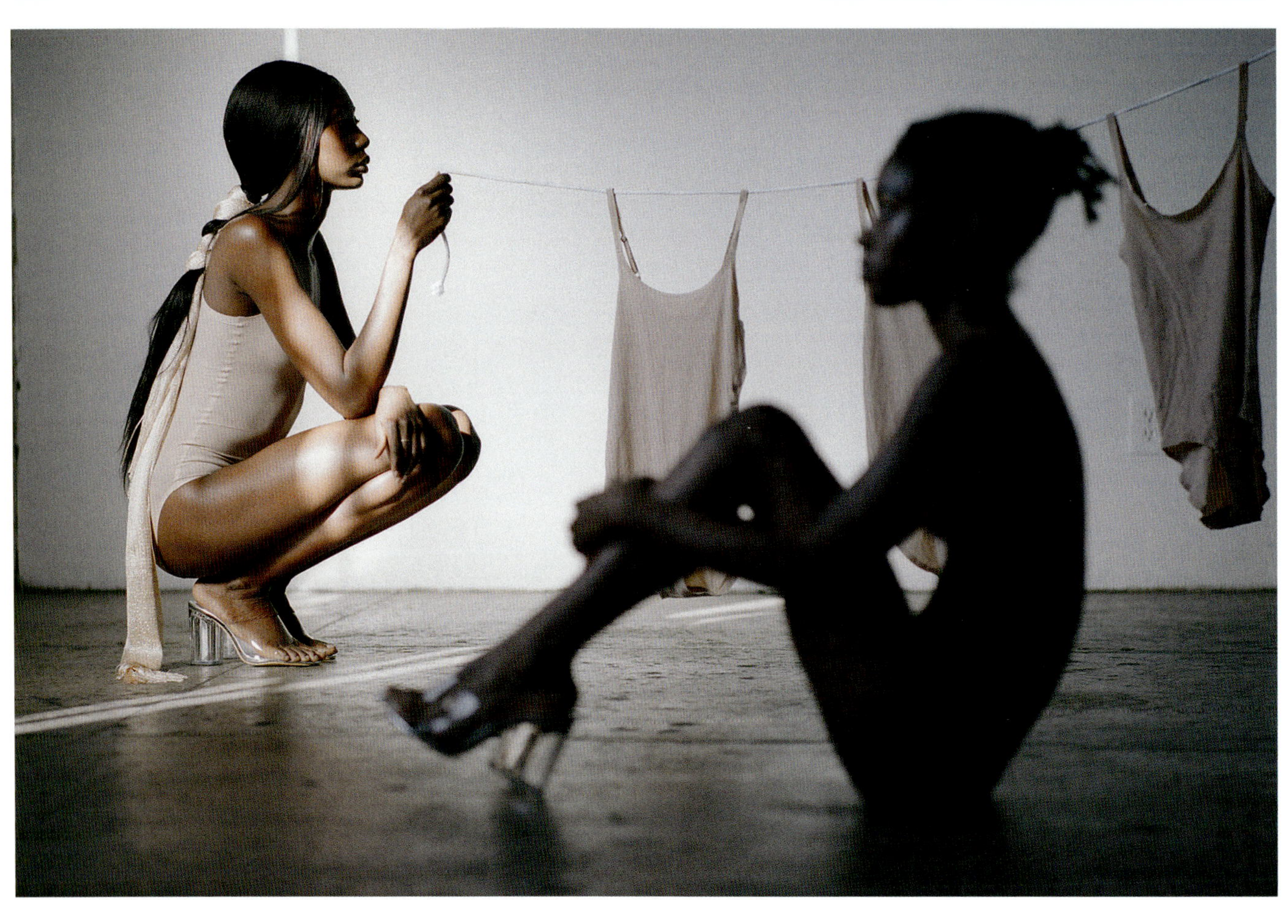

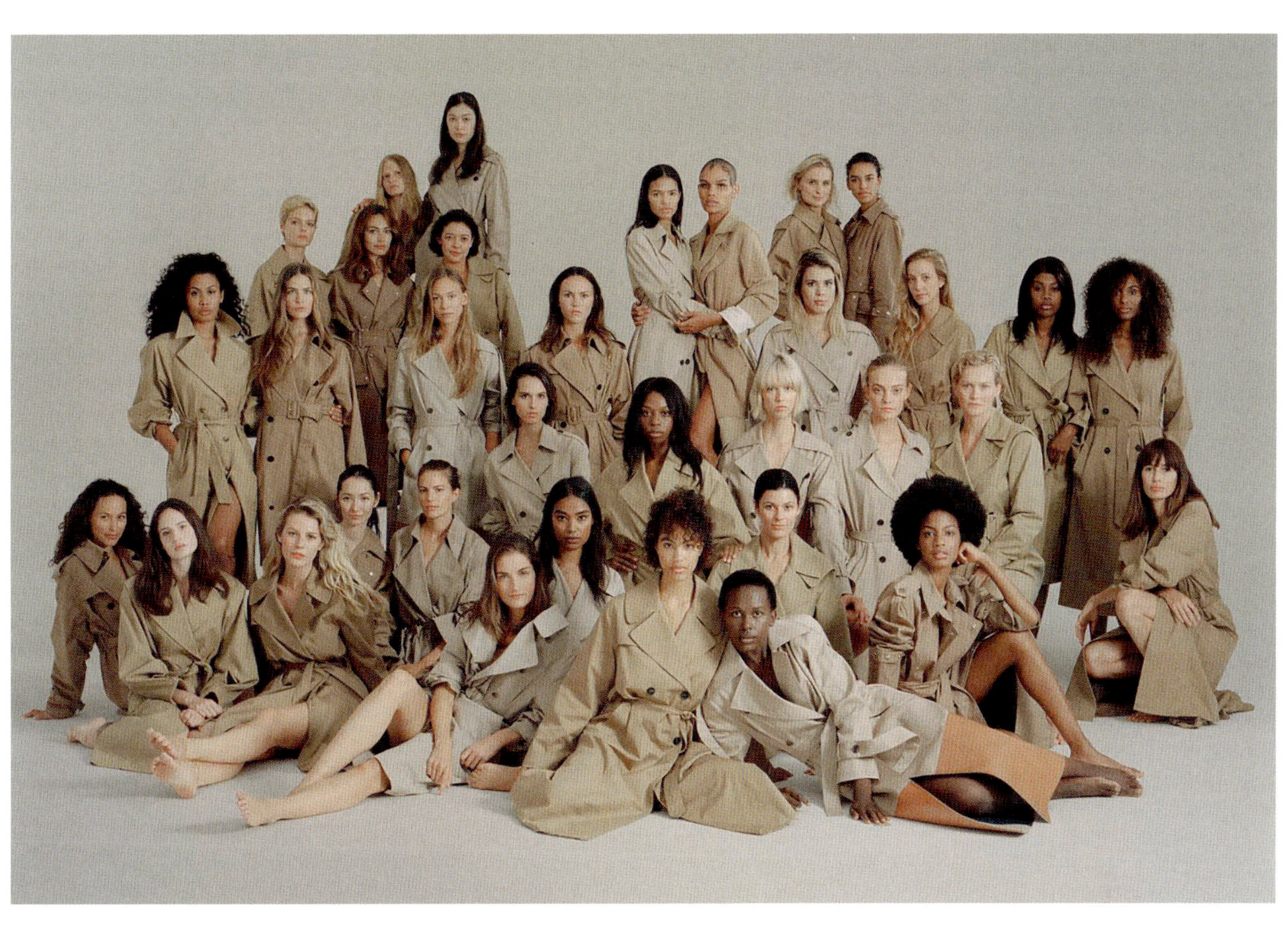

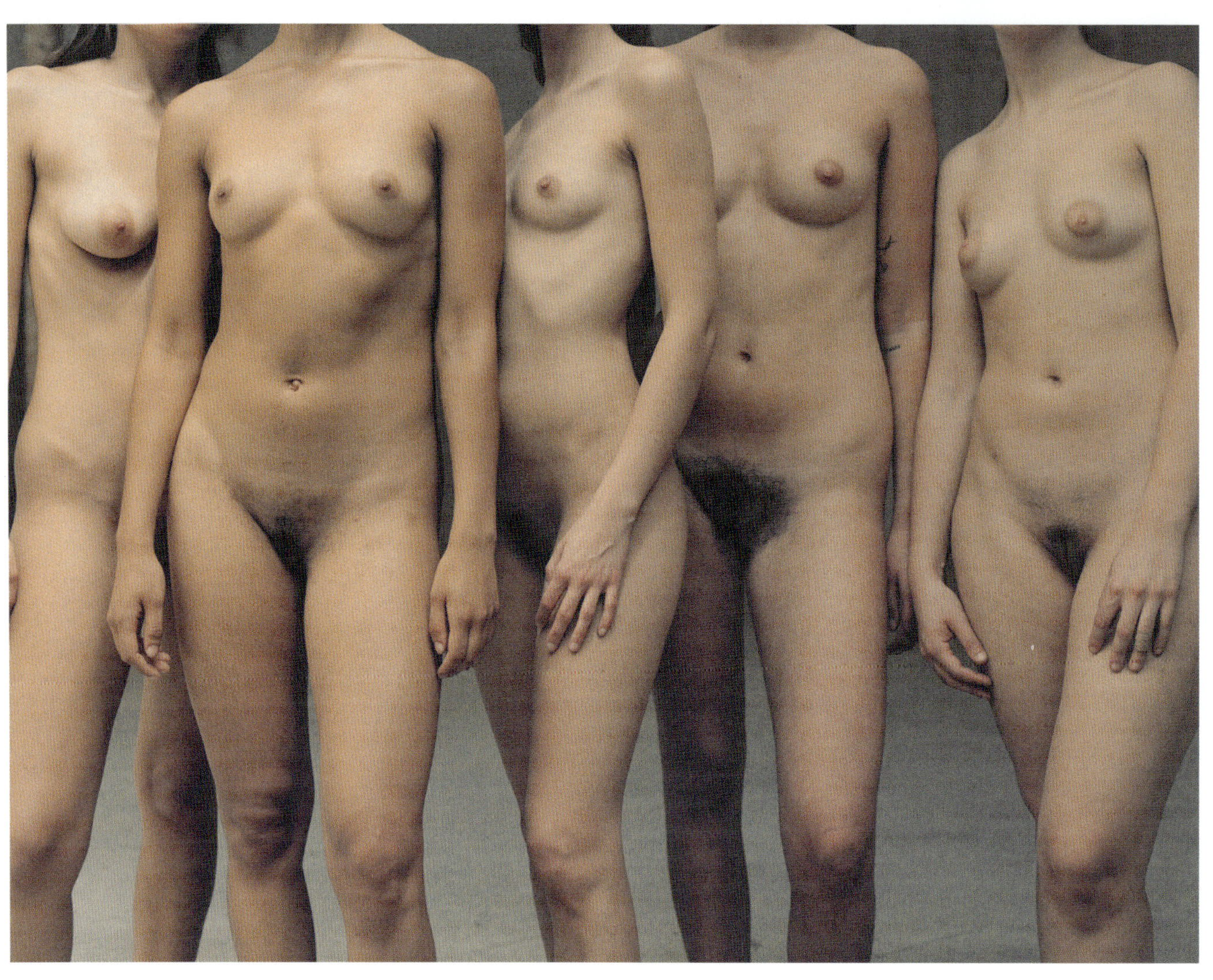

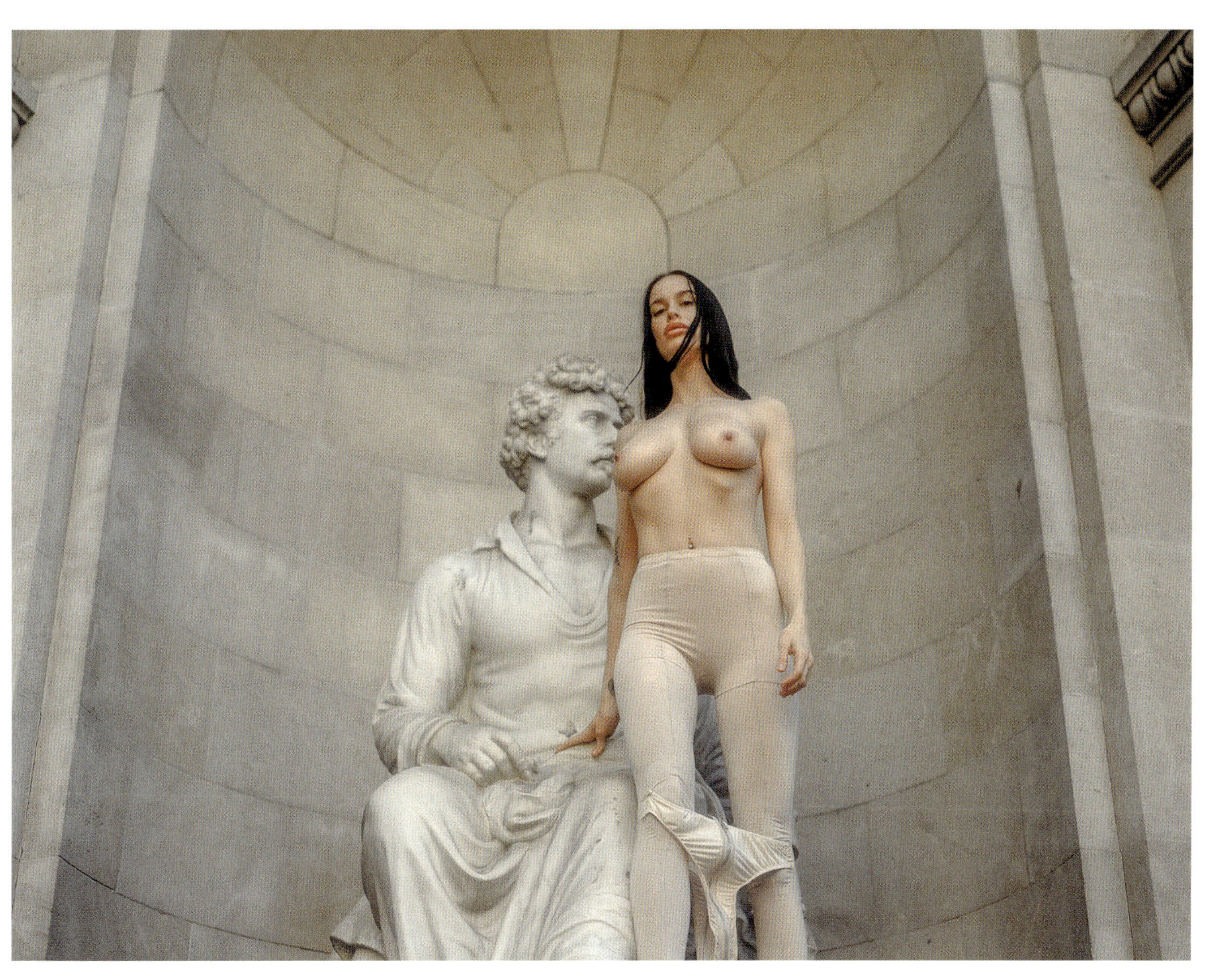

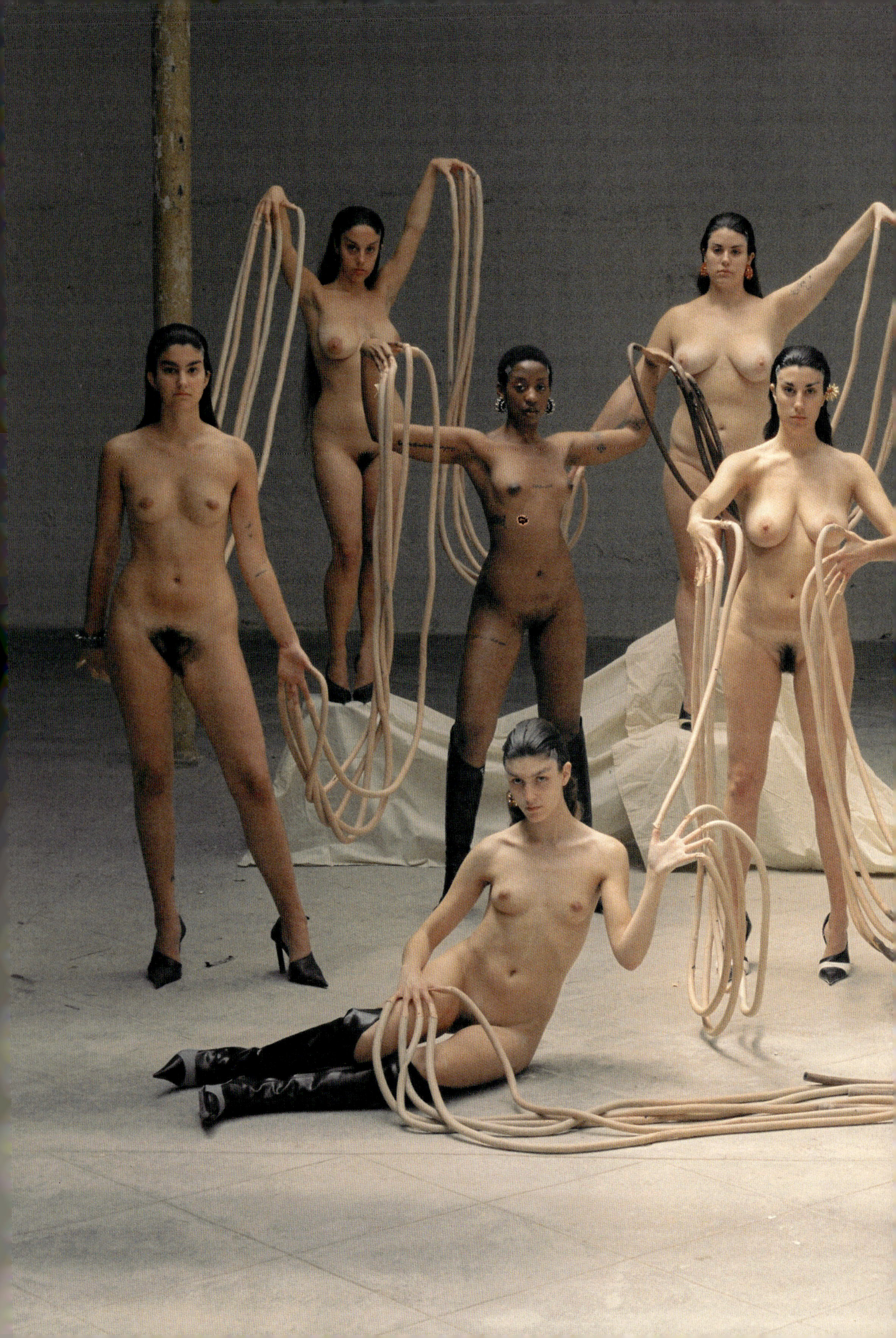

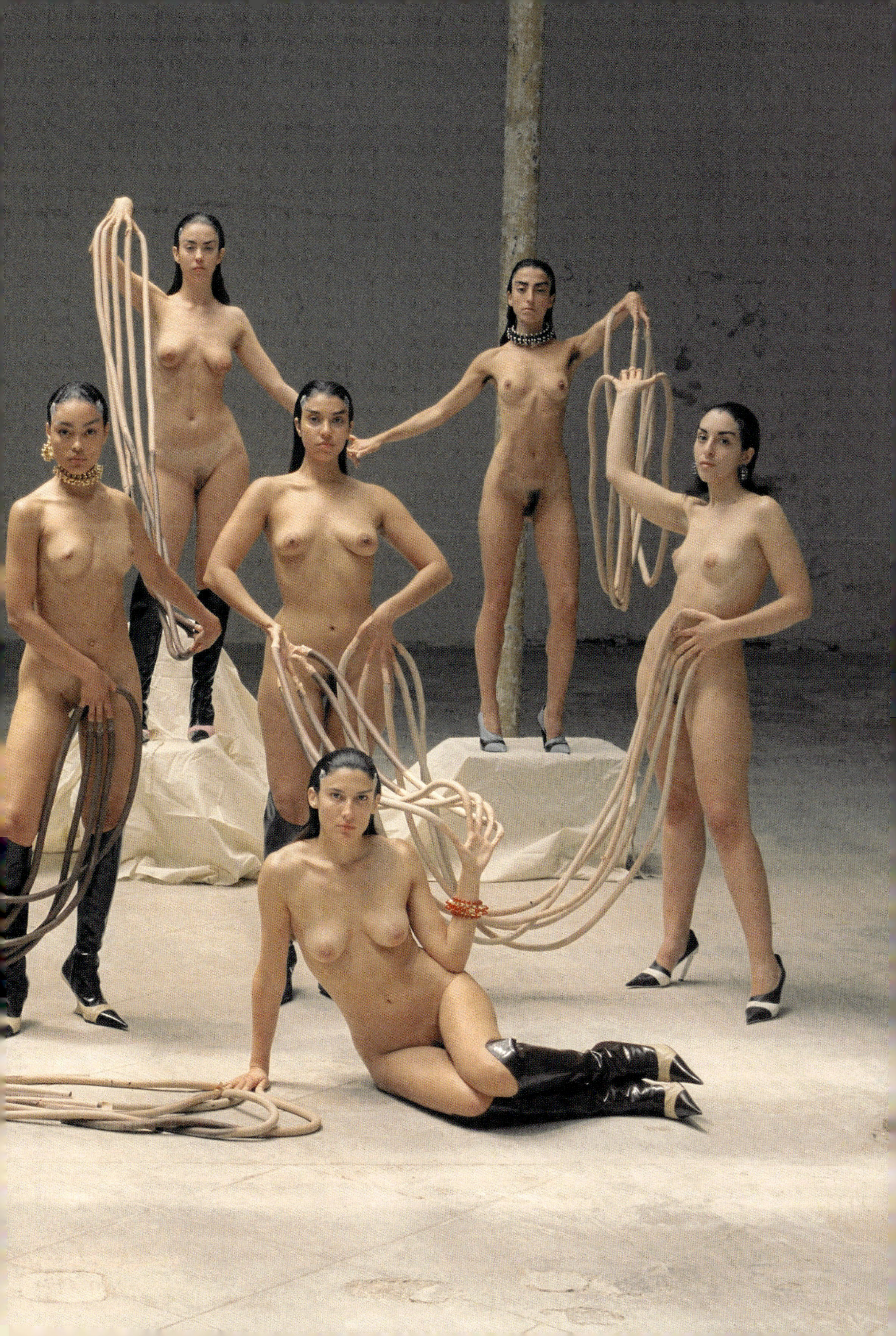

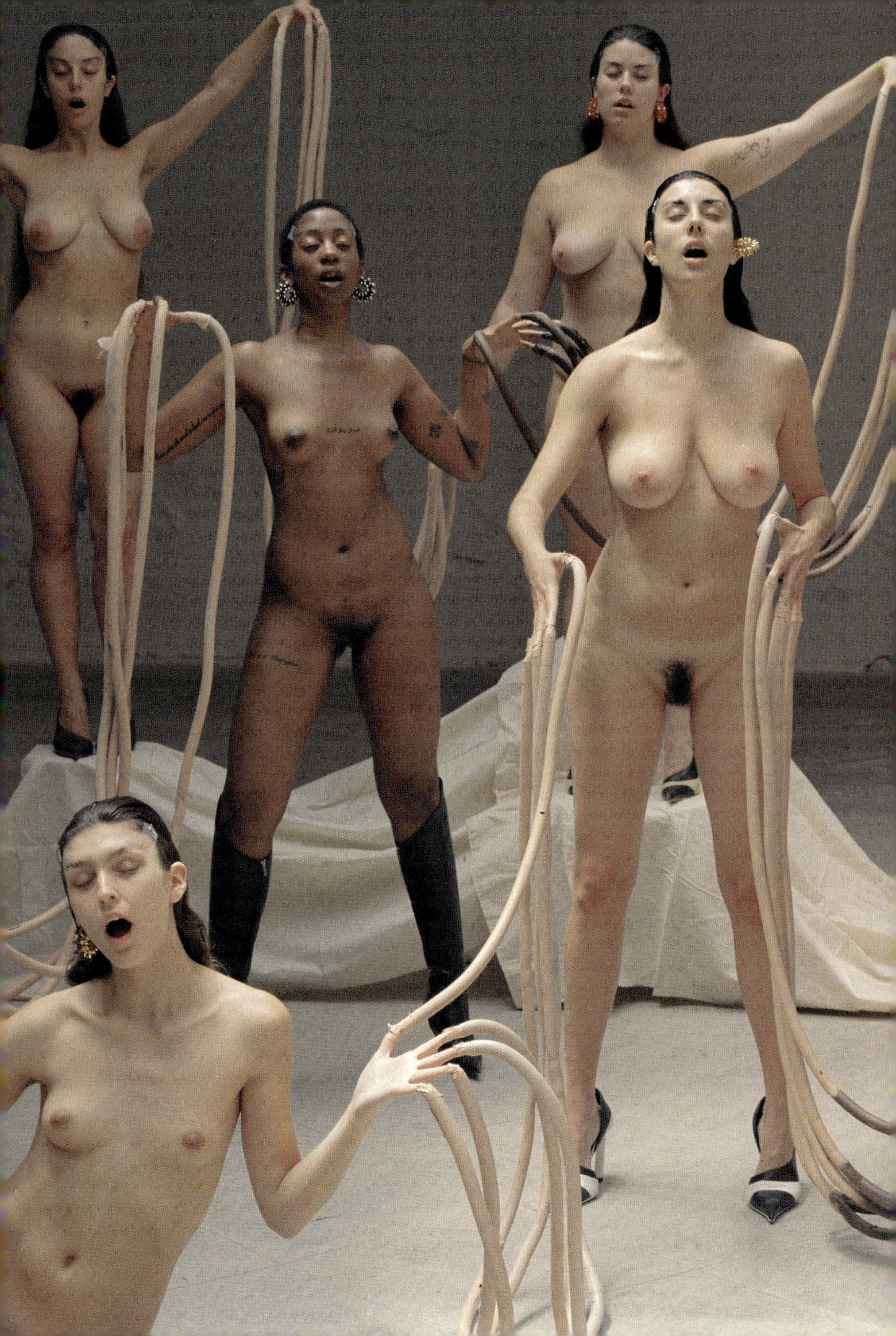

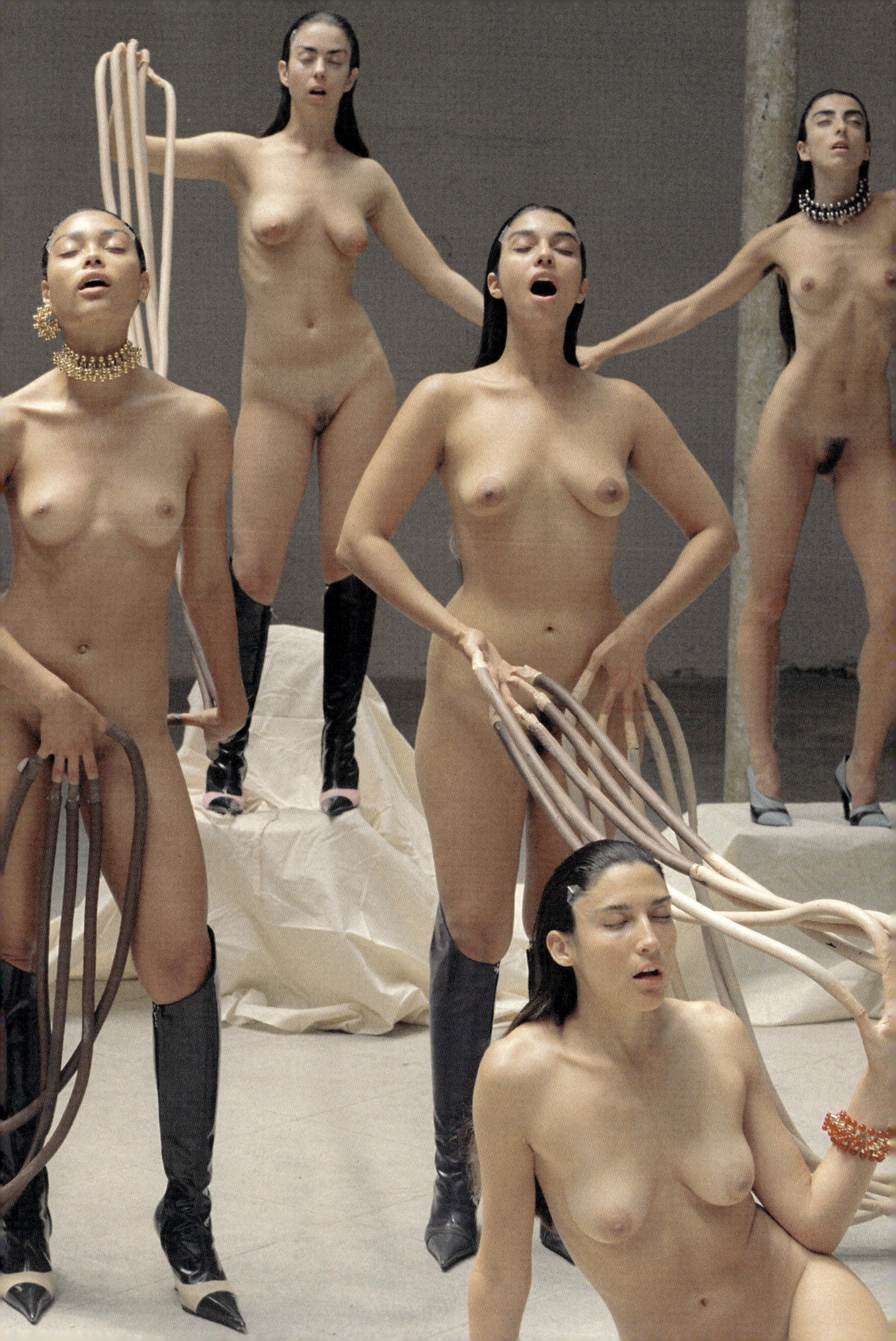

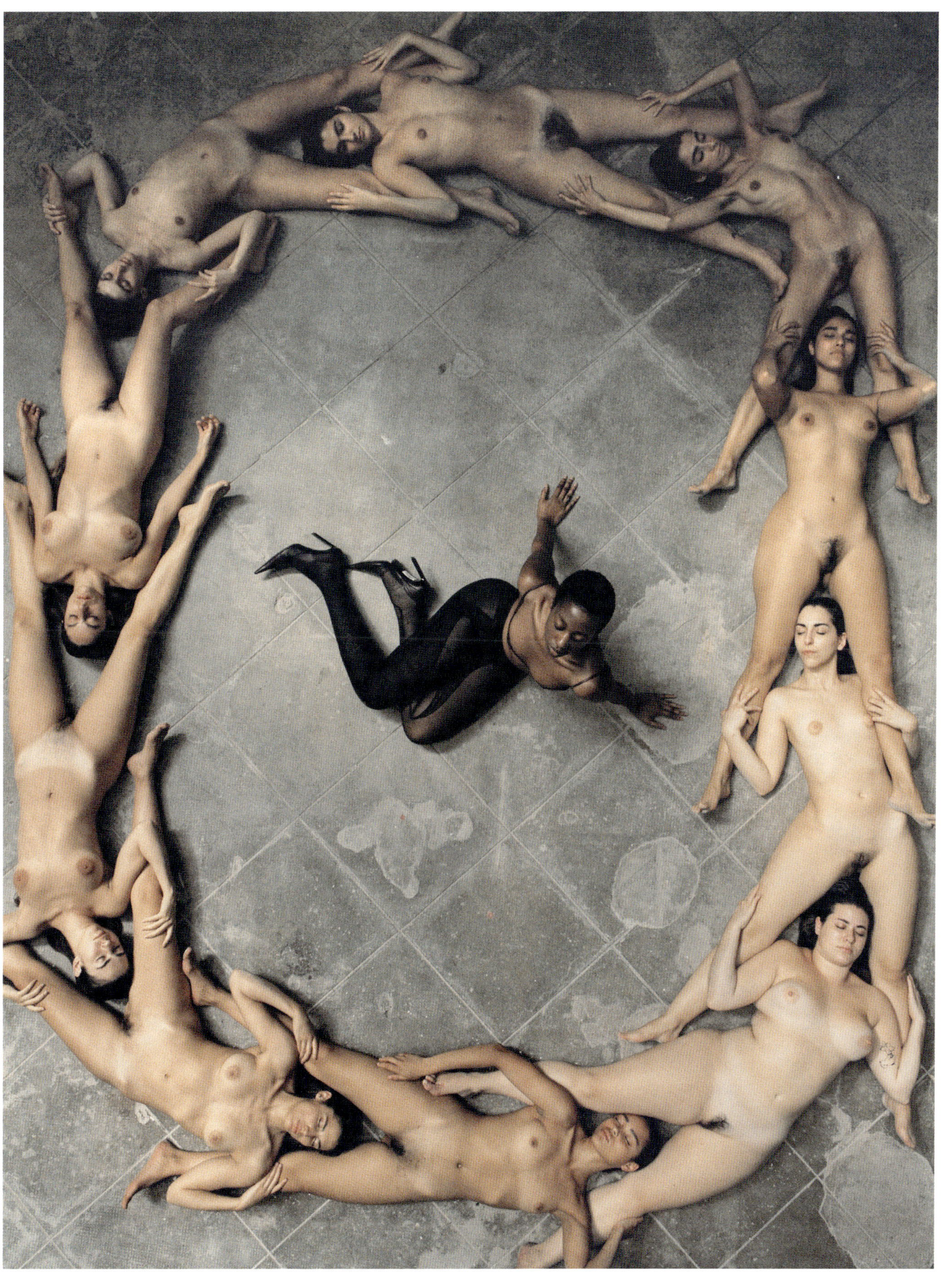

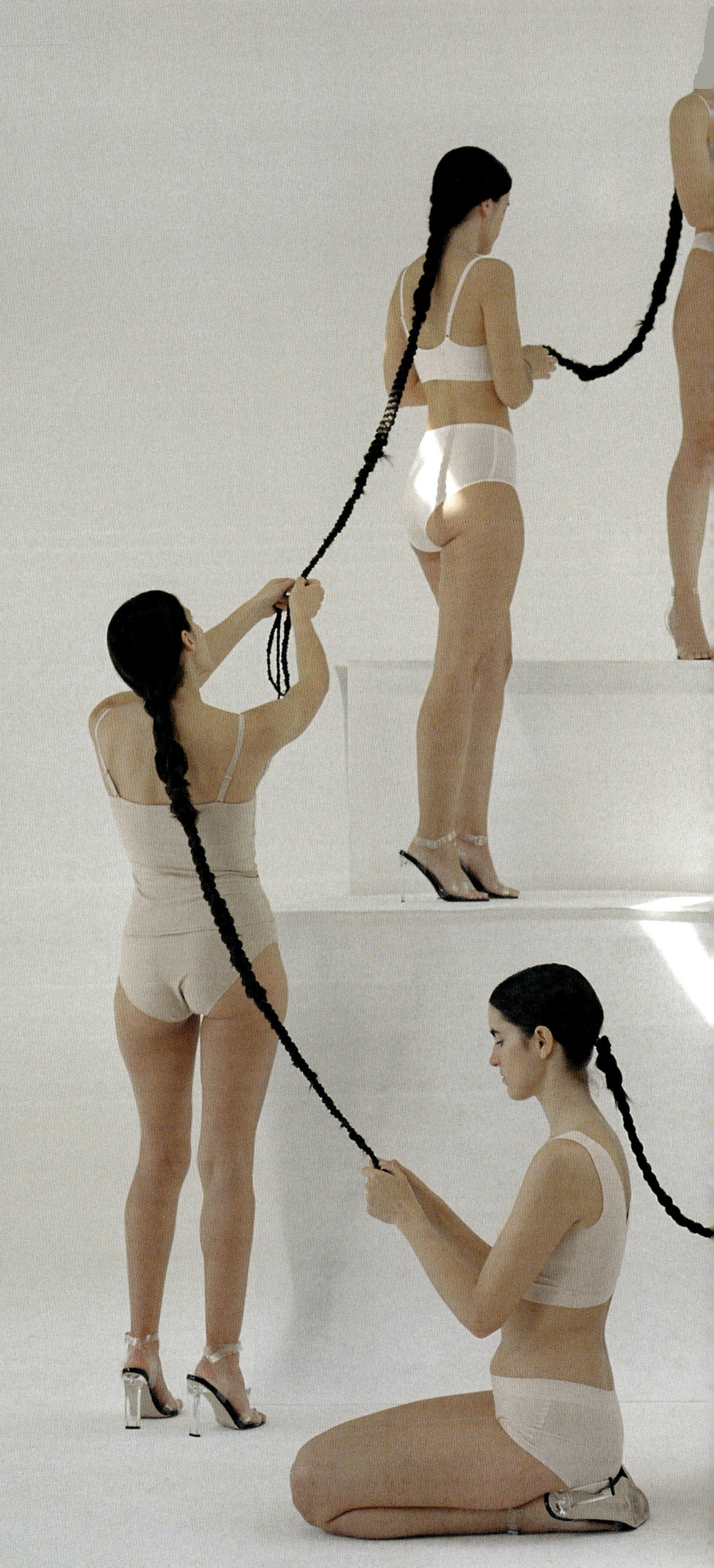

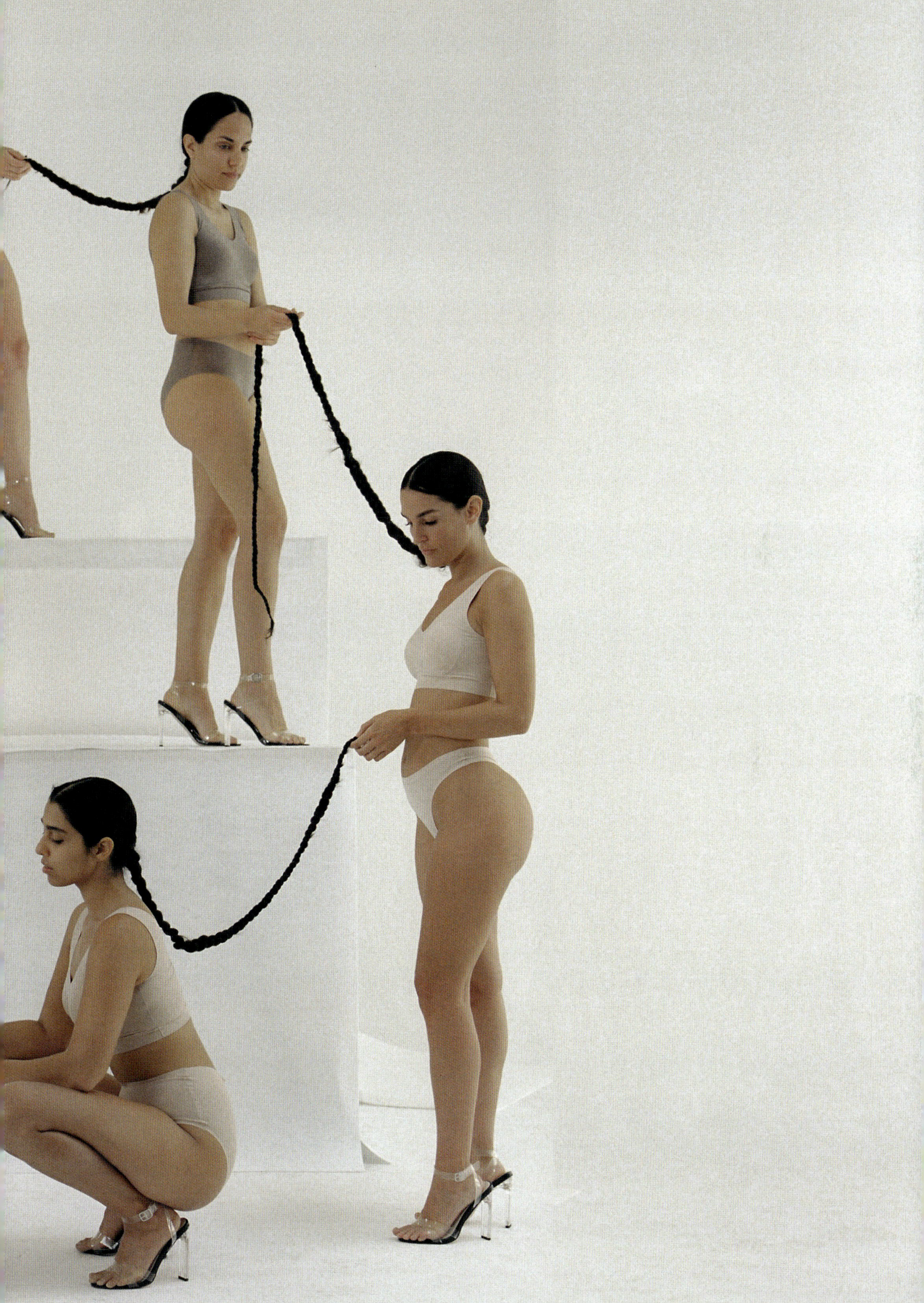

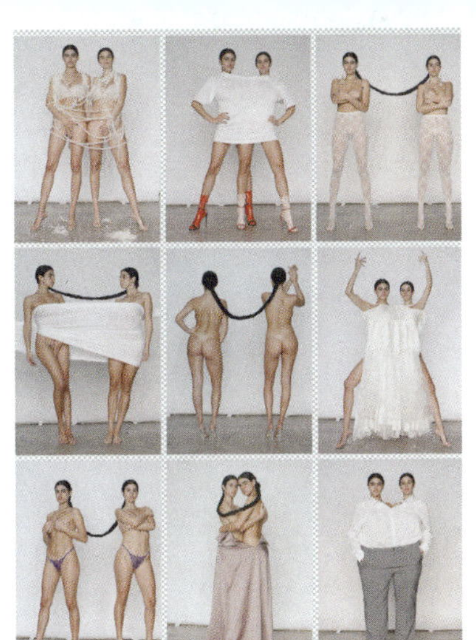

01

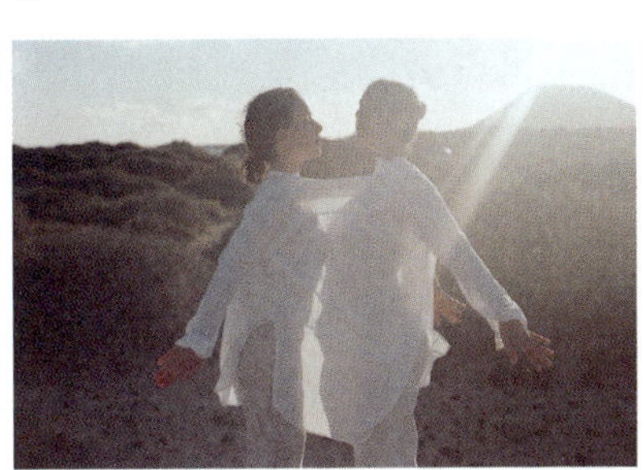

02

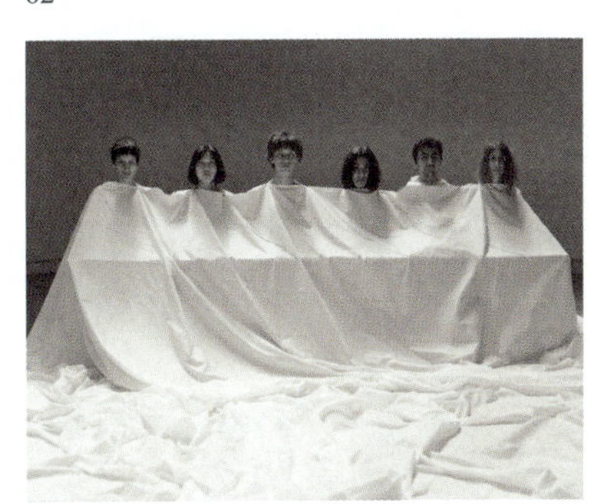

03

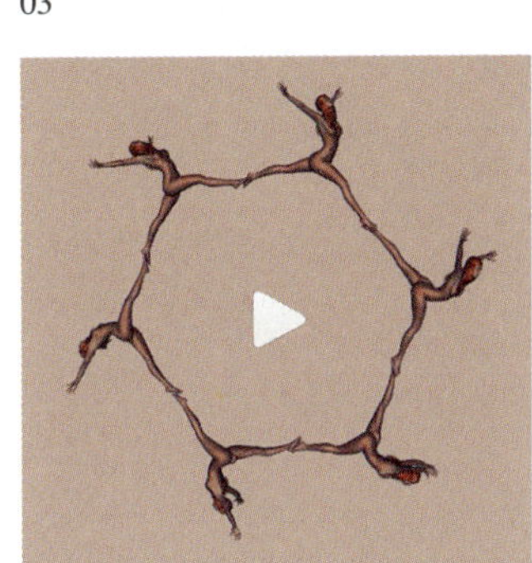

04

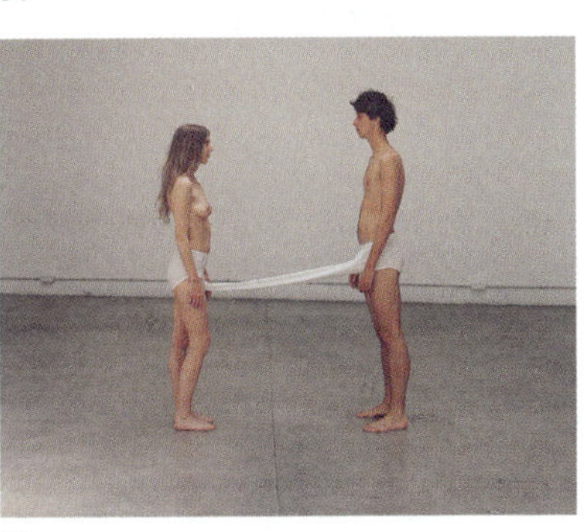

05

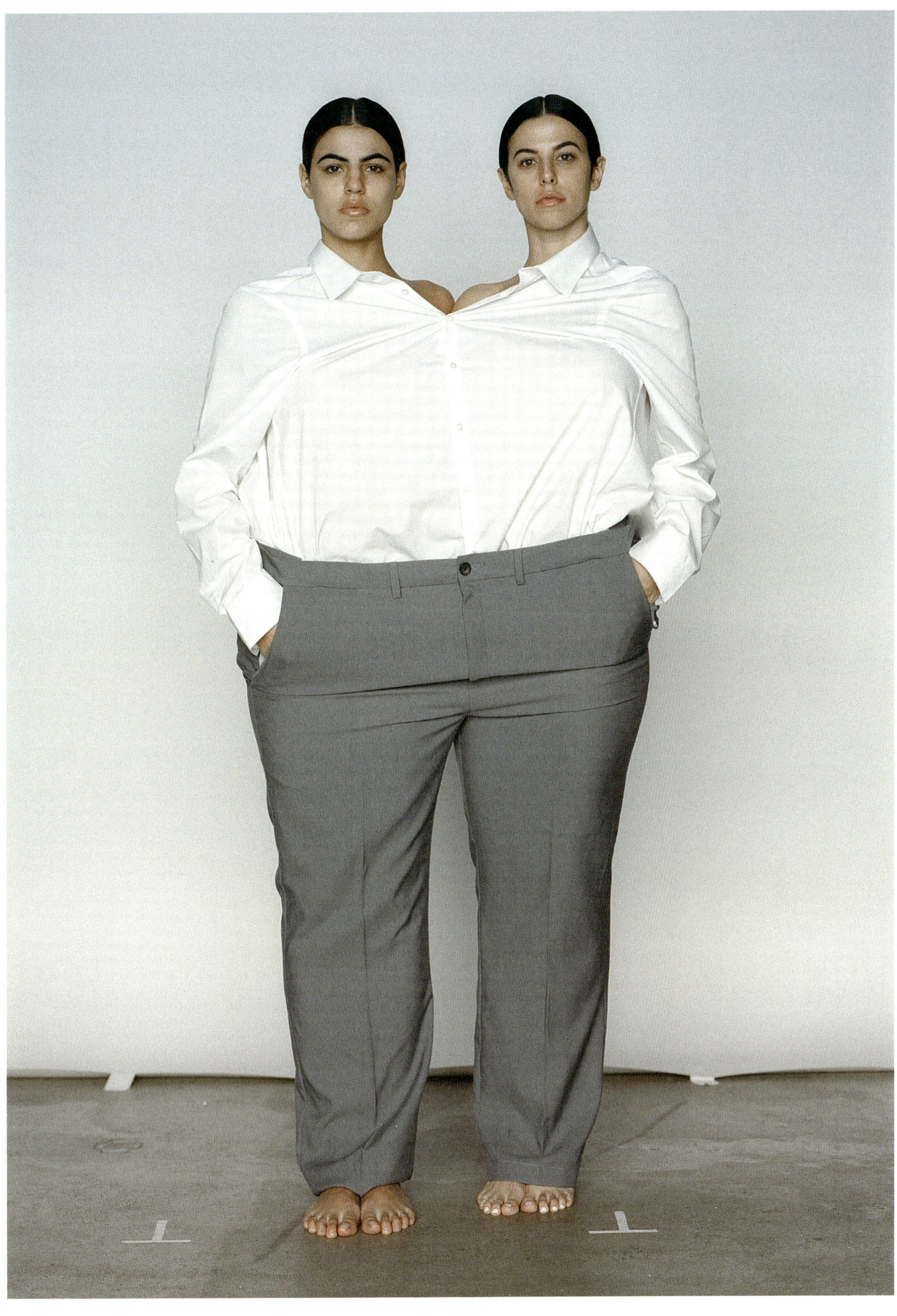

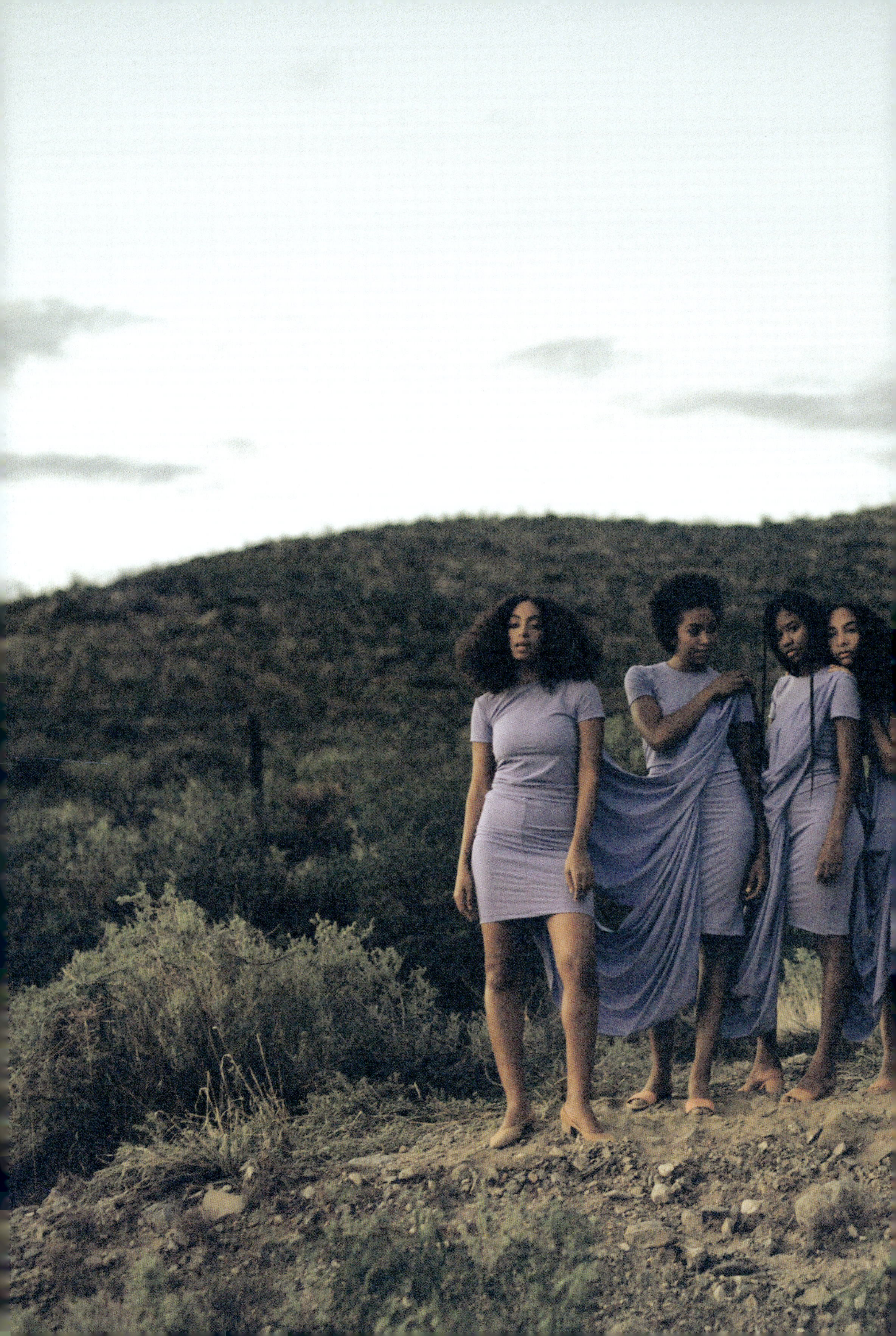

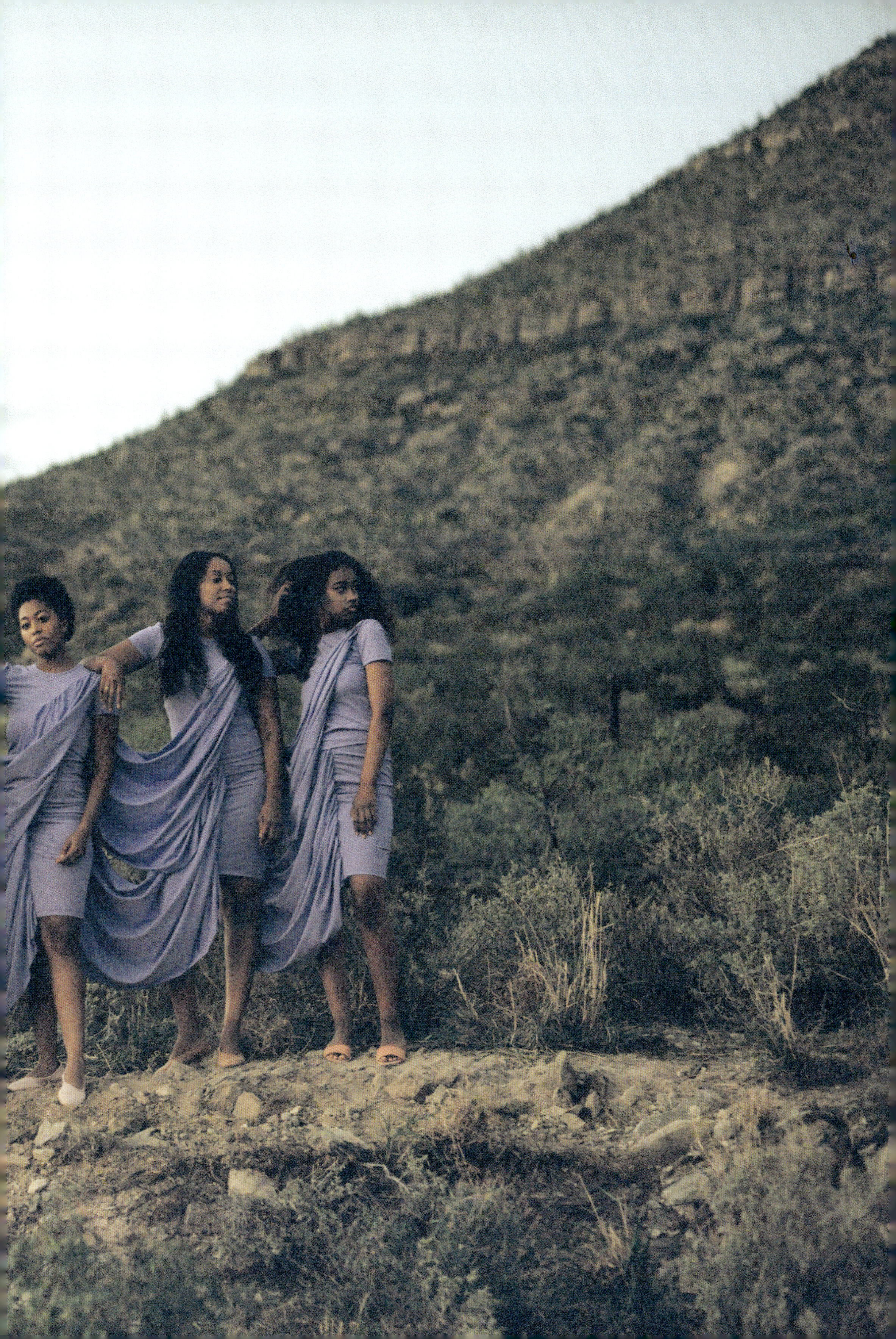

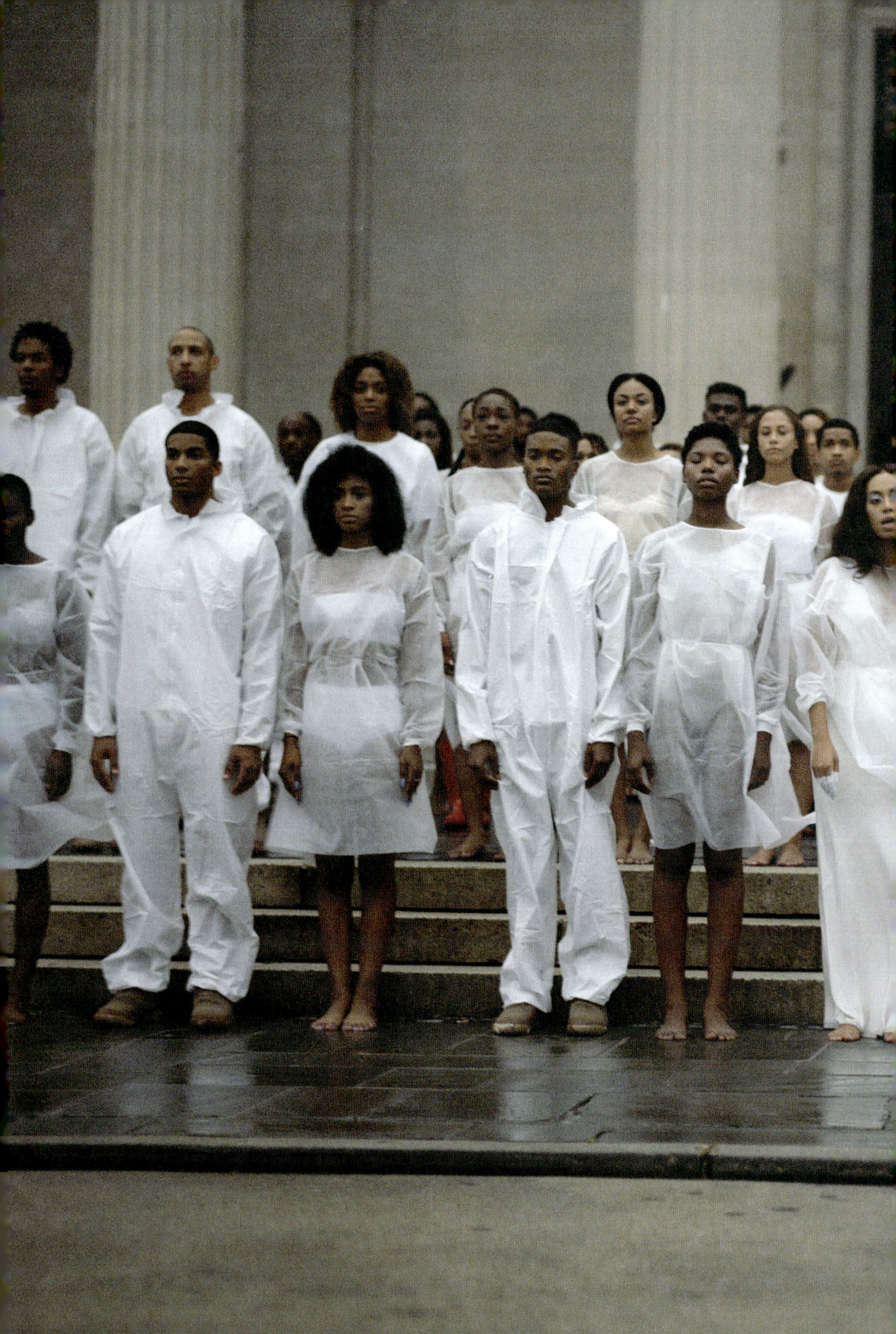

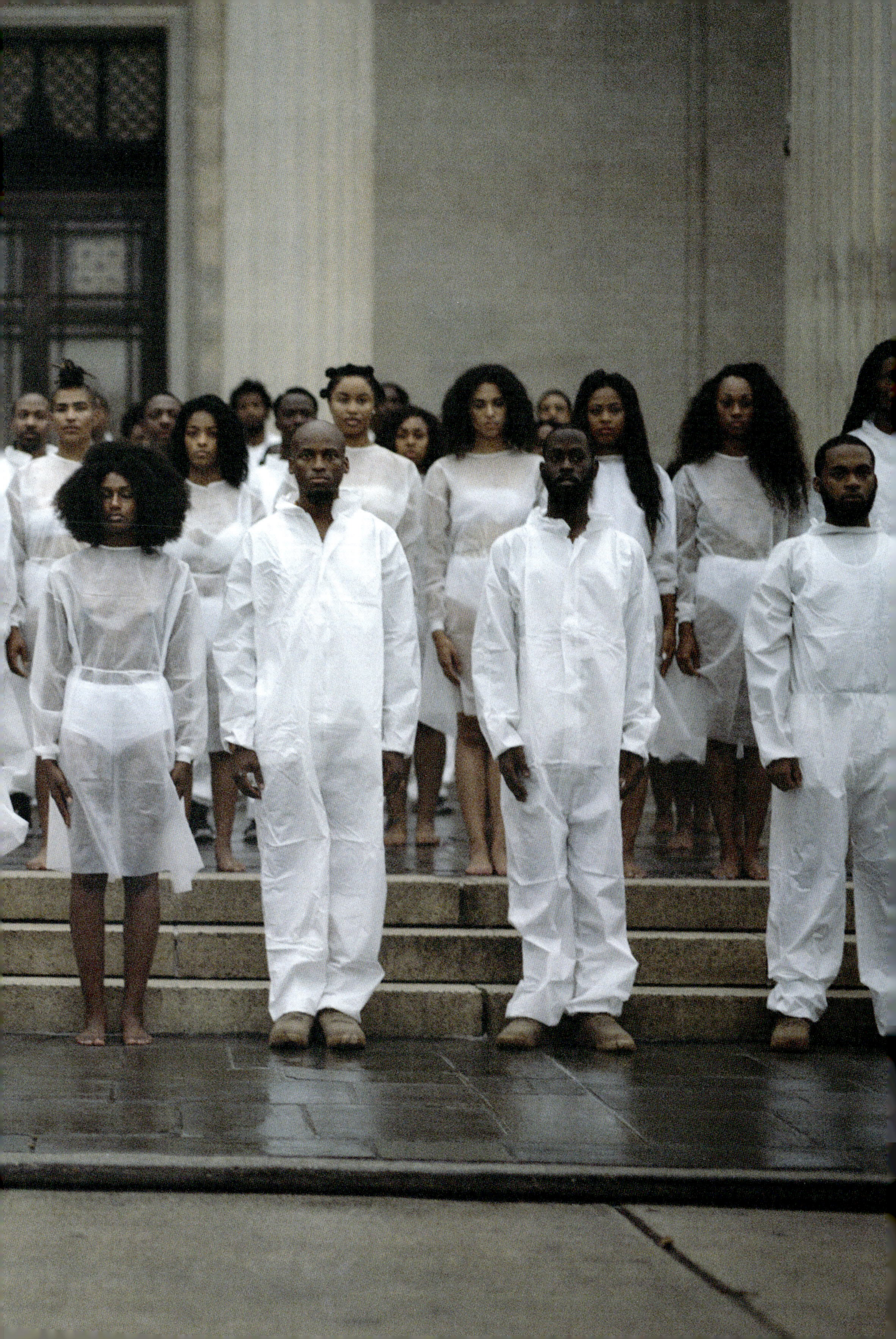

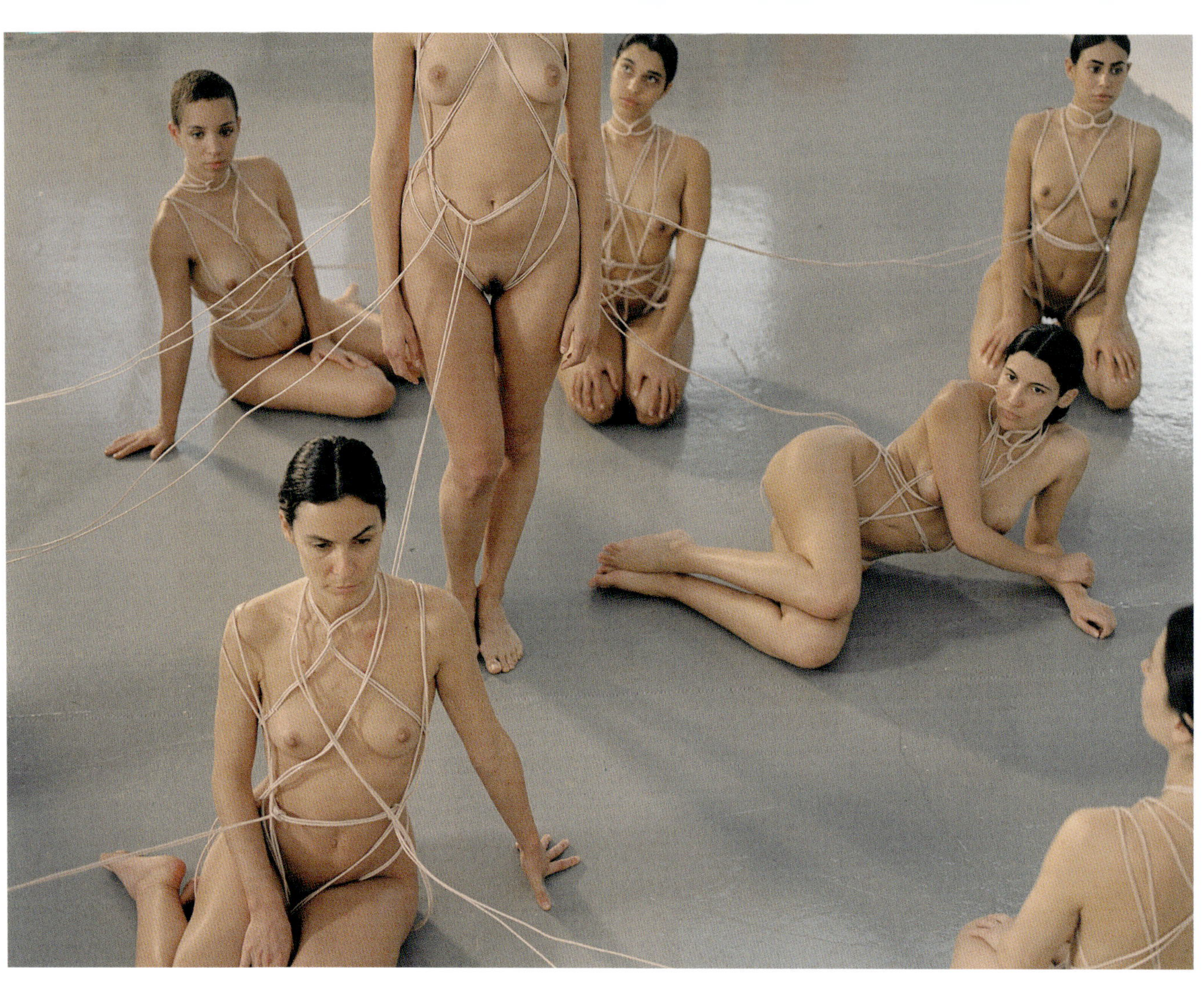

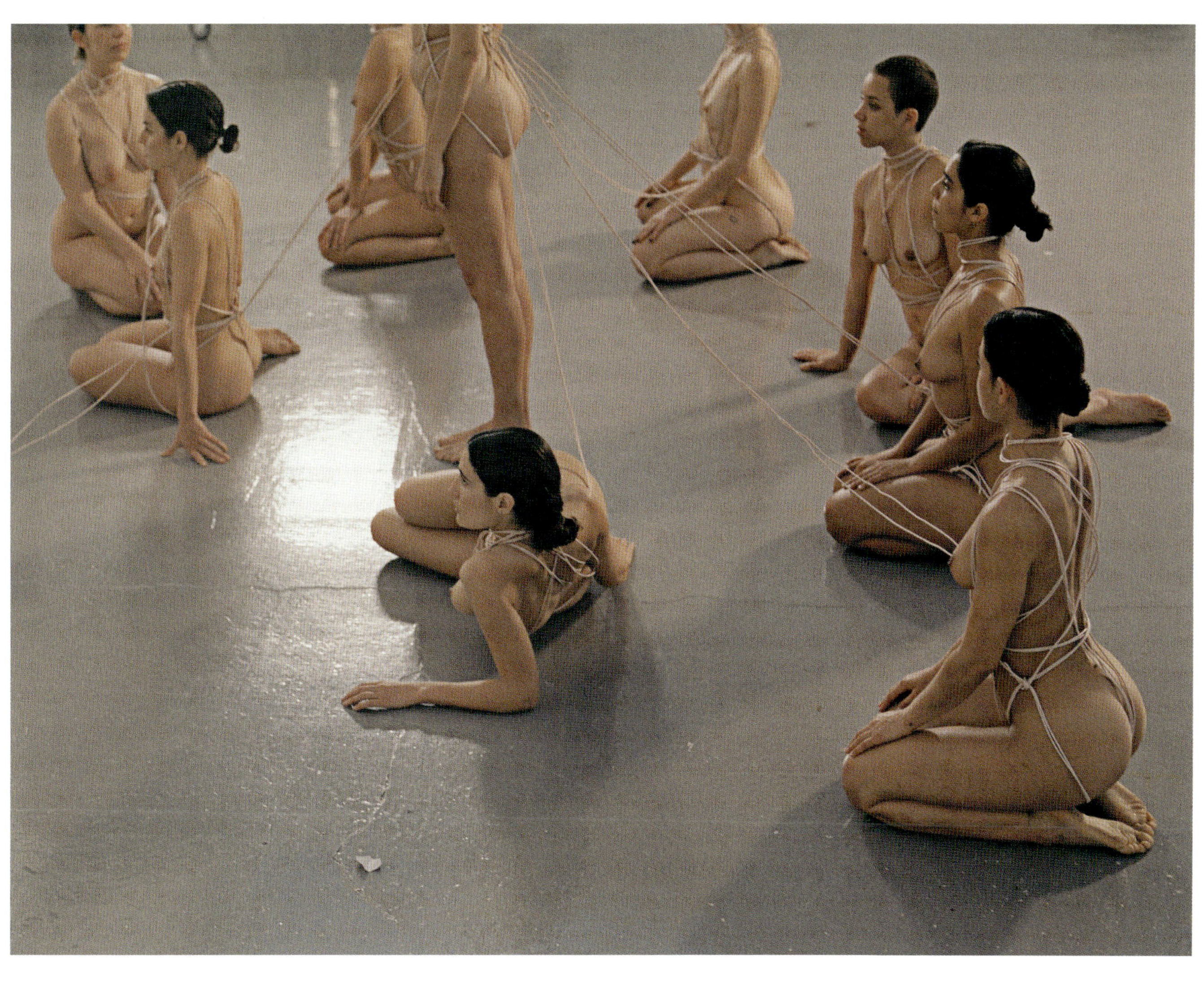

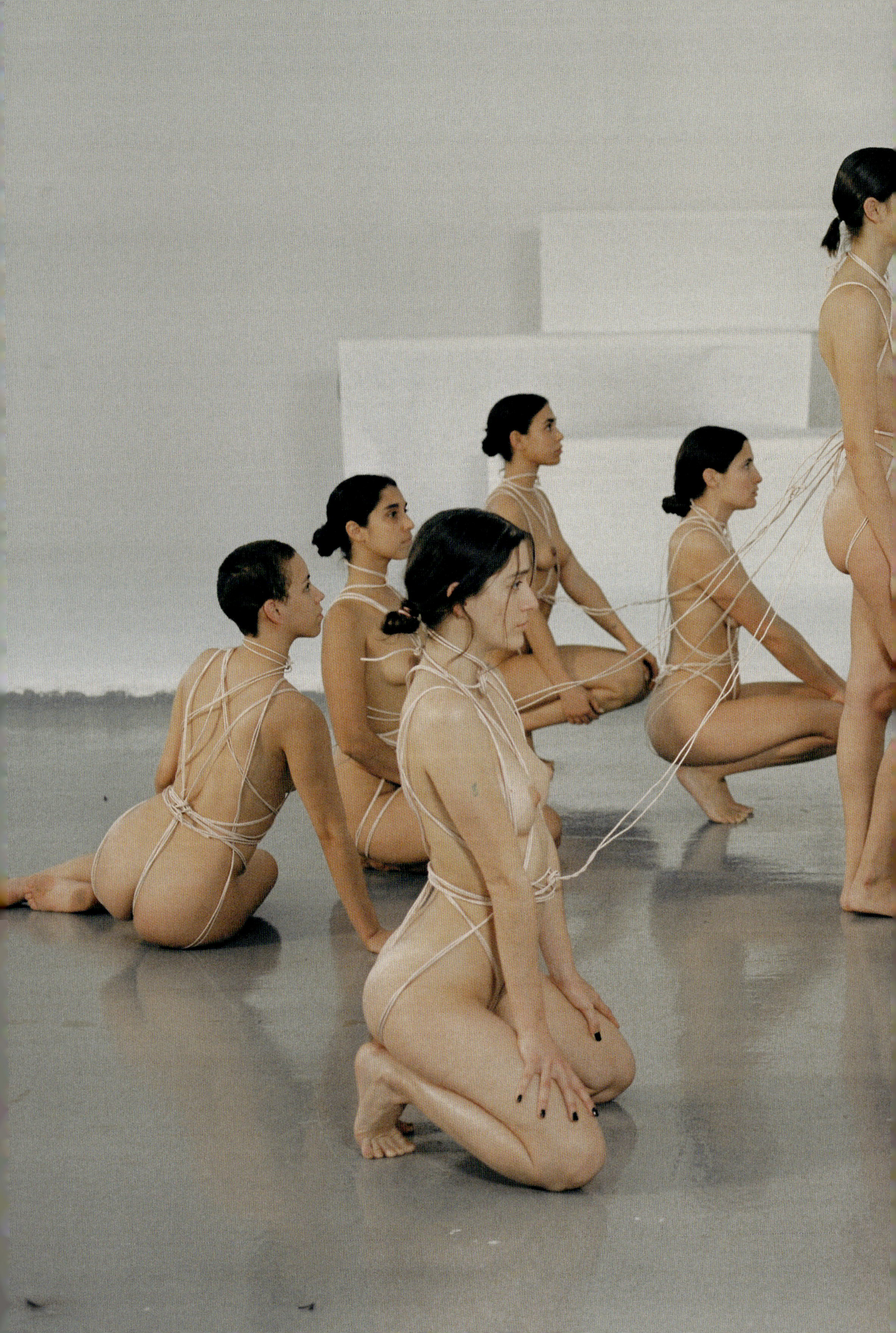

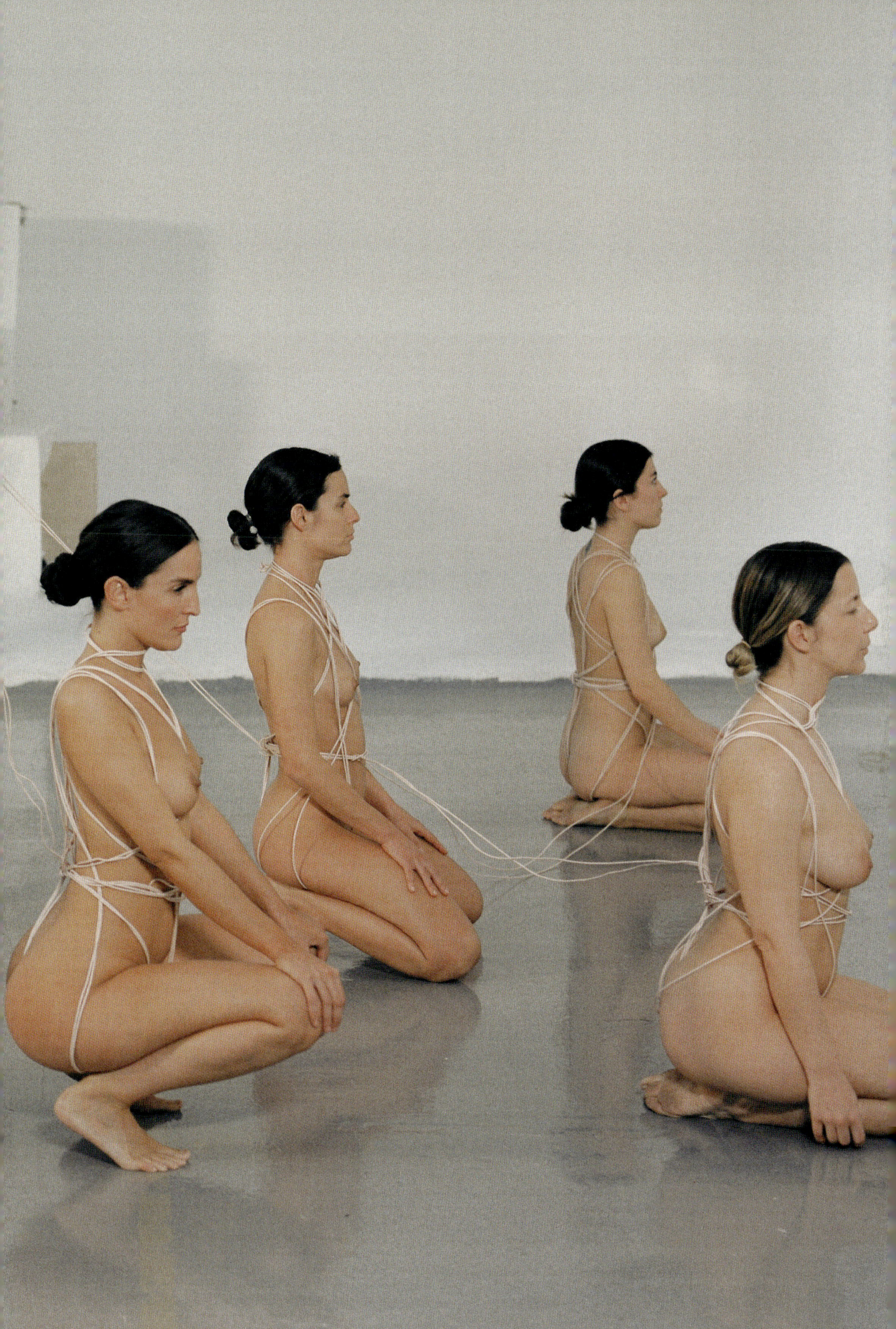

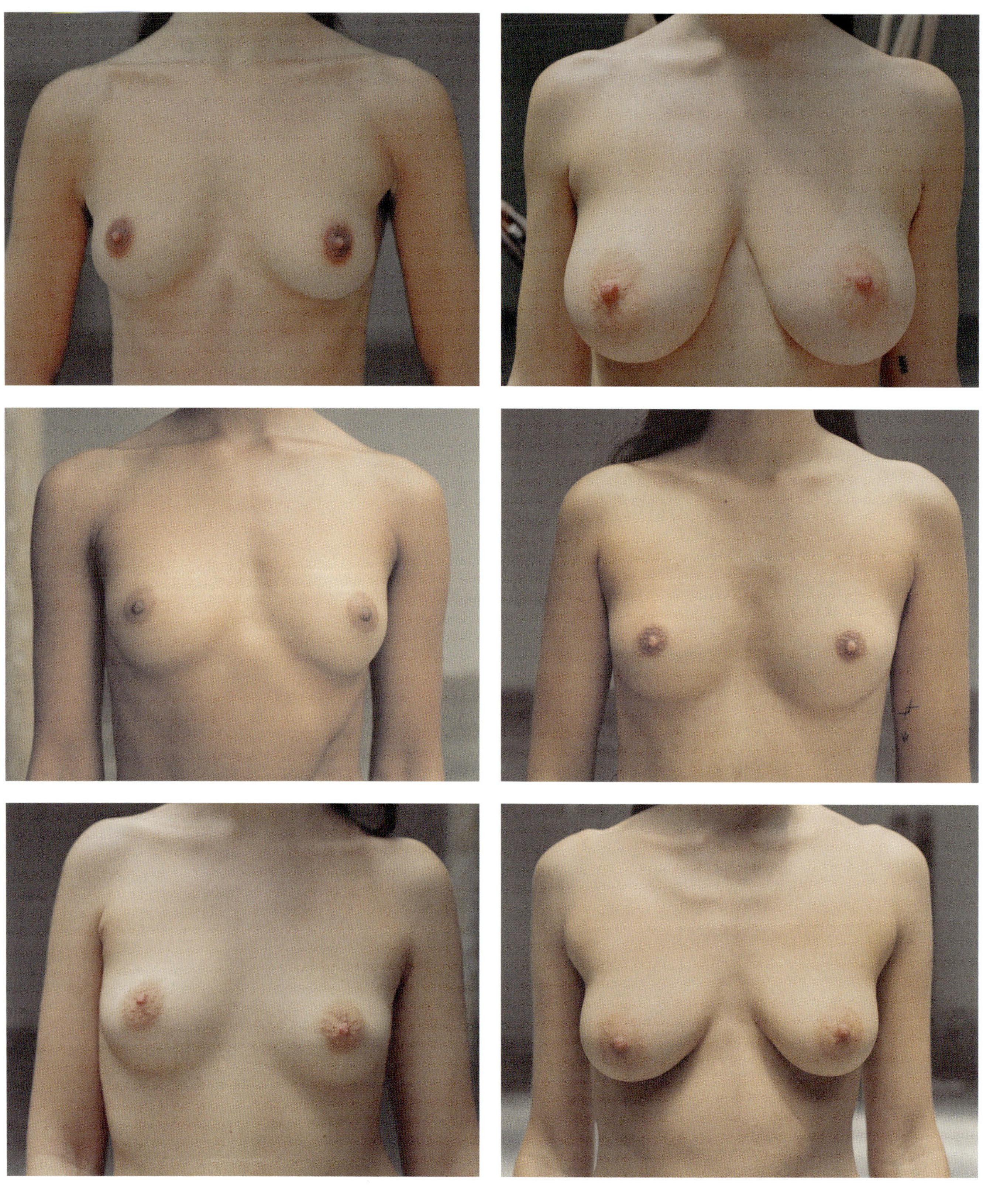

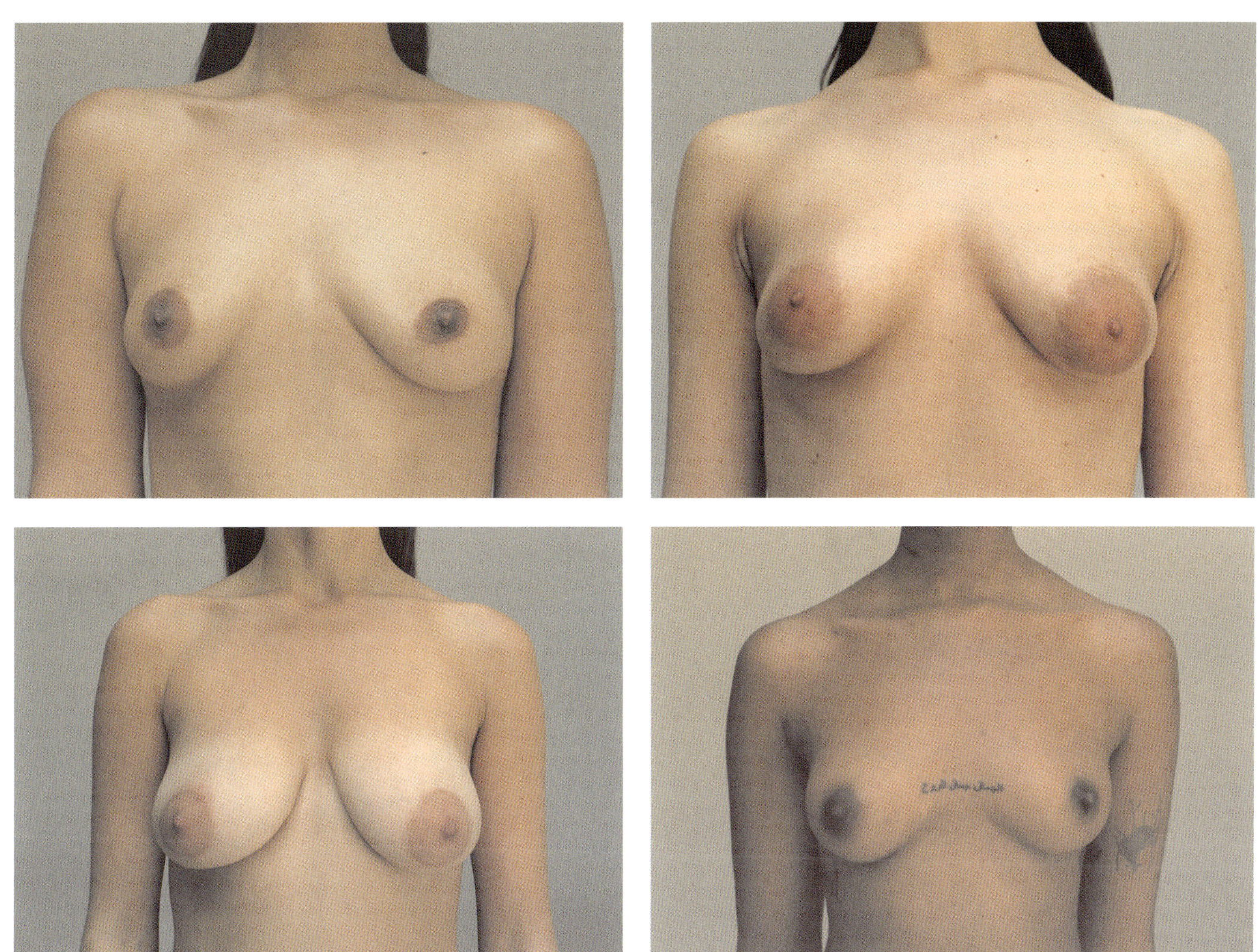

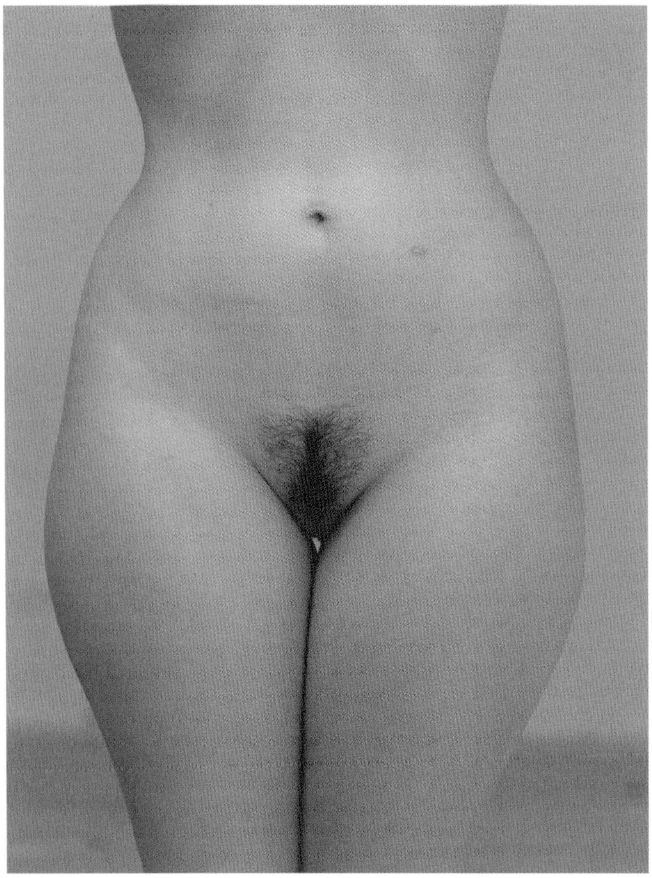

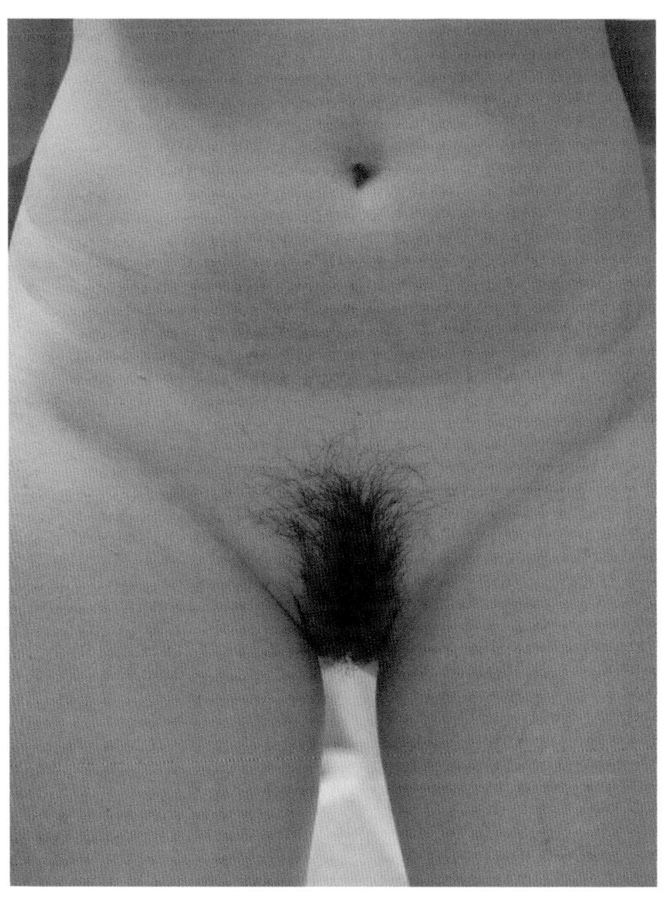

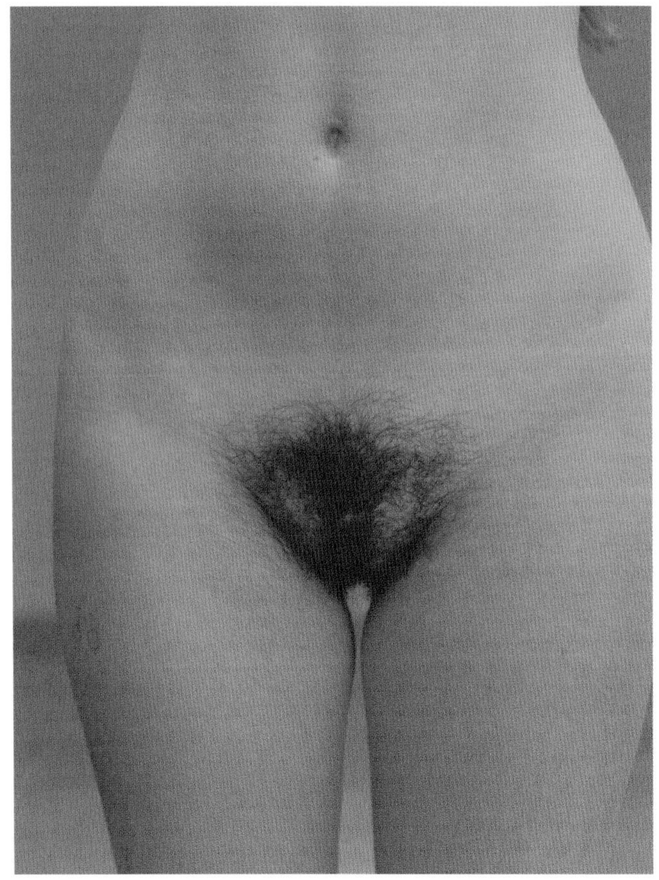

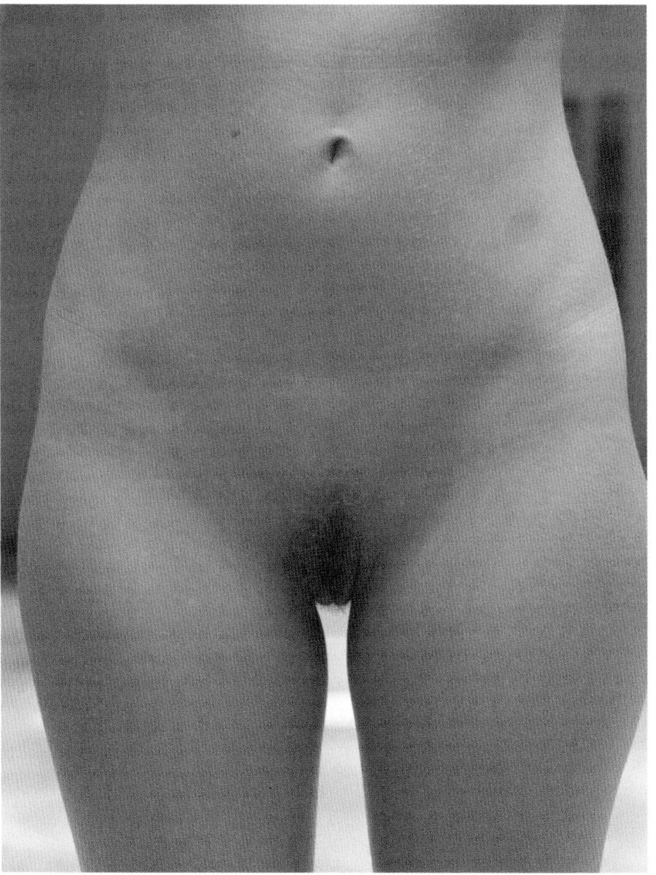

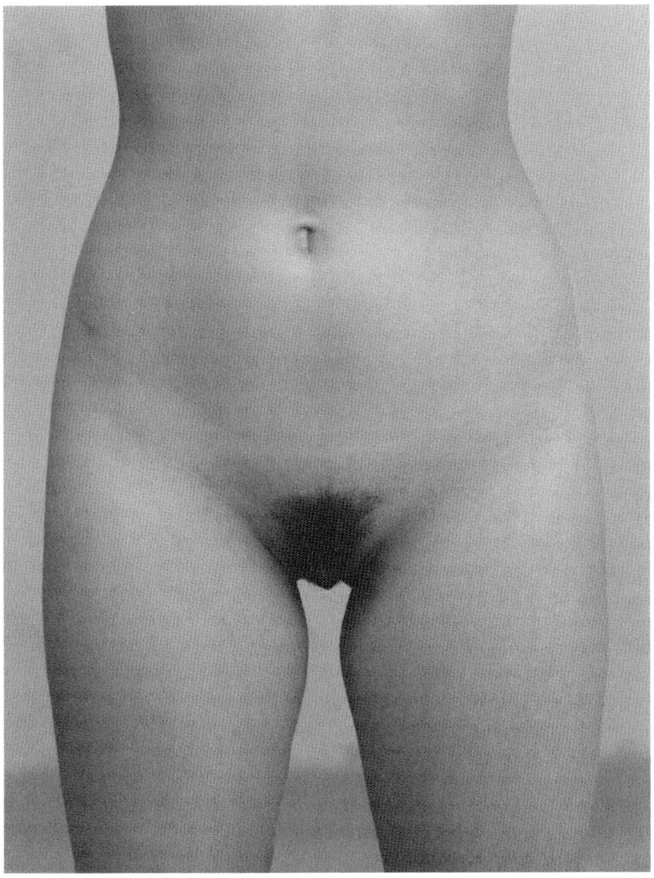

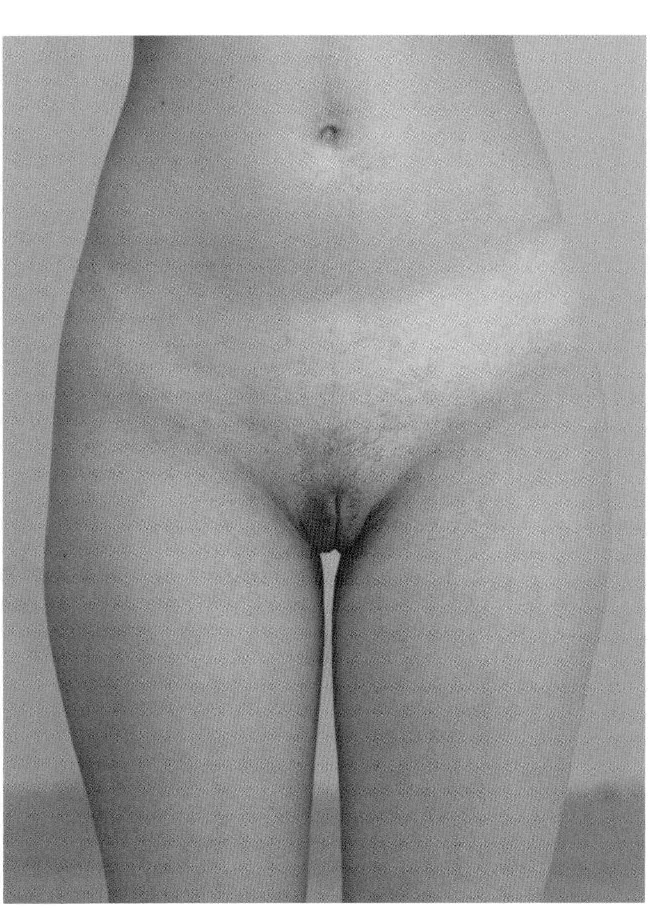

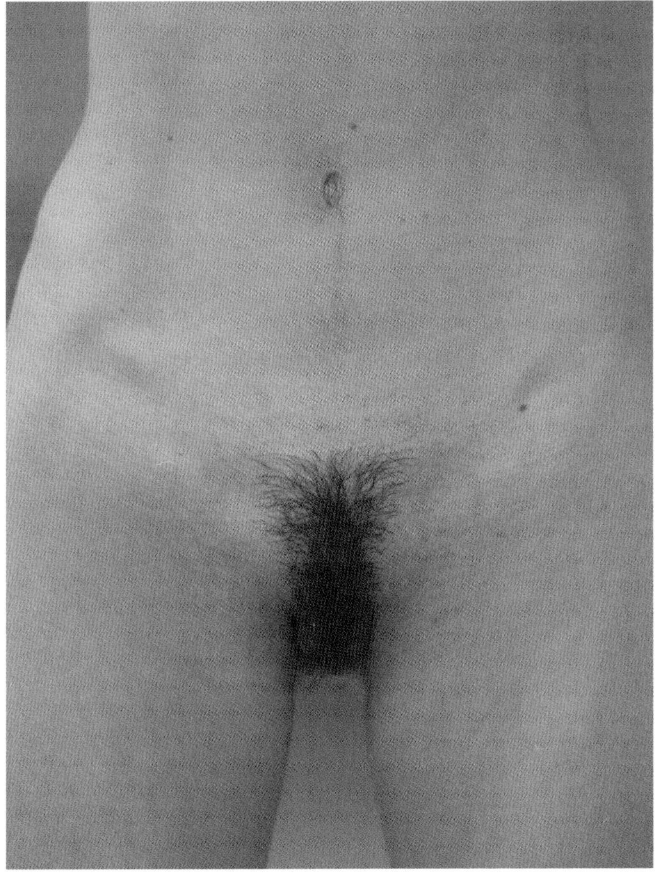

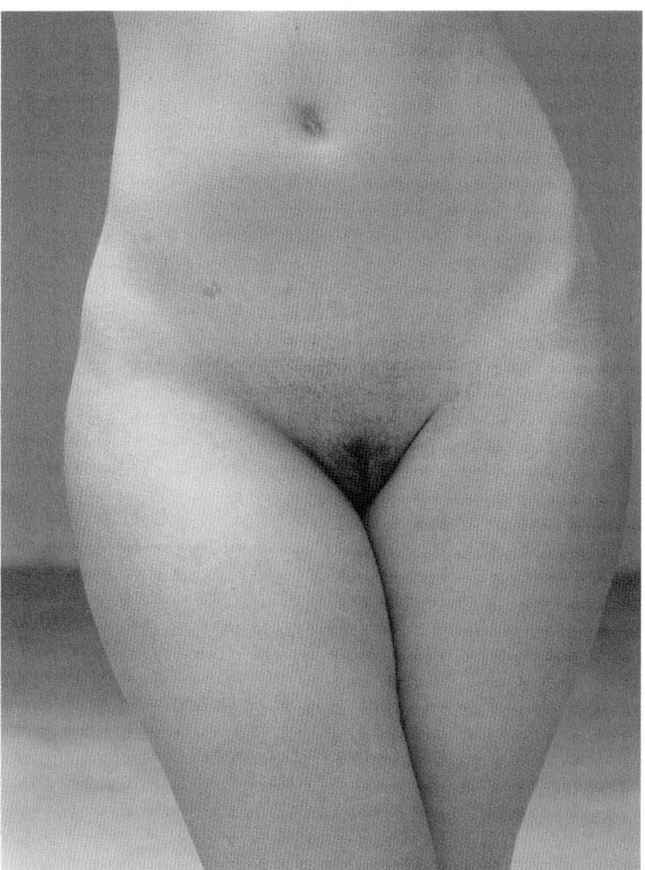

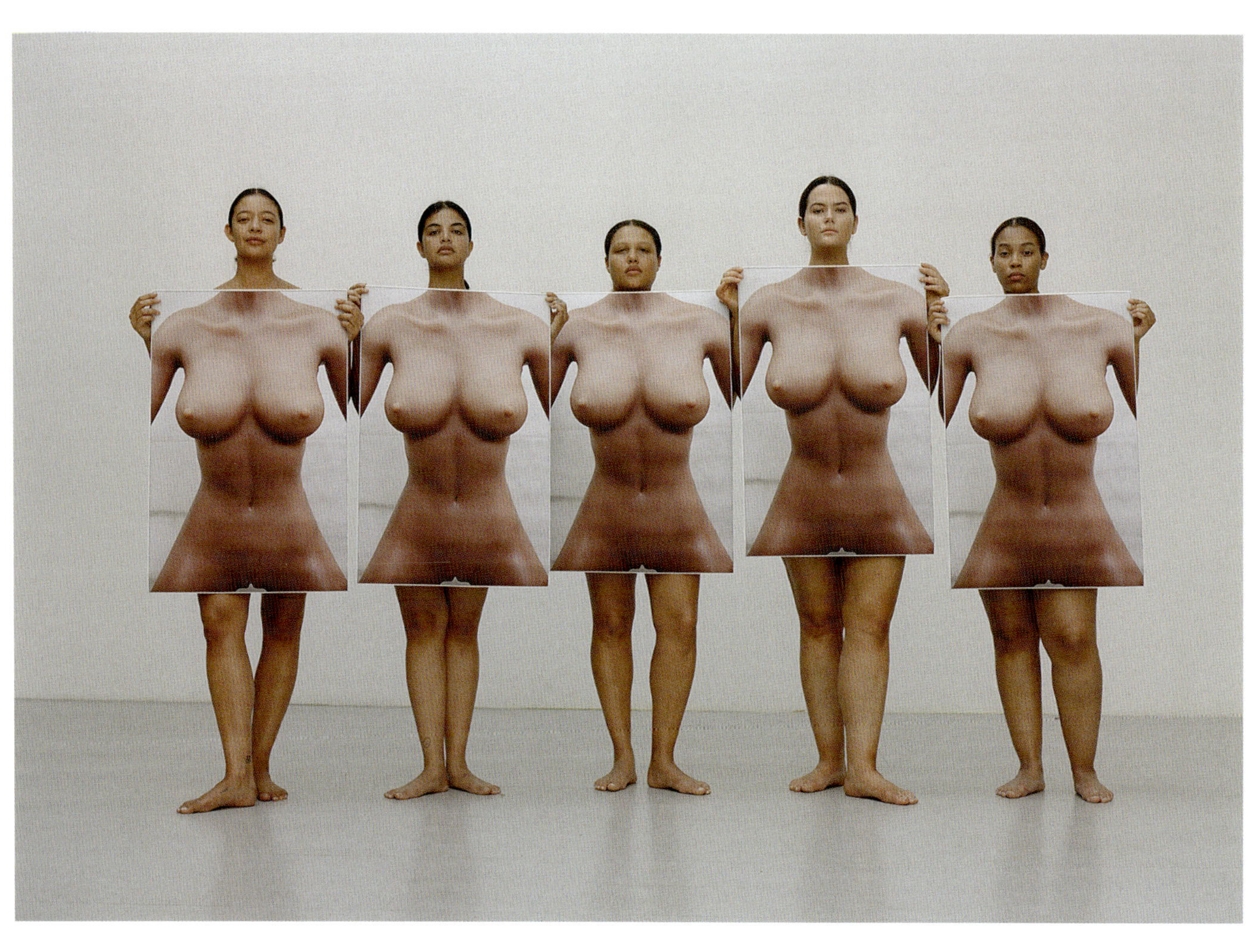

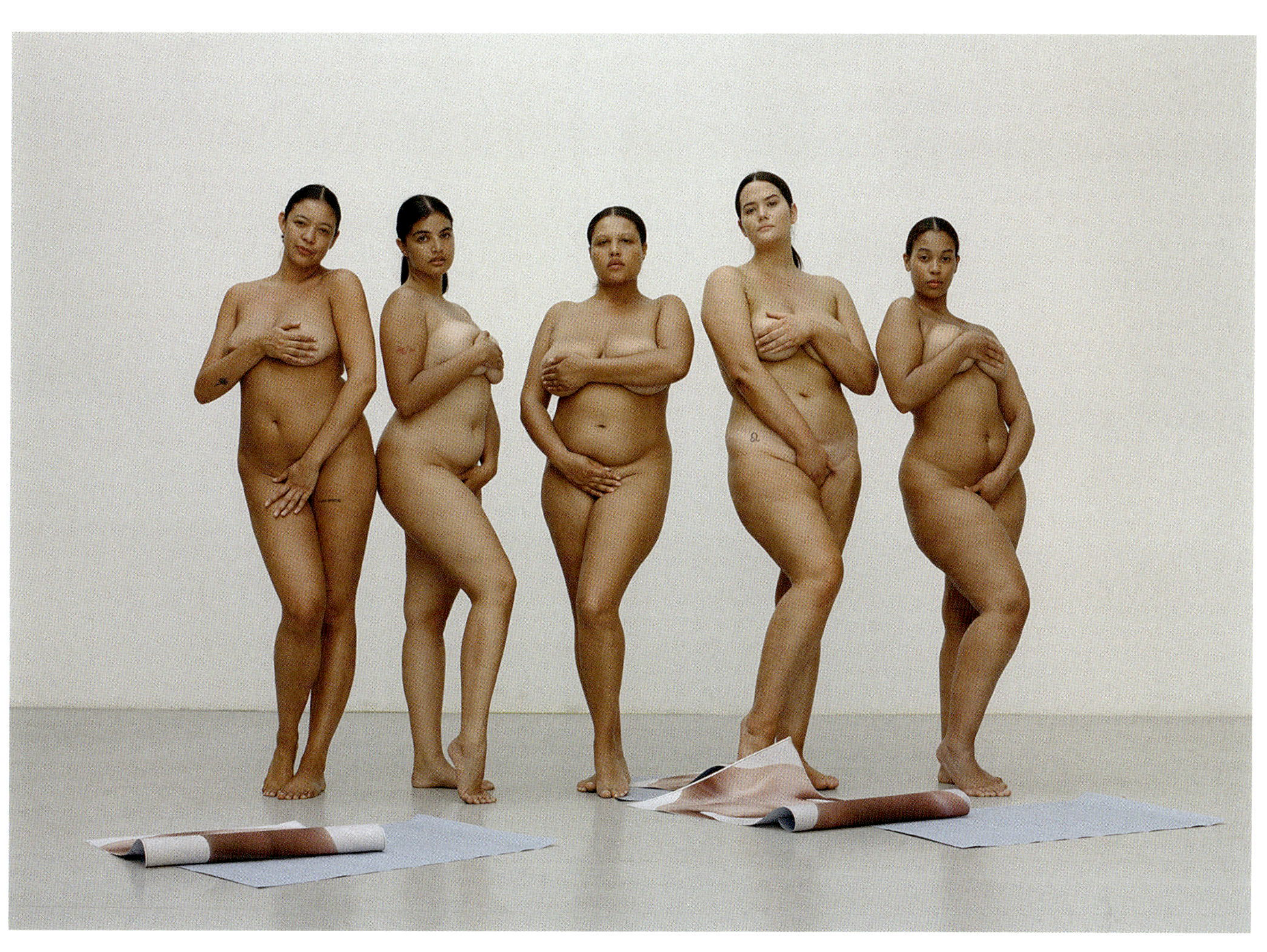

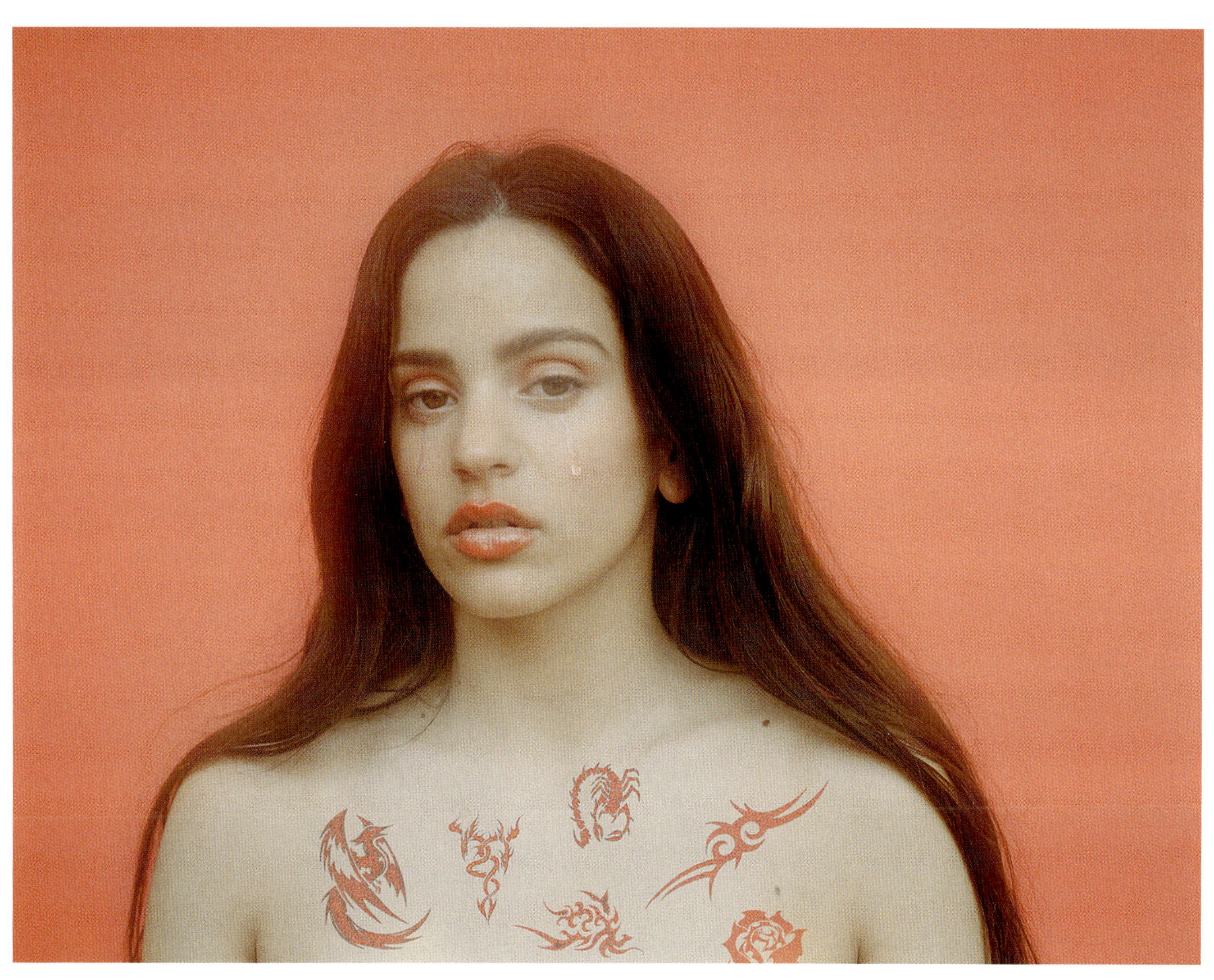

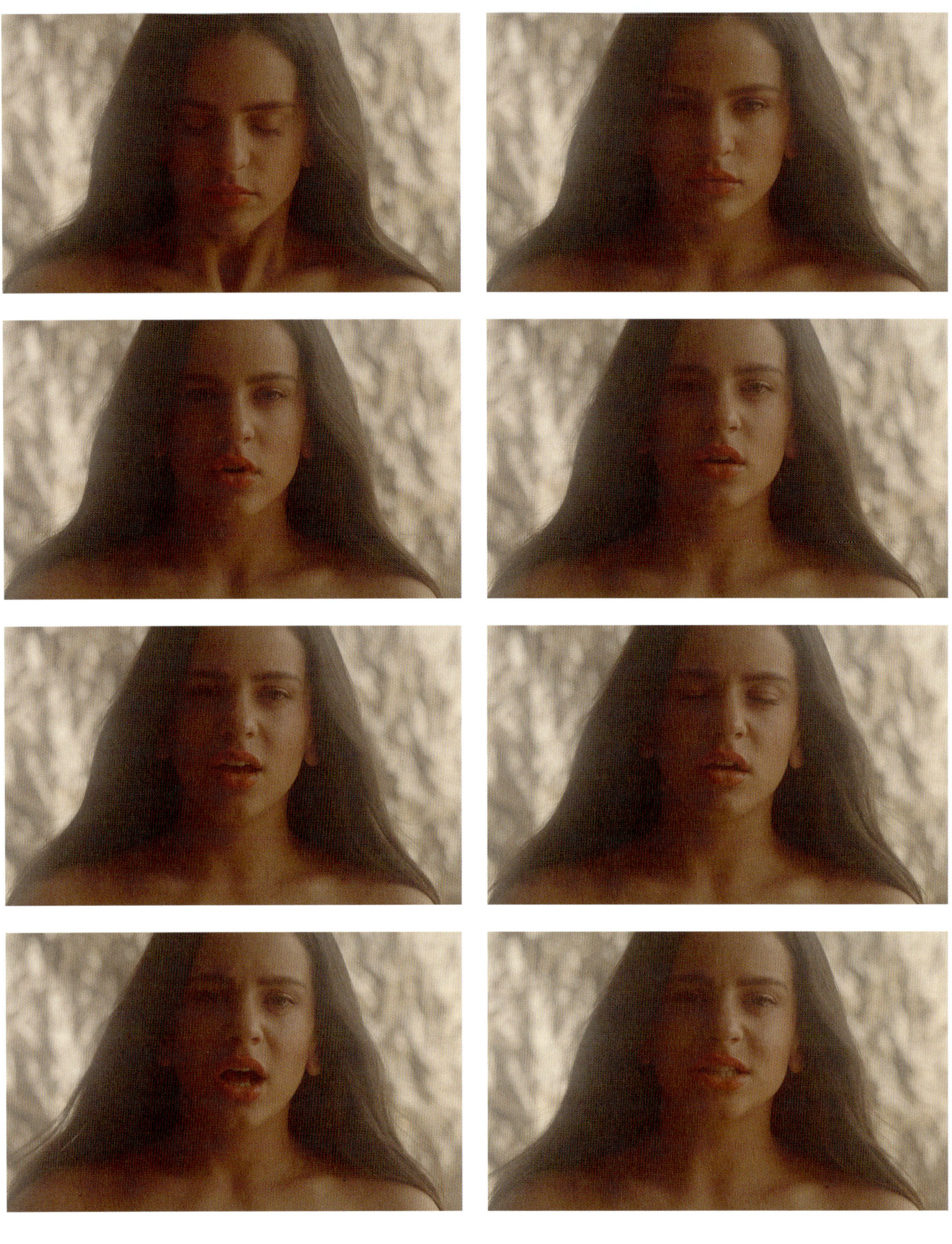

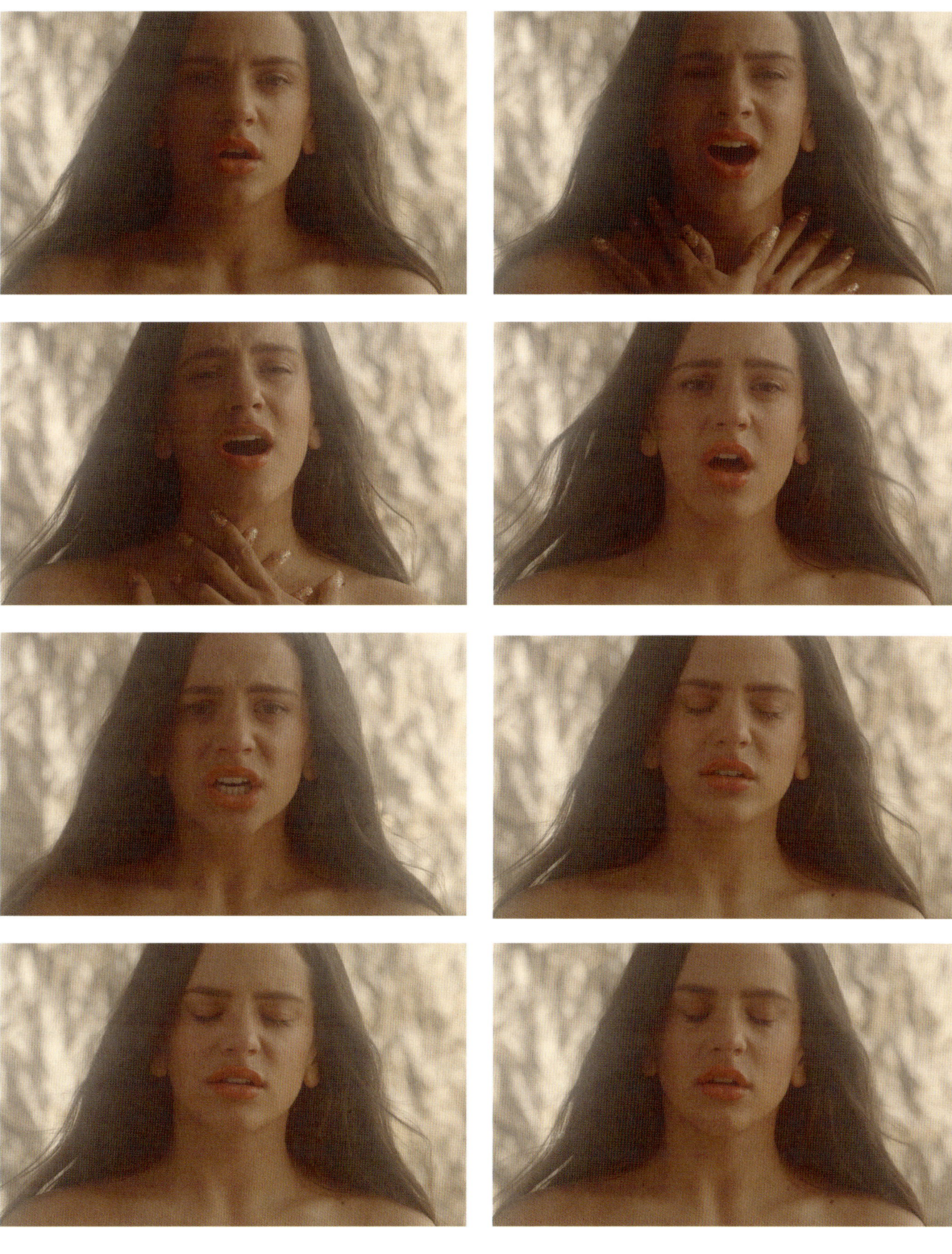

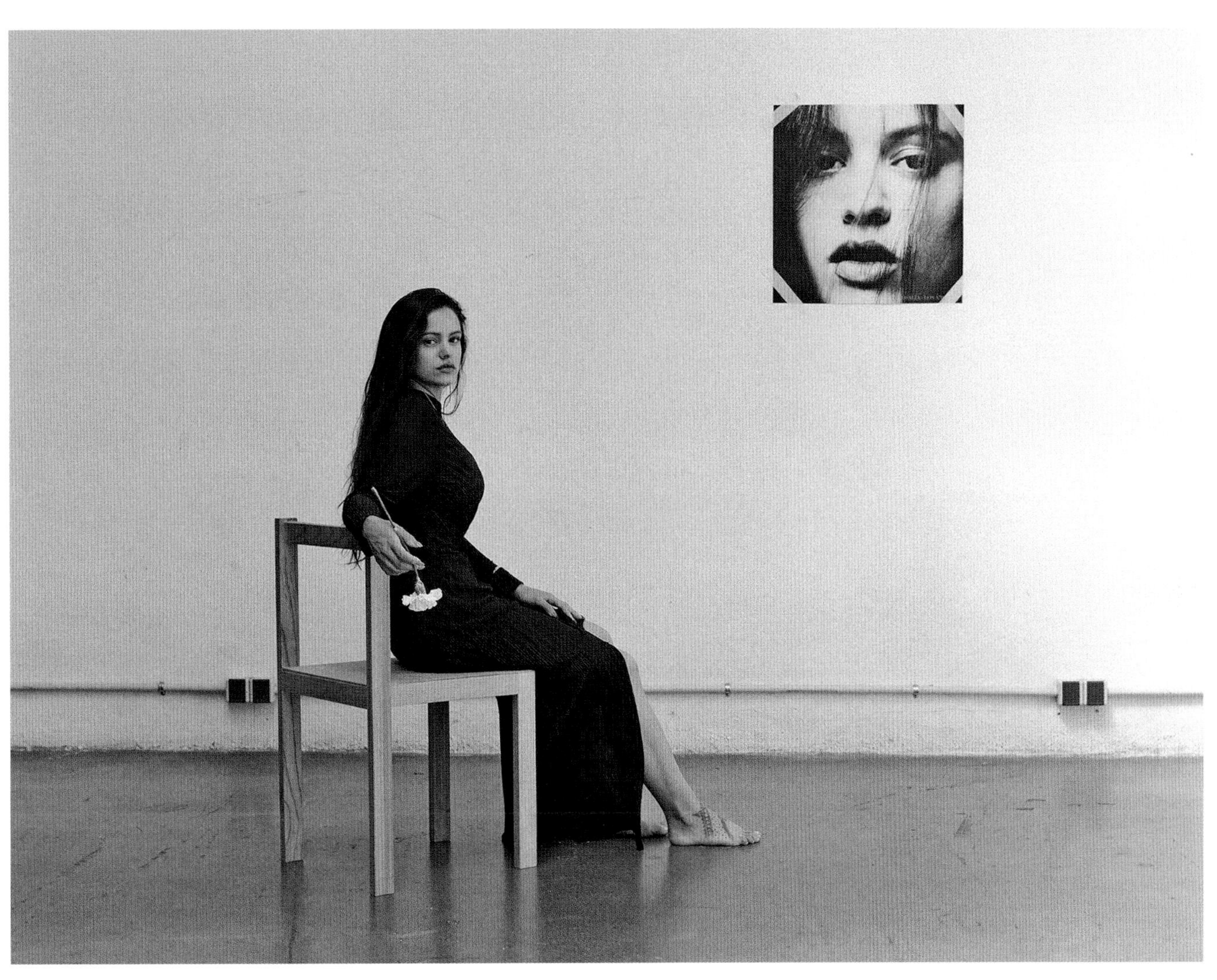

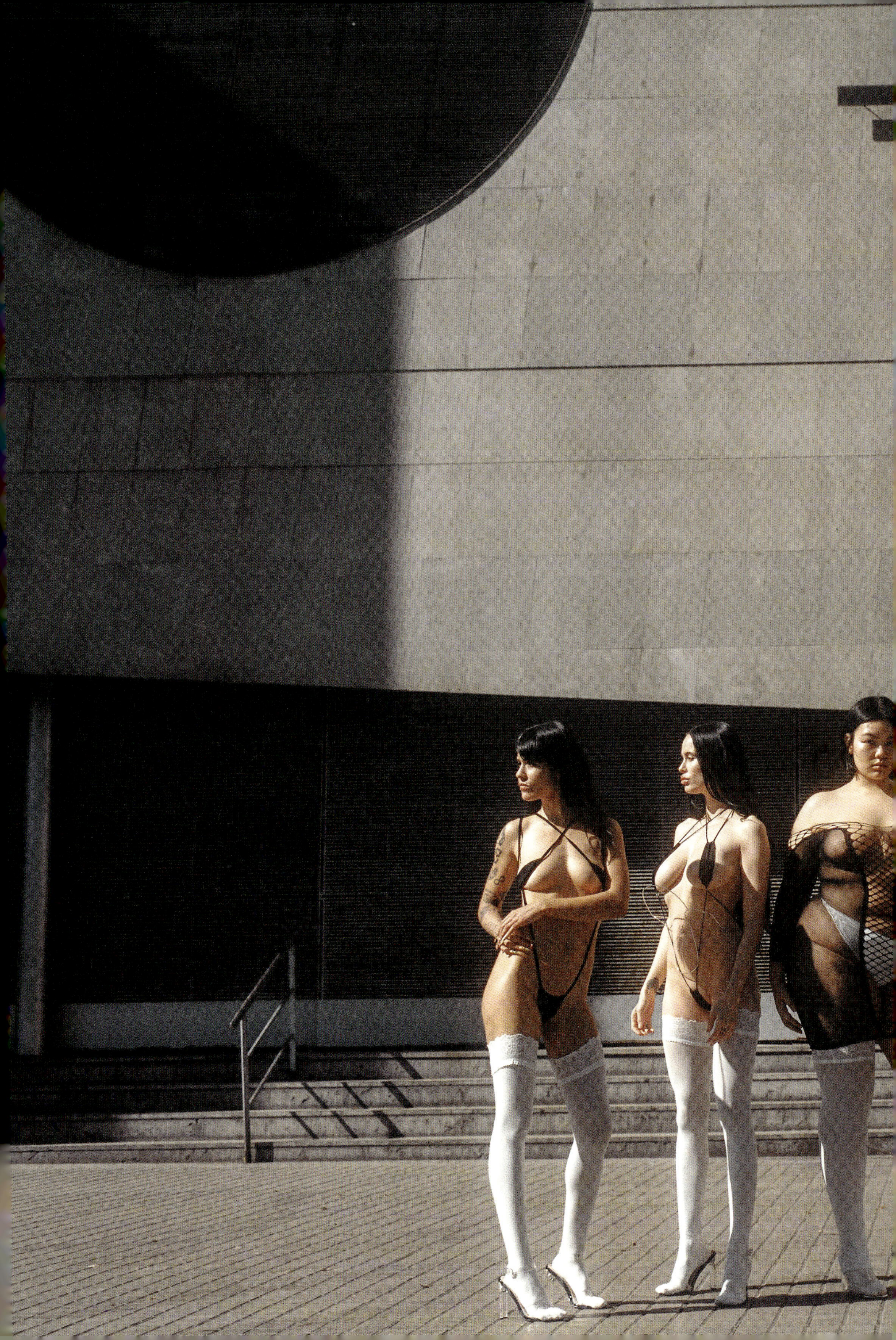

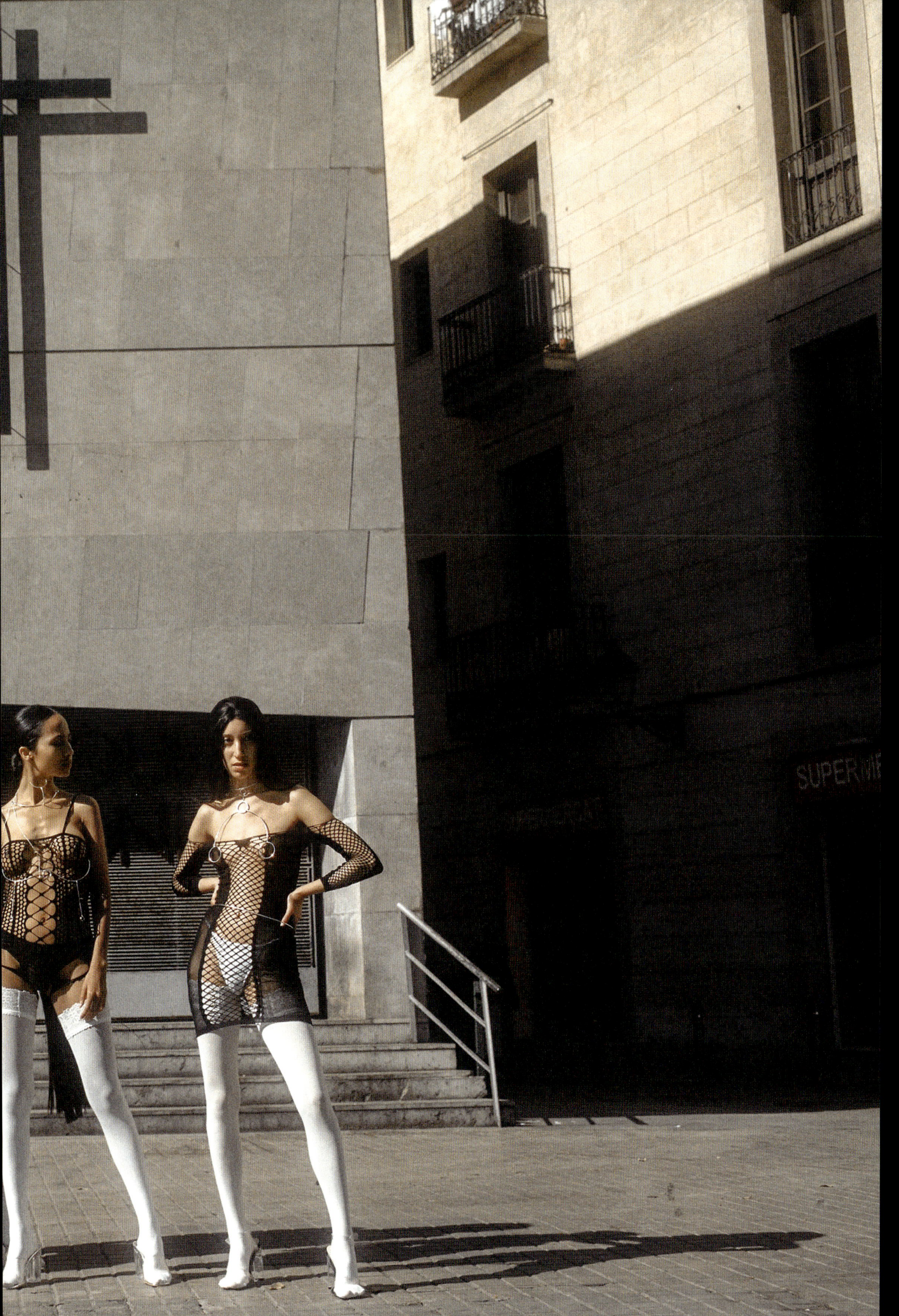

SUPERME

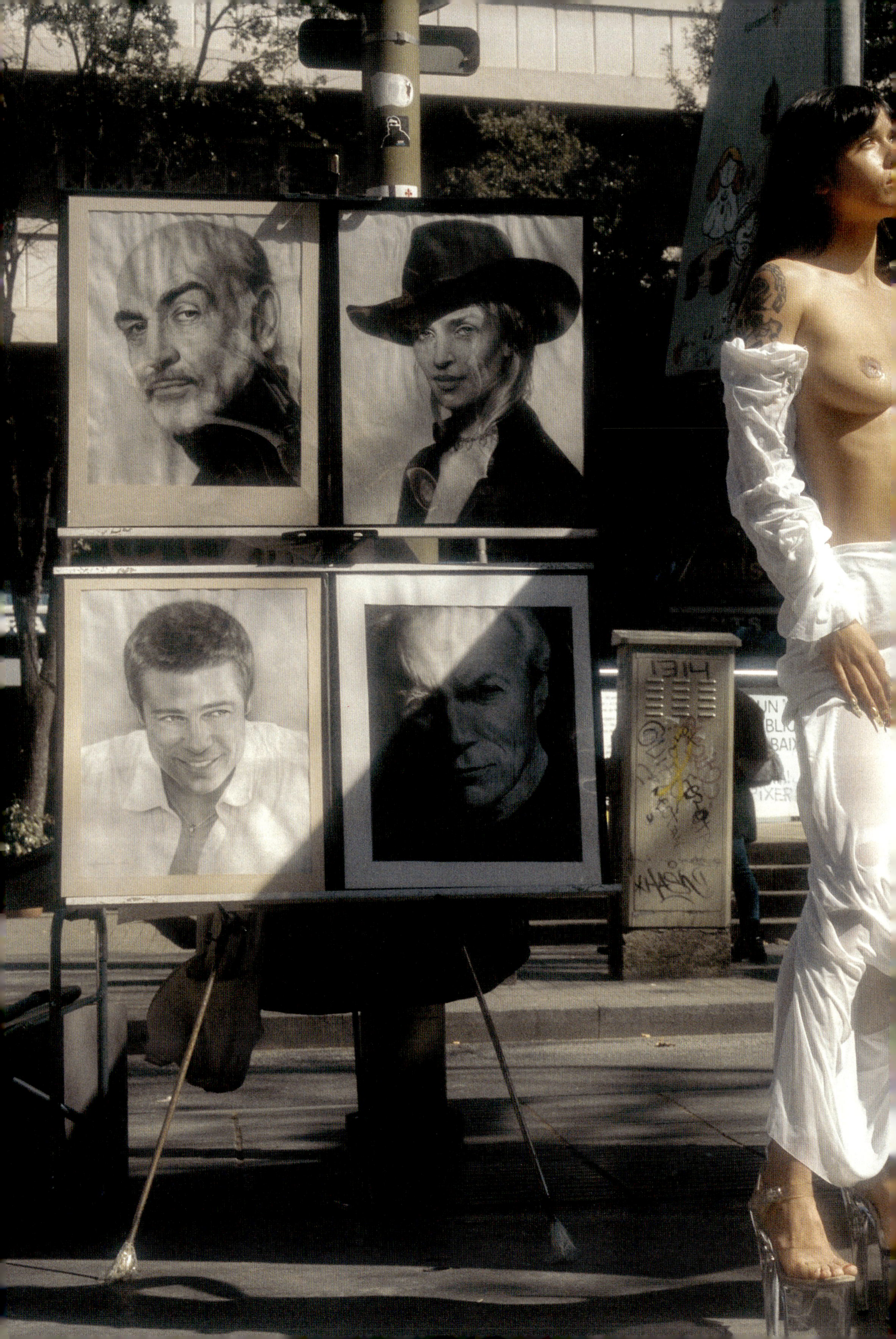

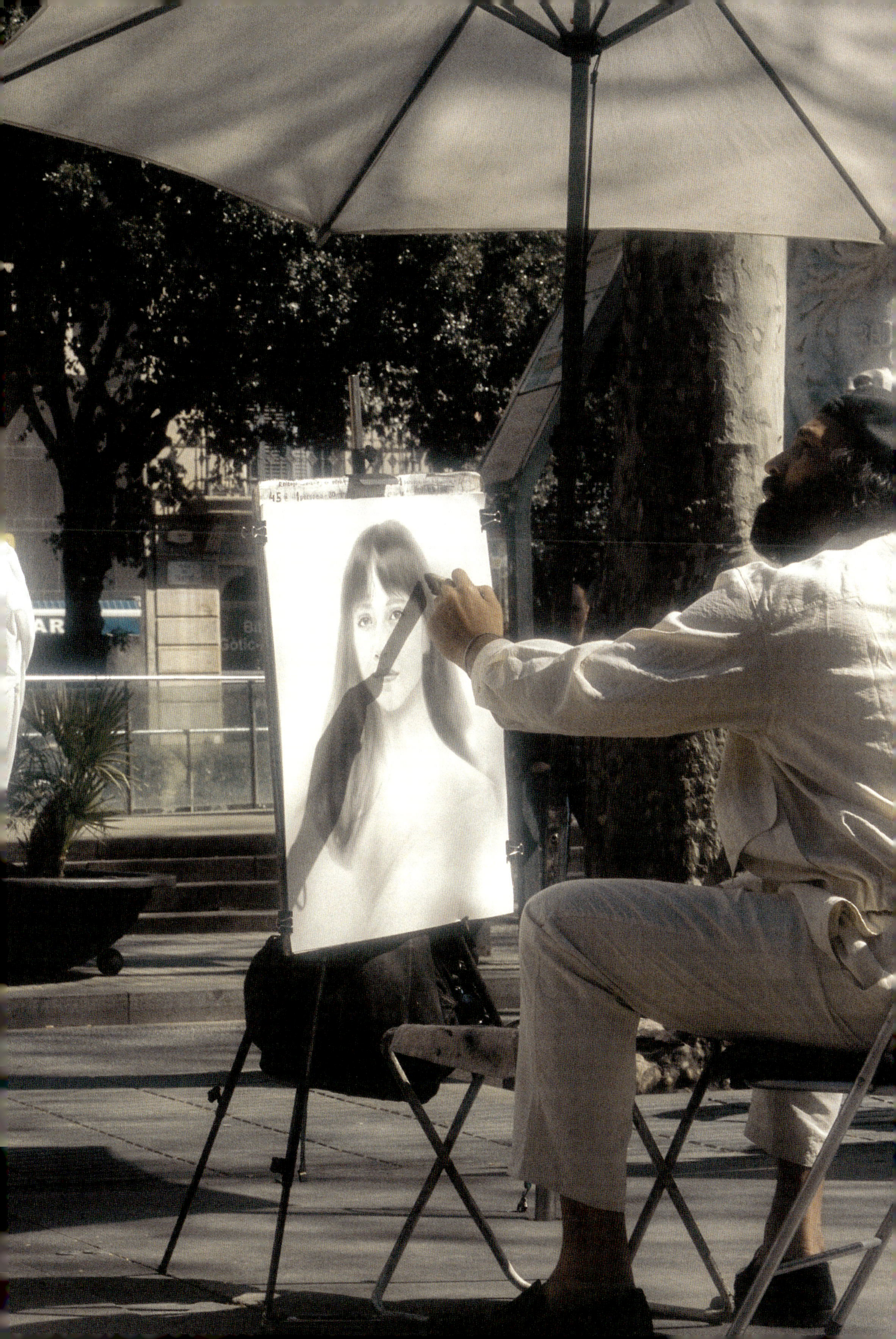

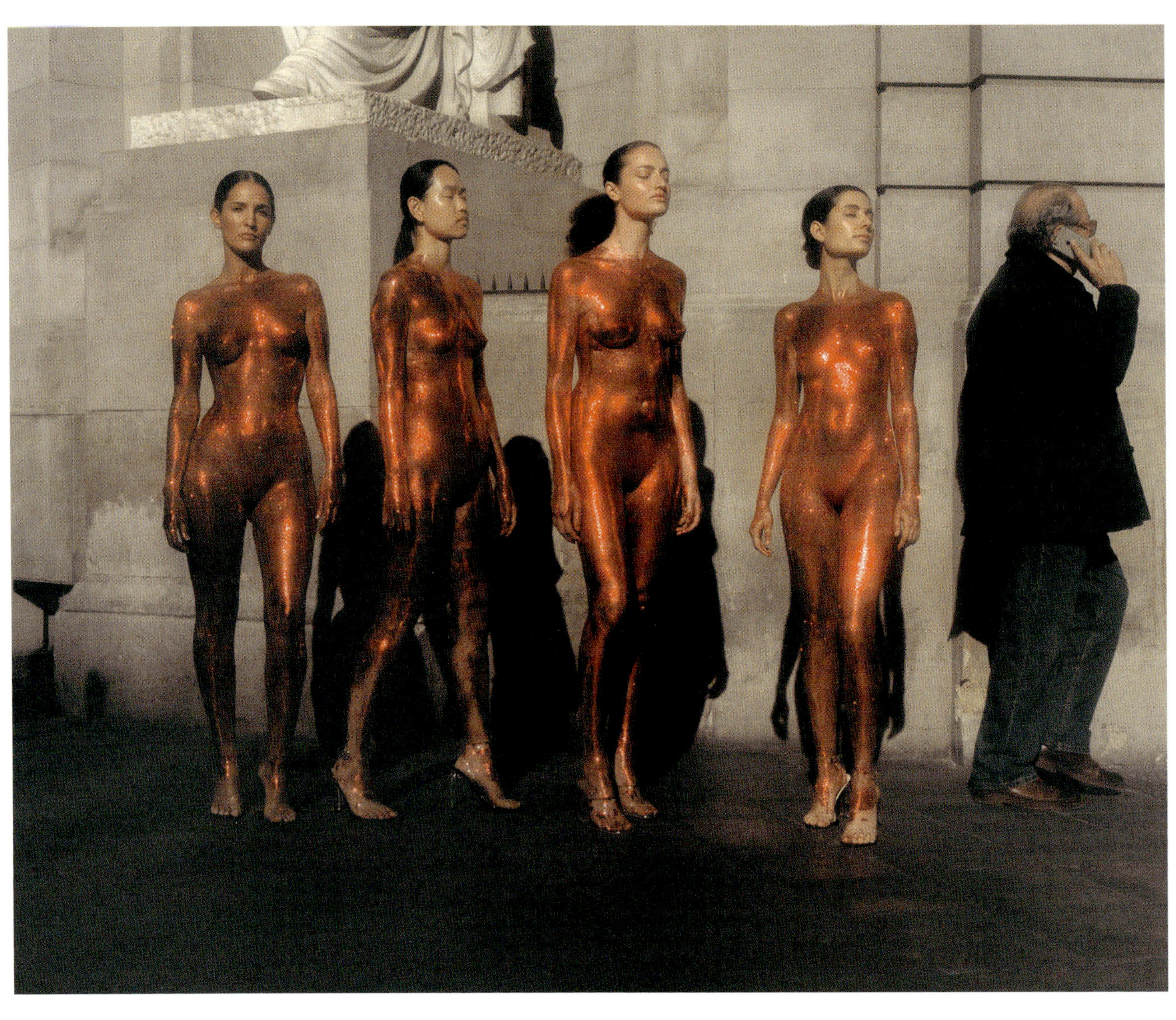

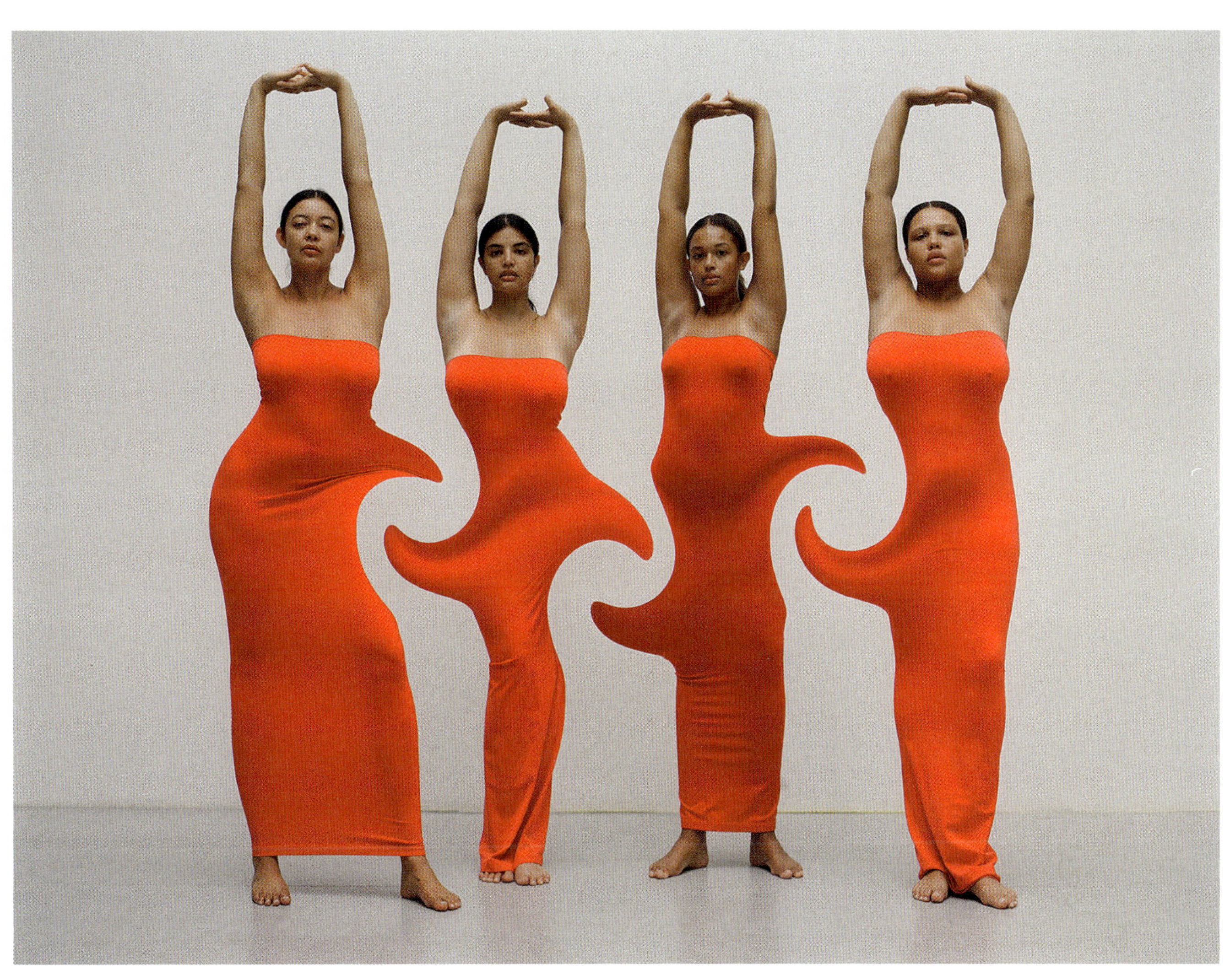

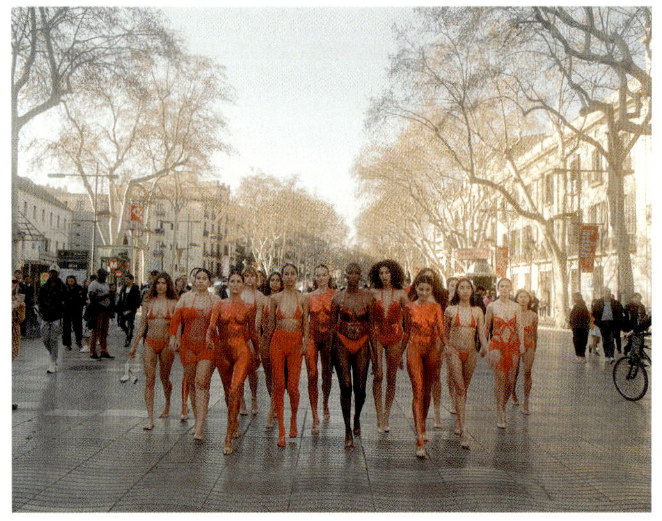 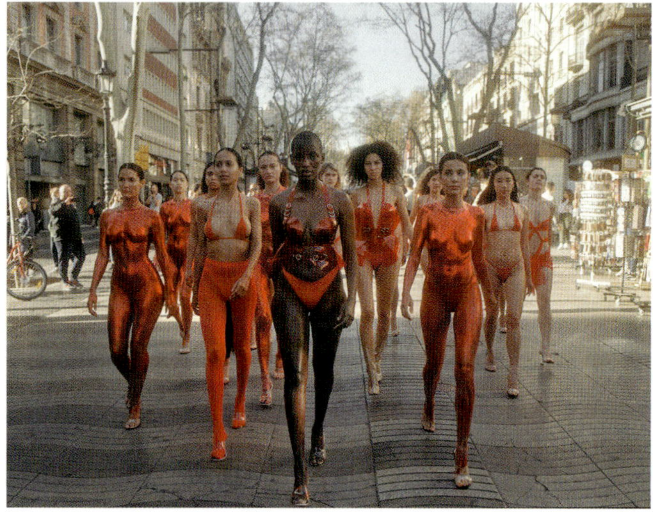

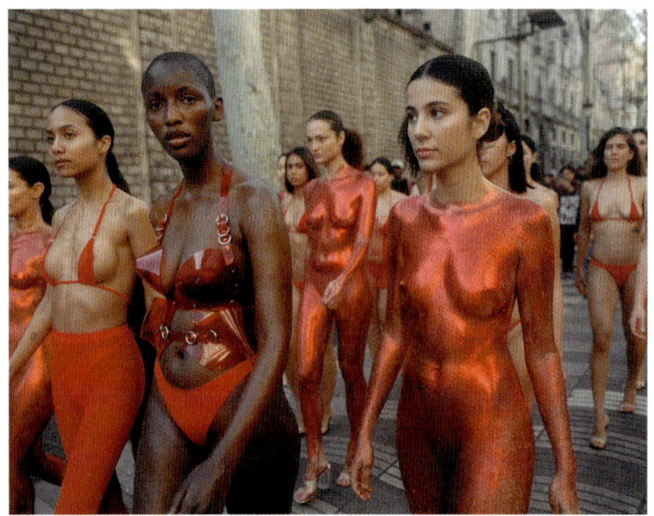 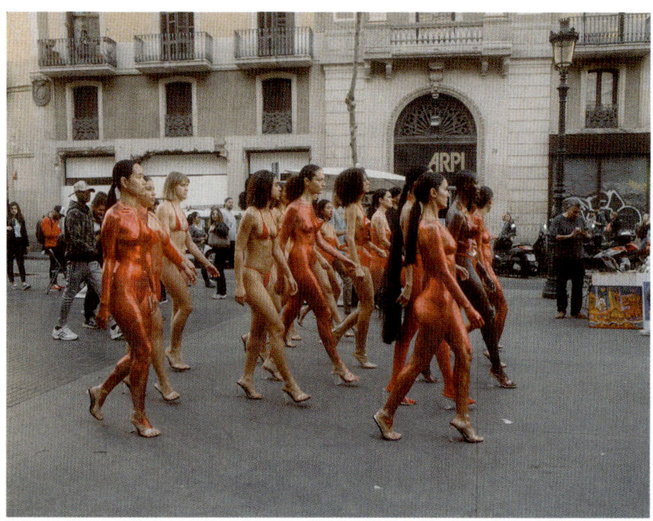

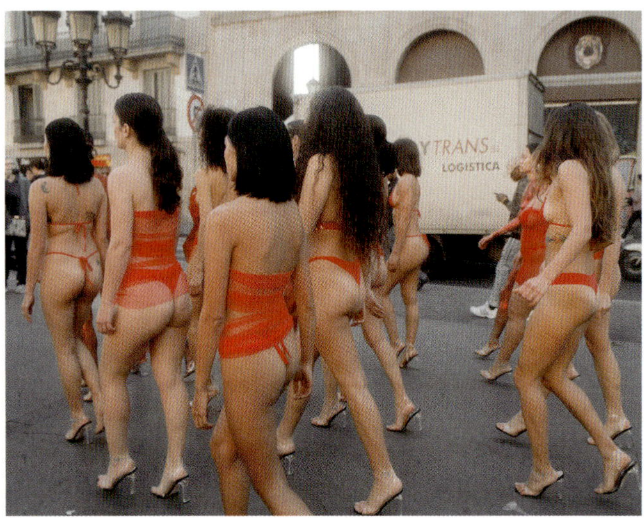 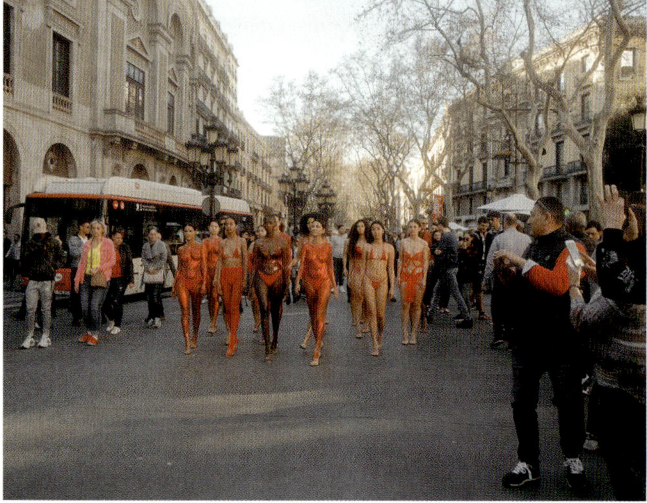

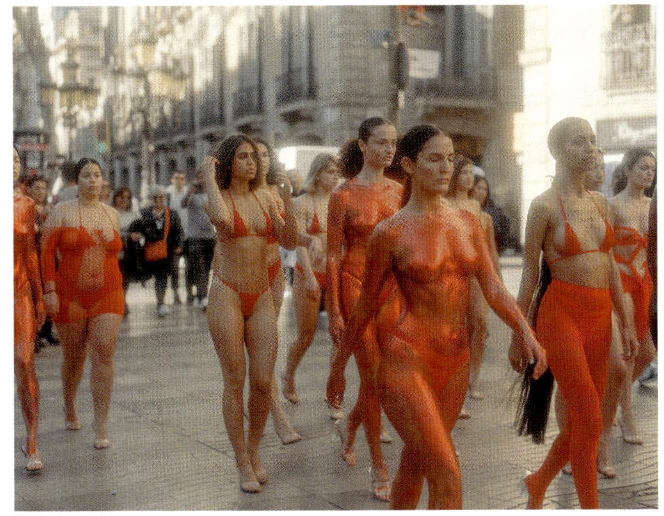
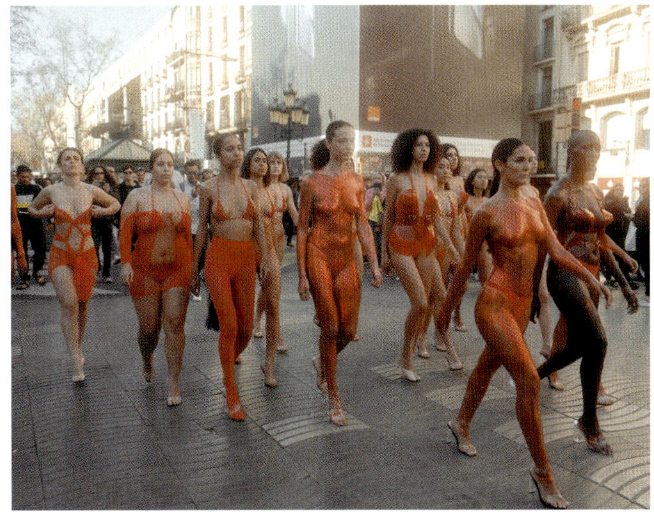
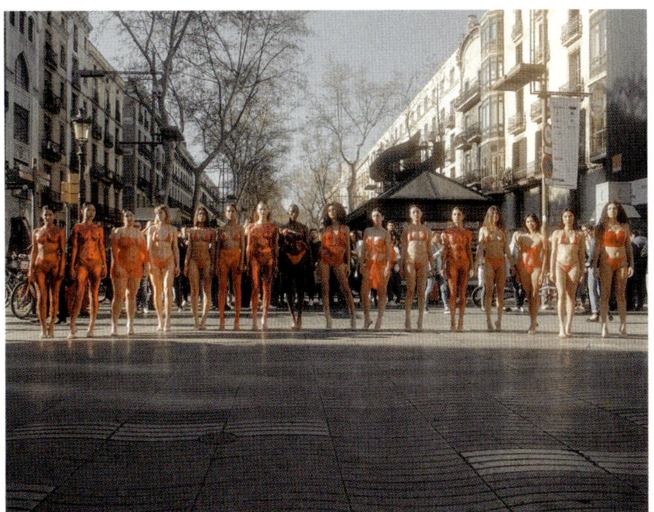
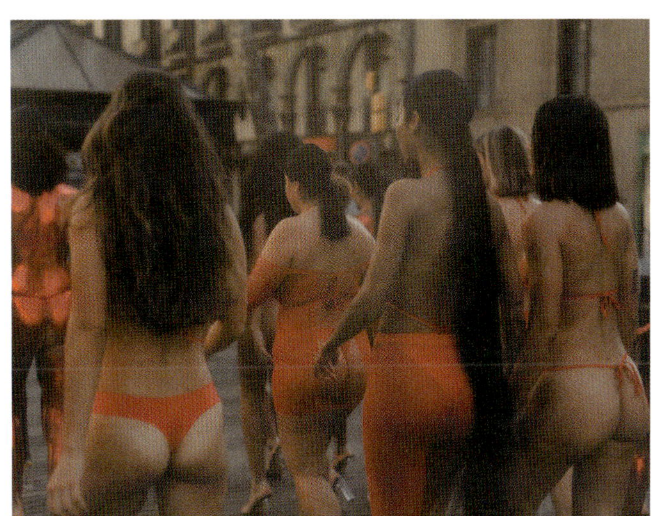
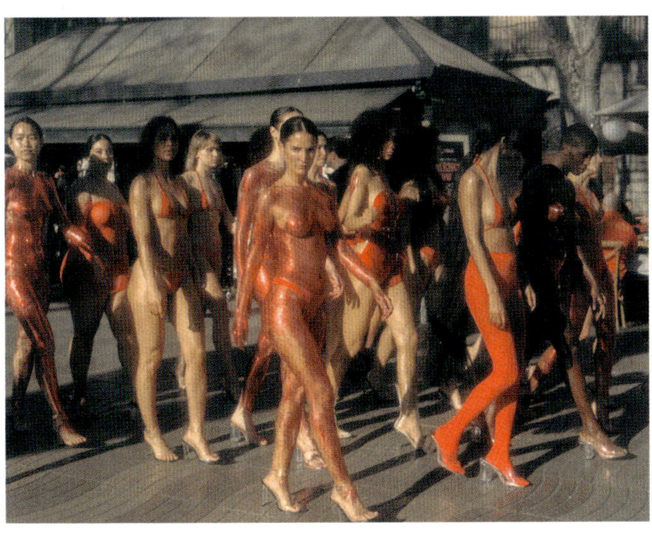
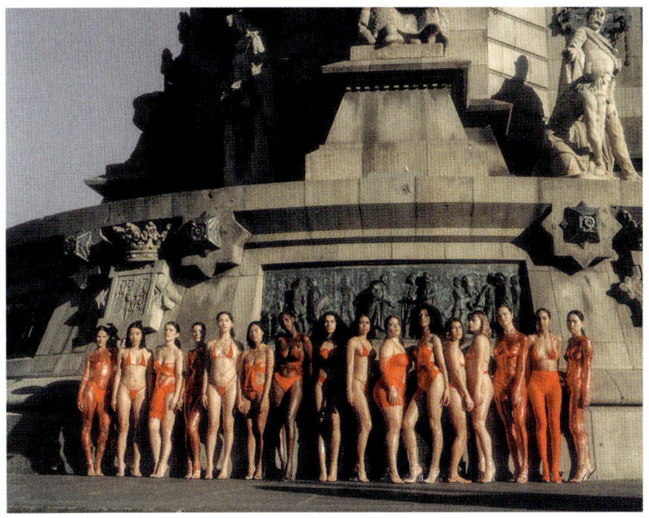

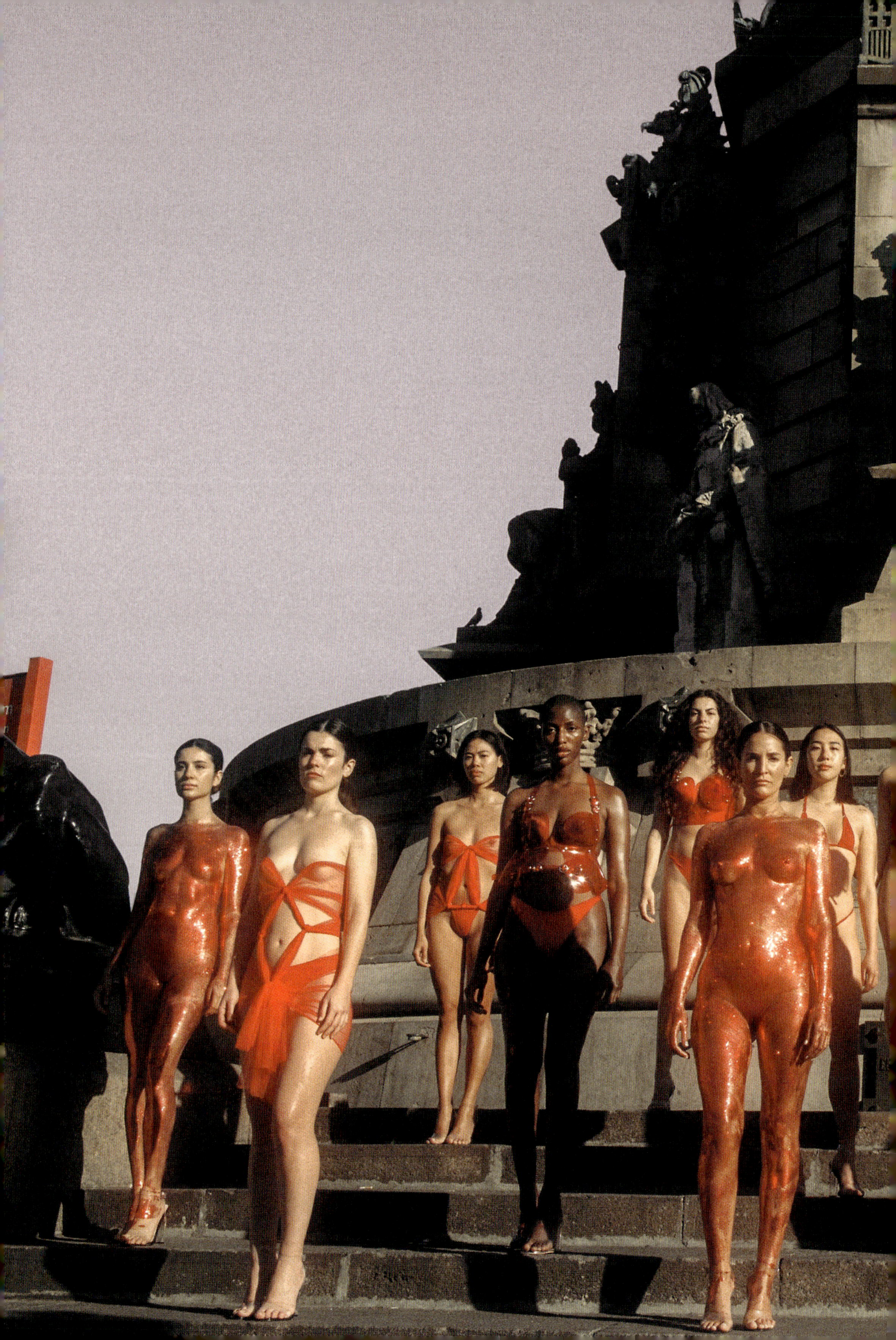

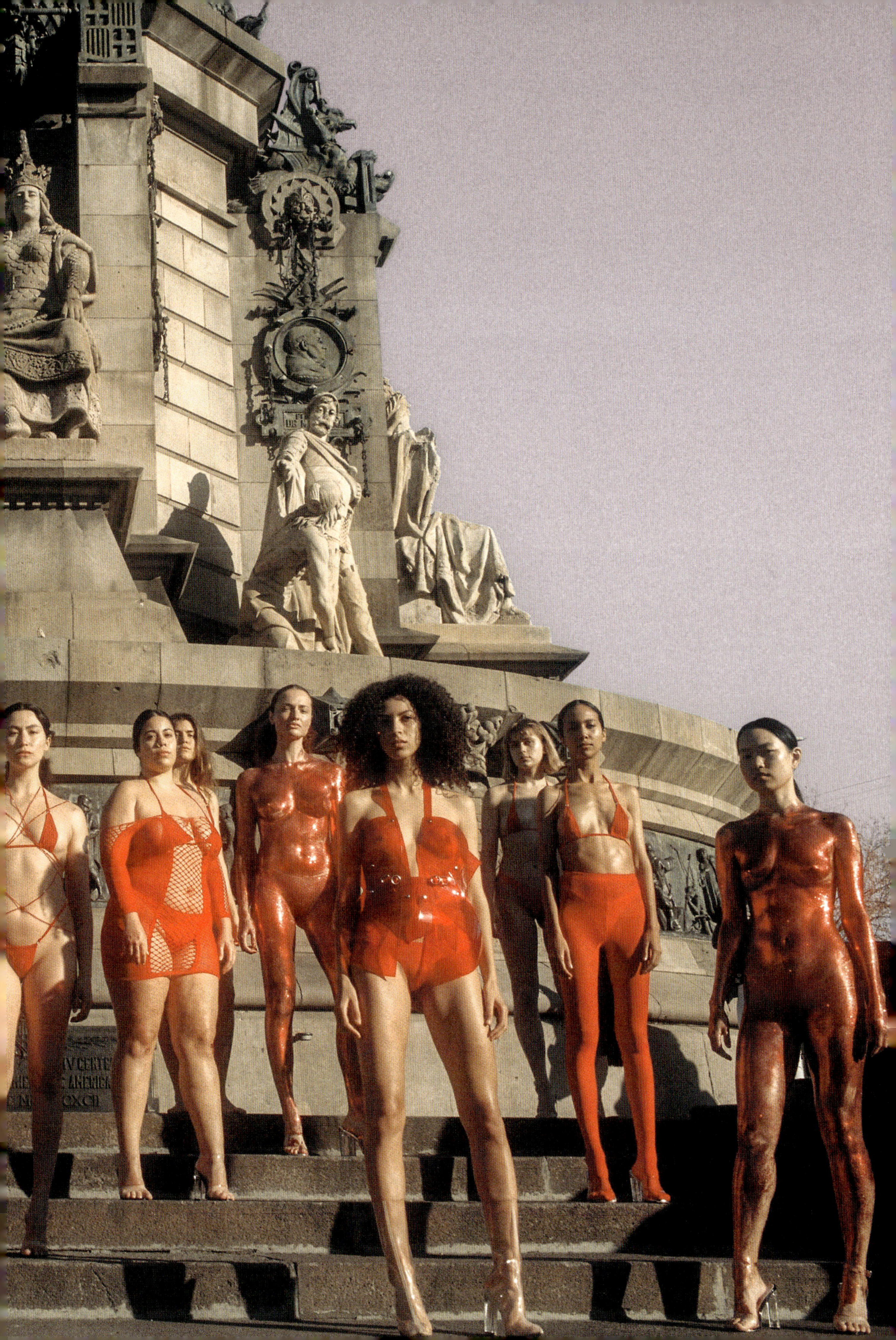

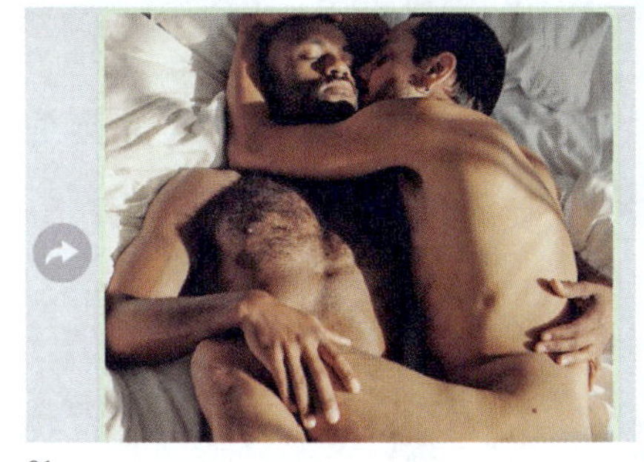

01

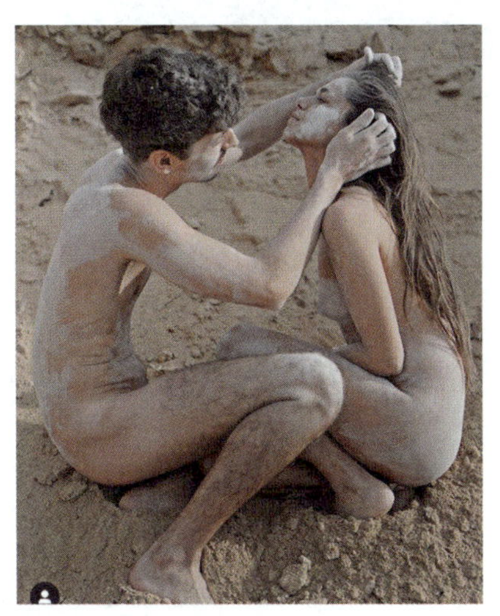

02

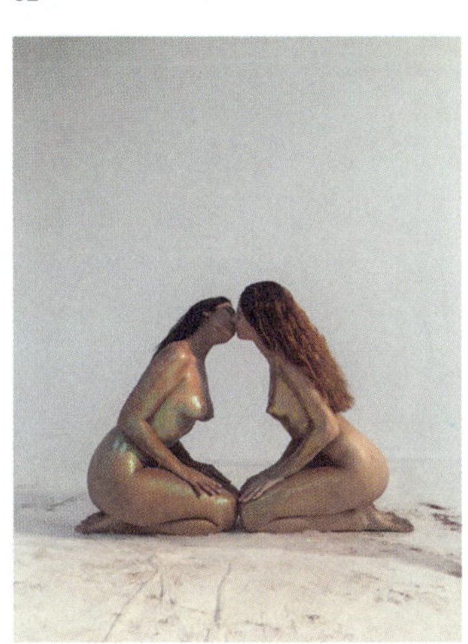

03

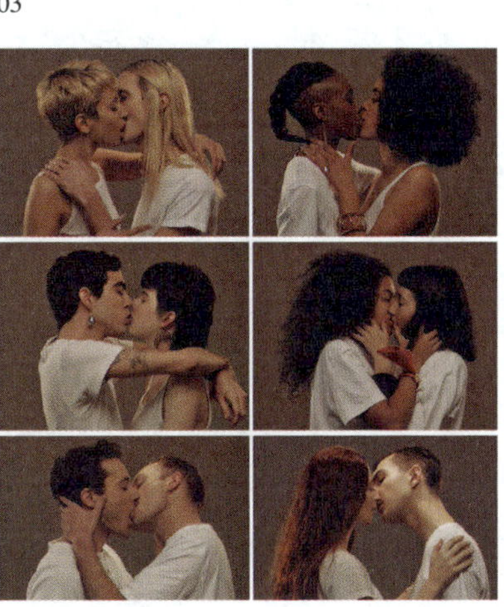

04

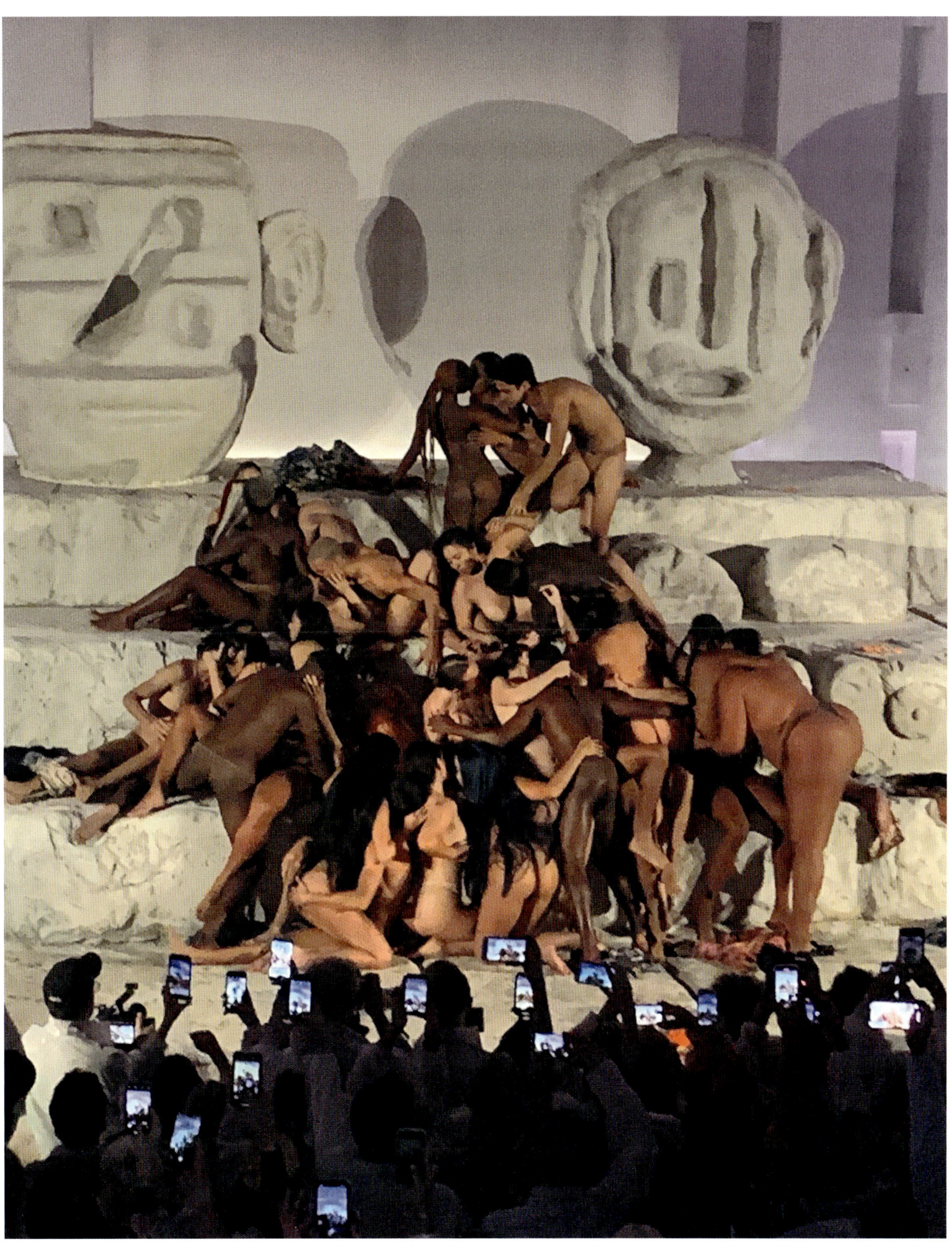

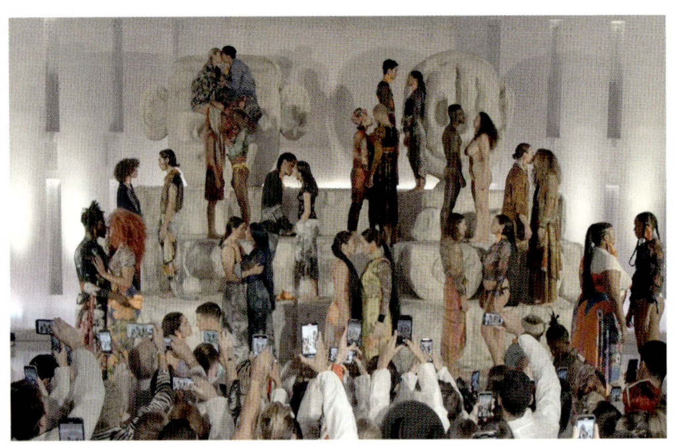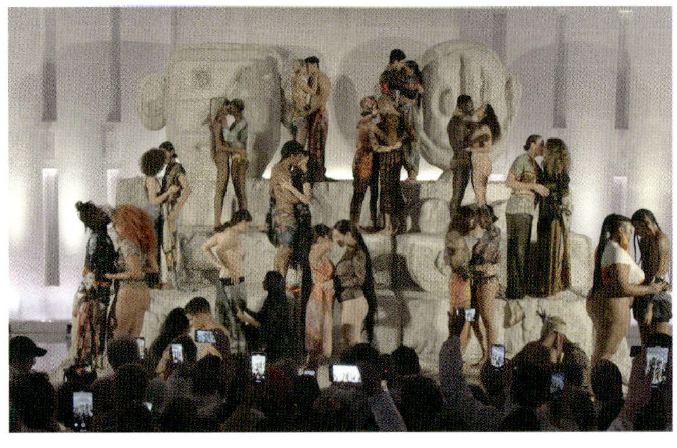

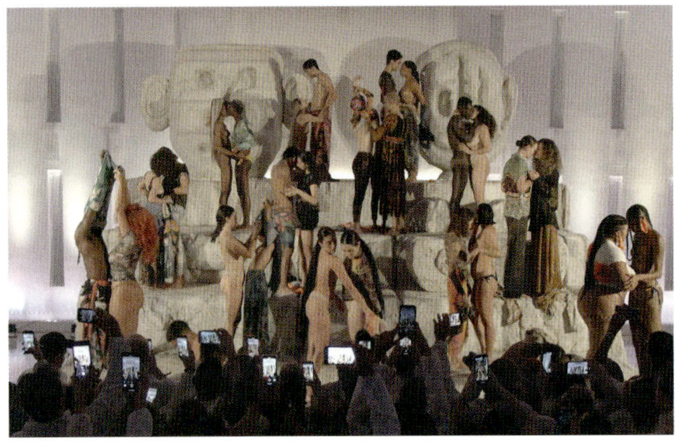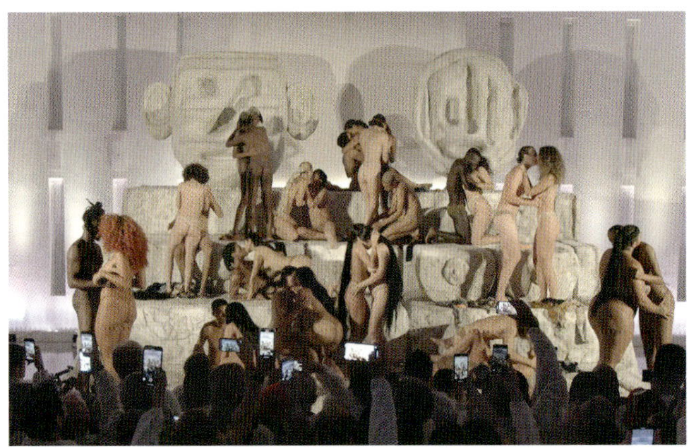

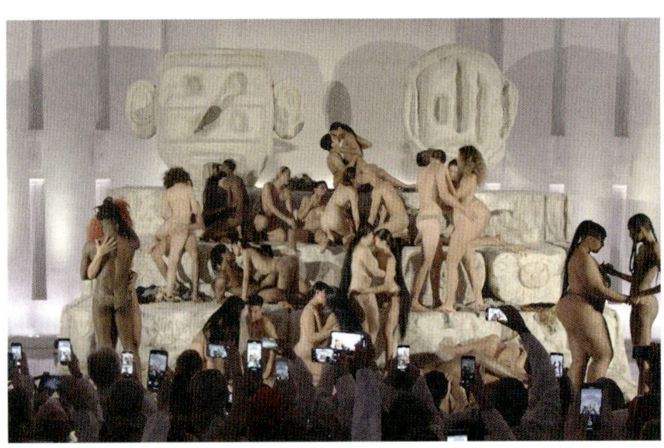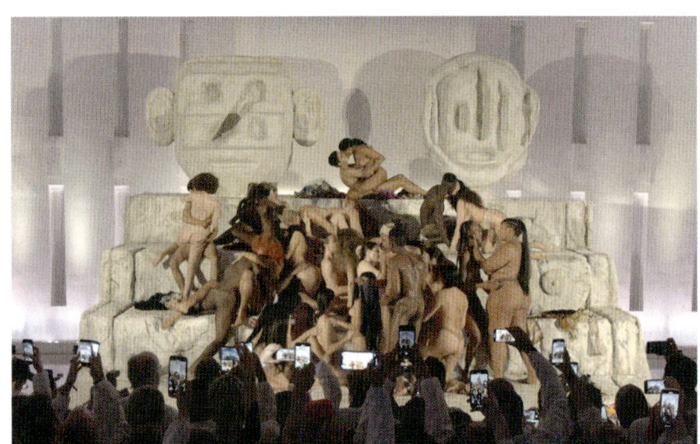

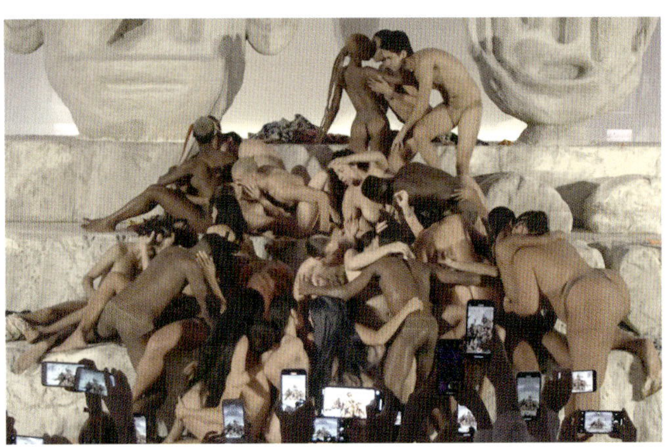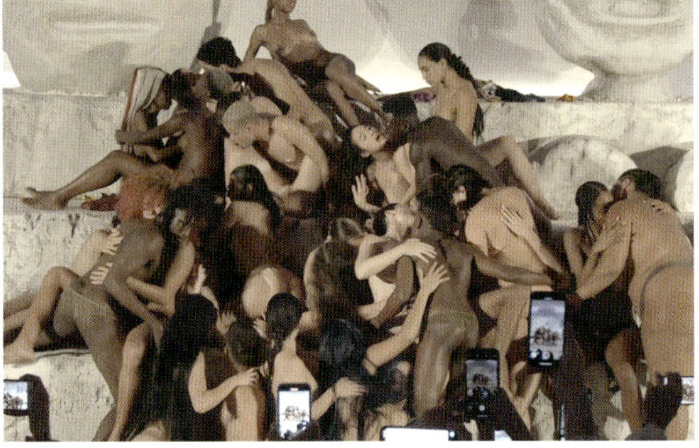

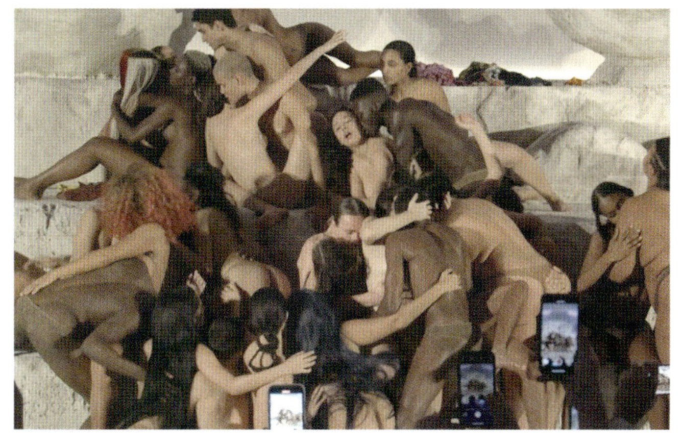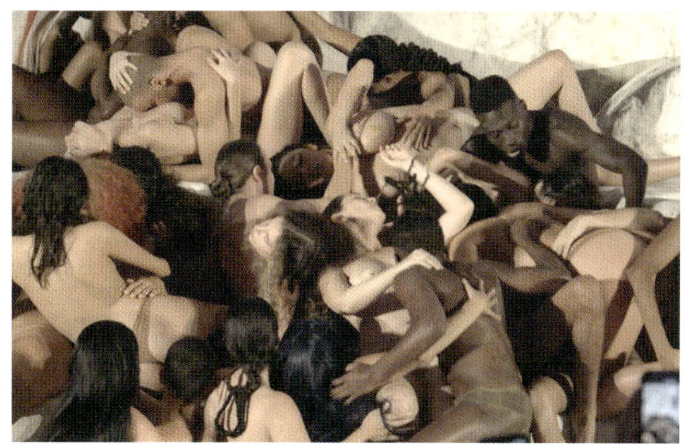
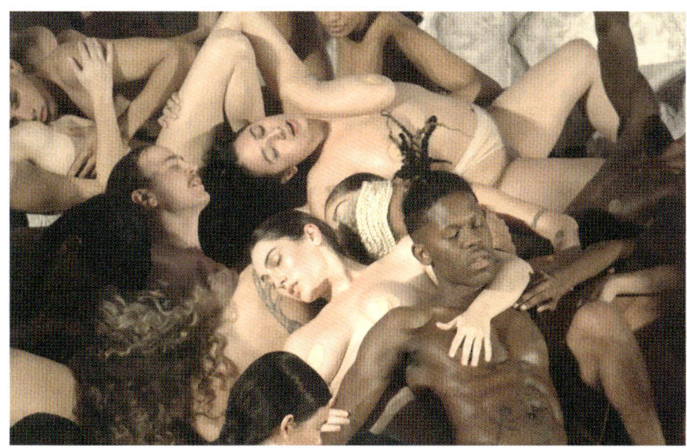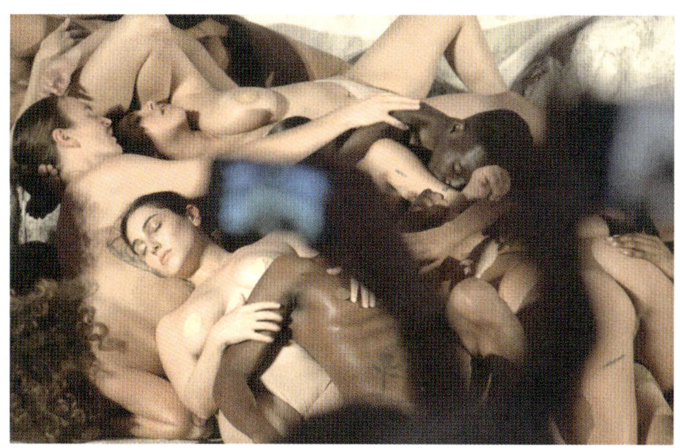
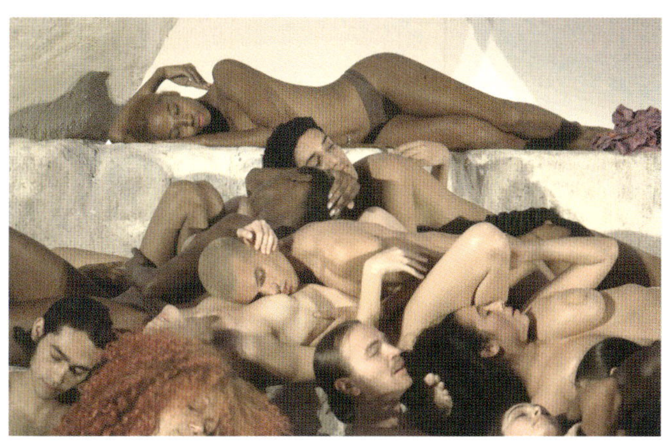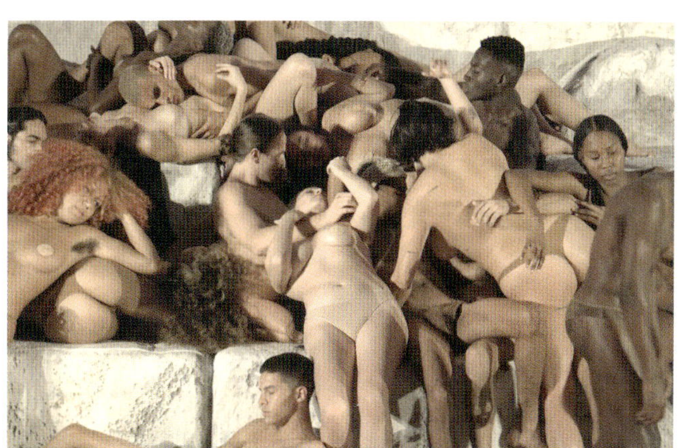
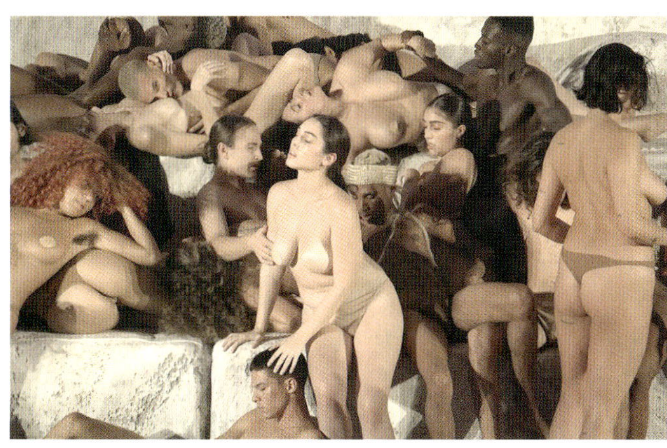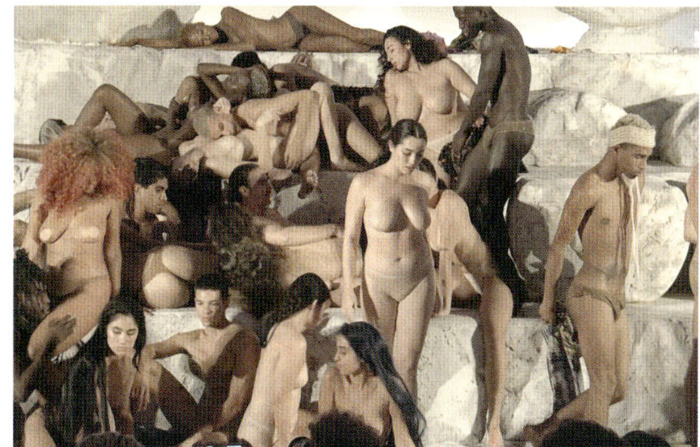

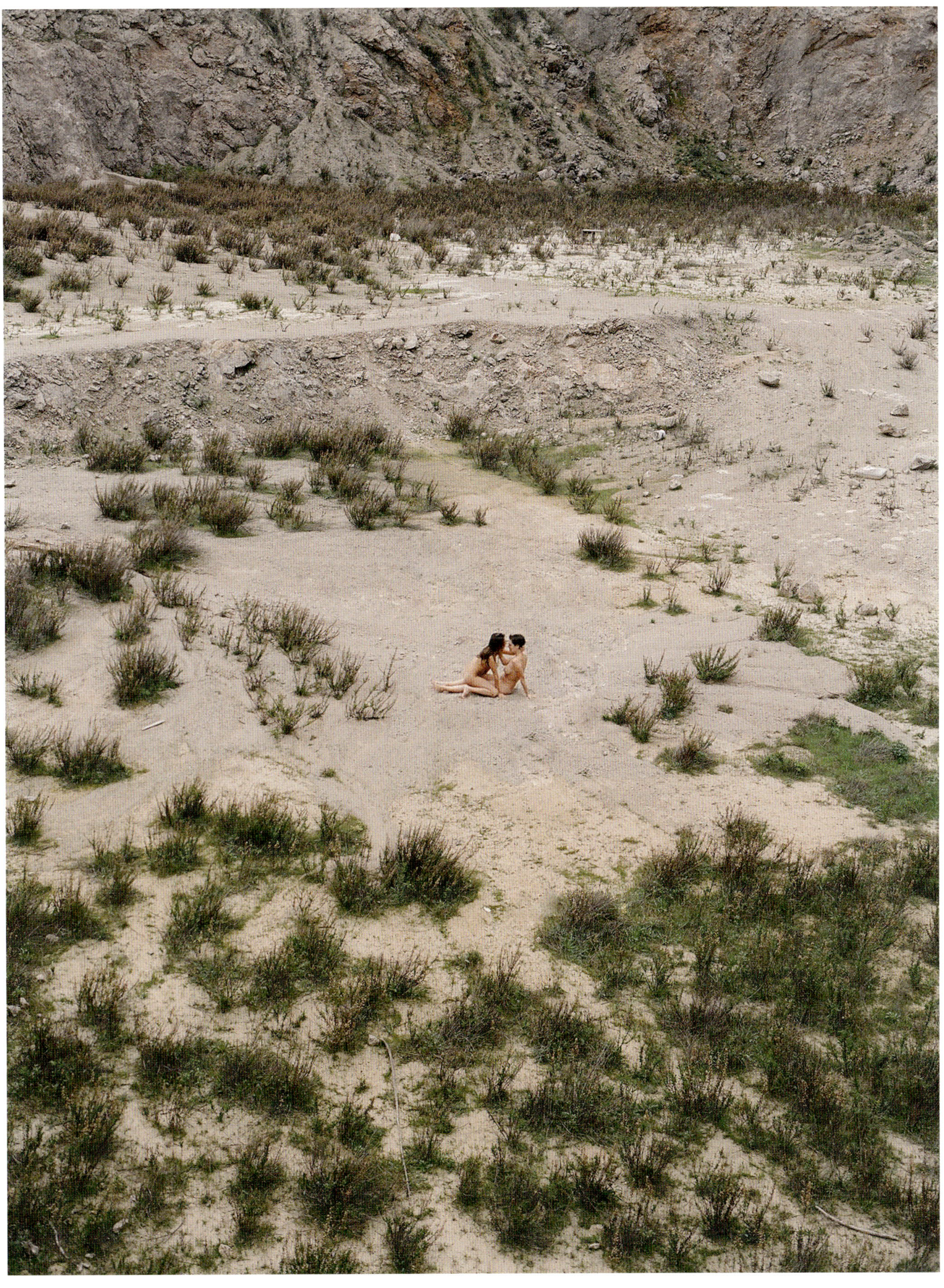

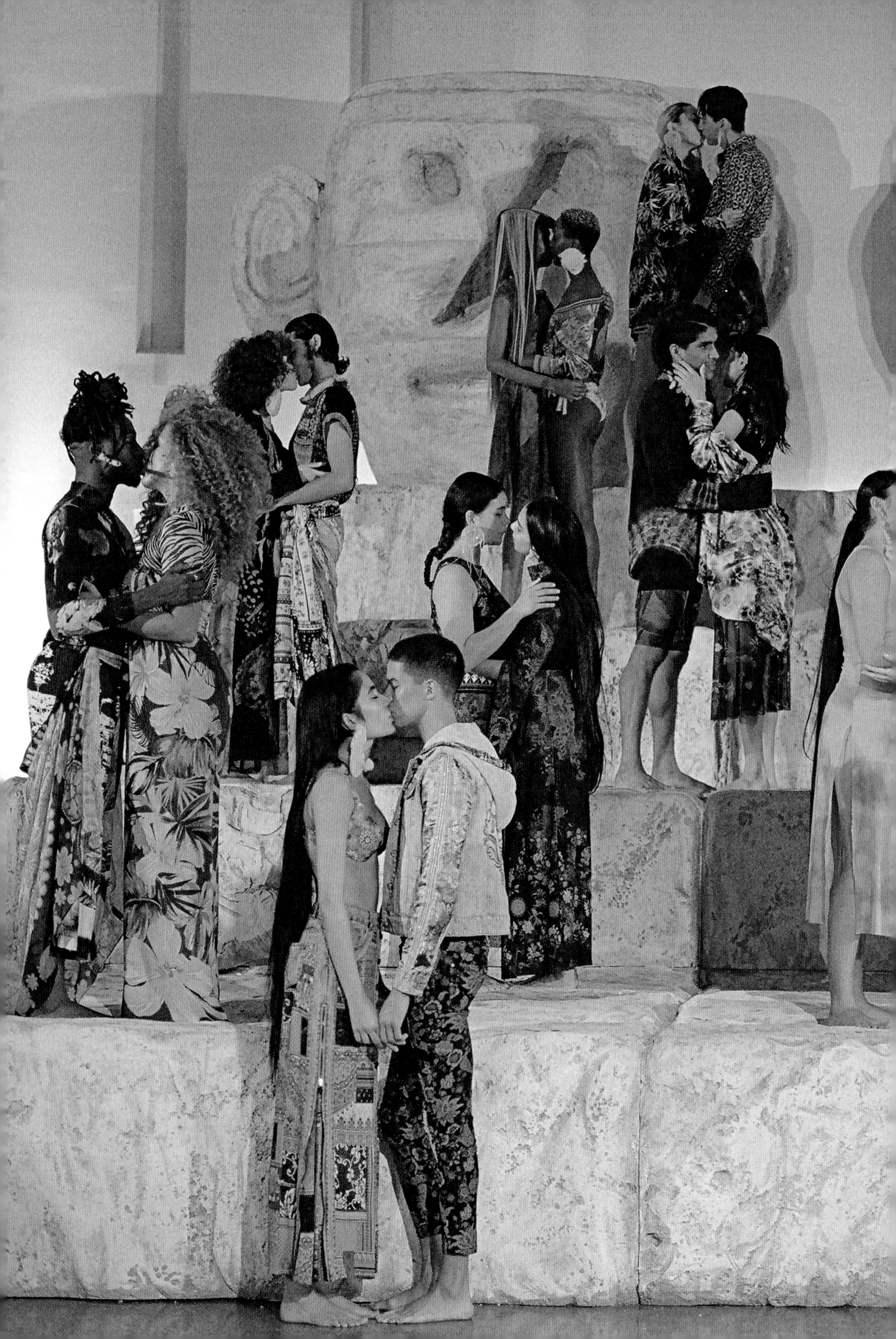

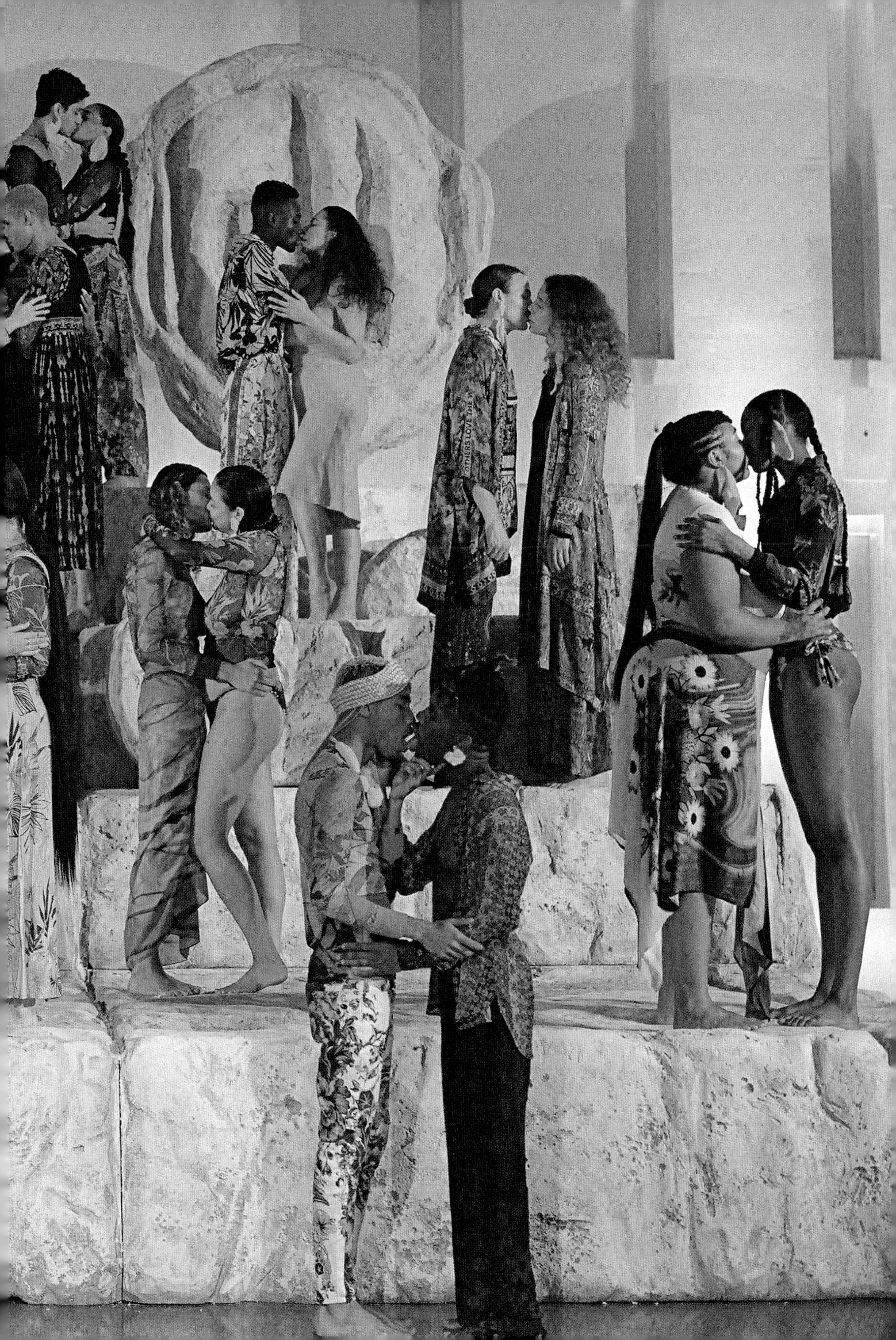

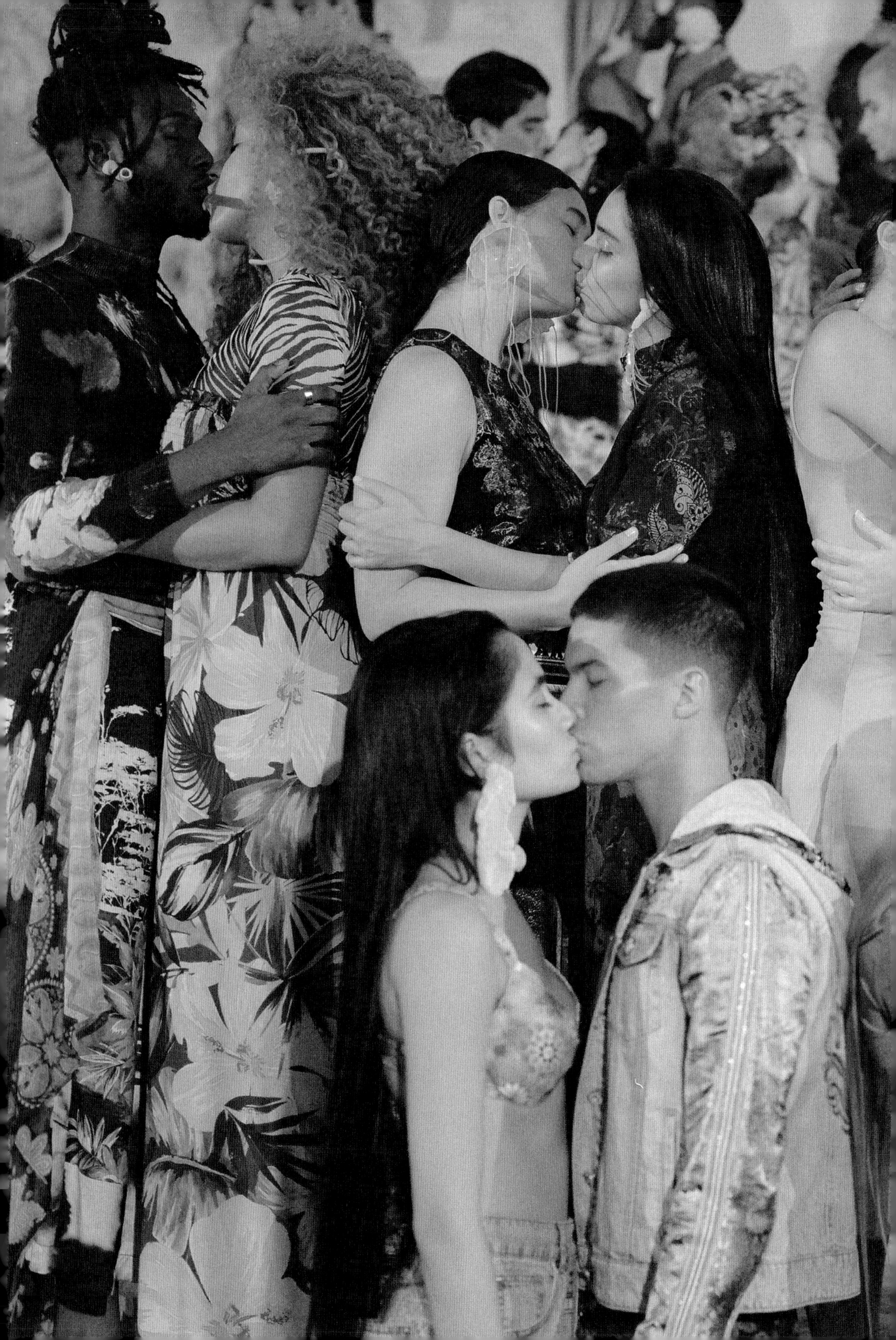

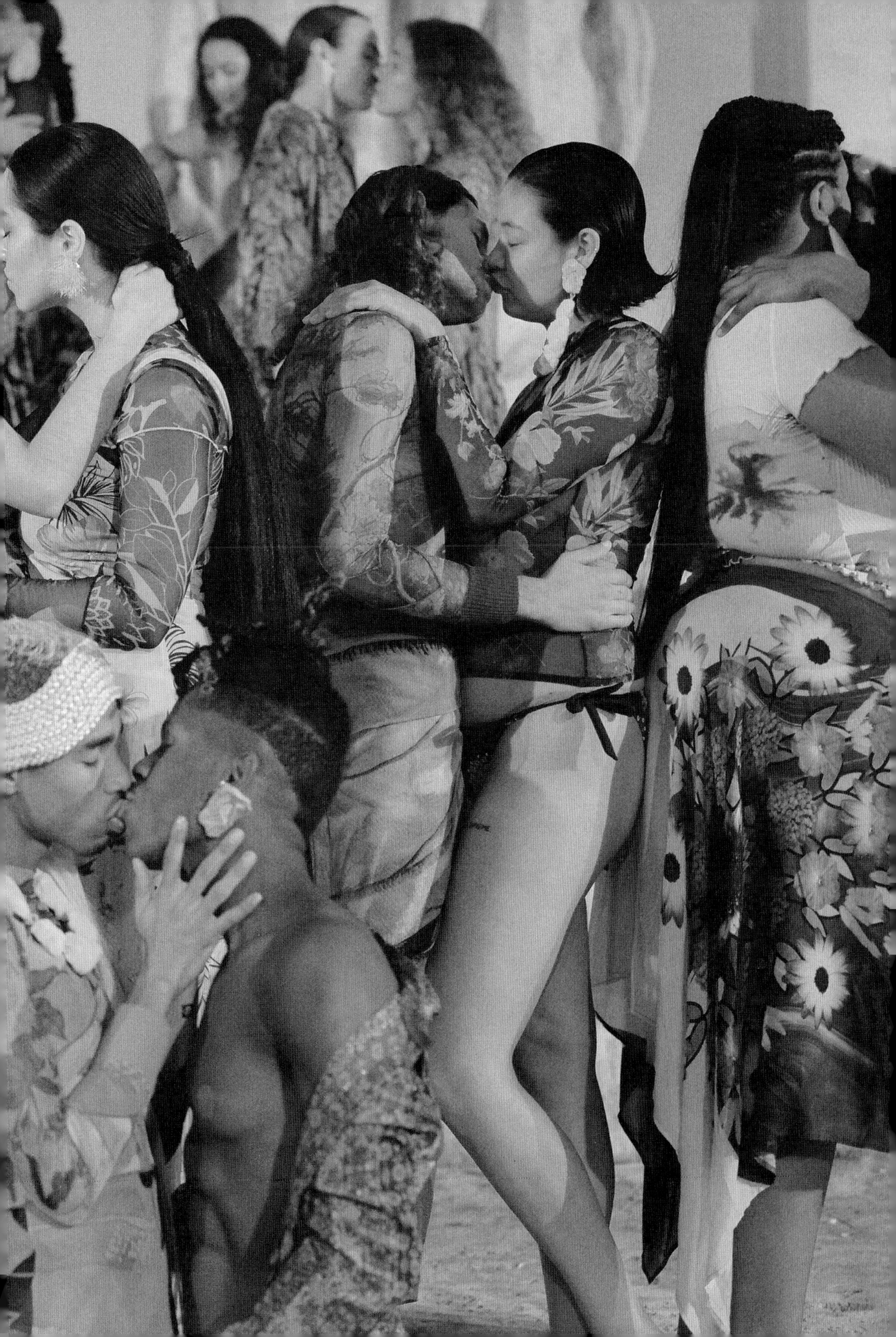

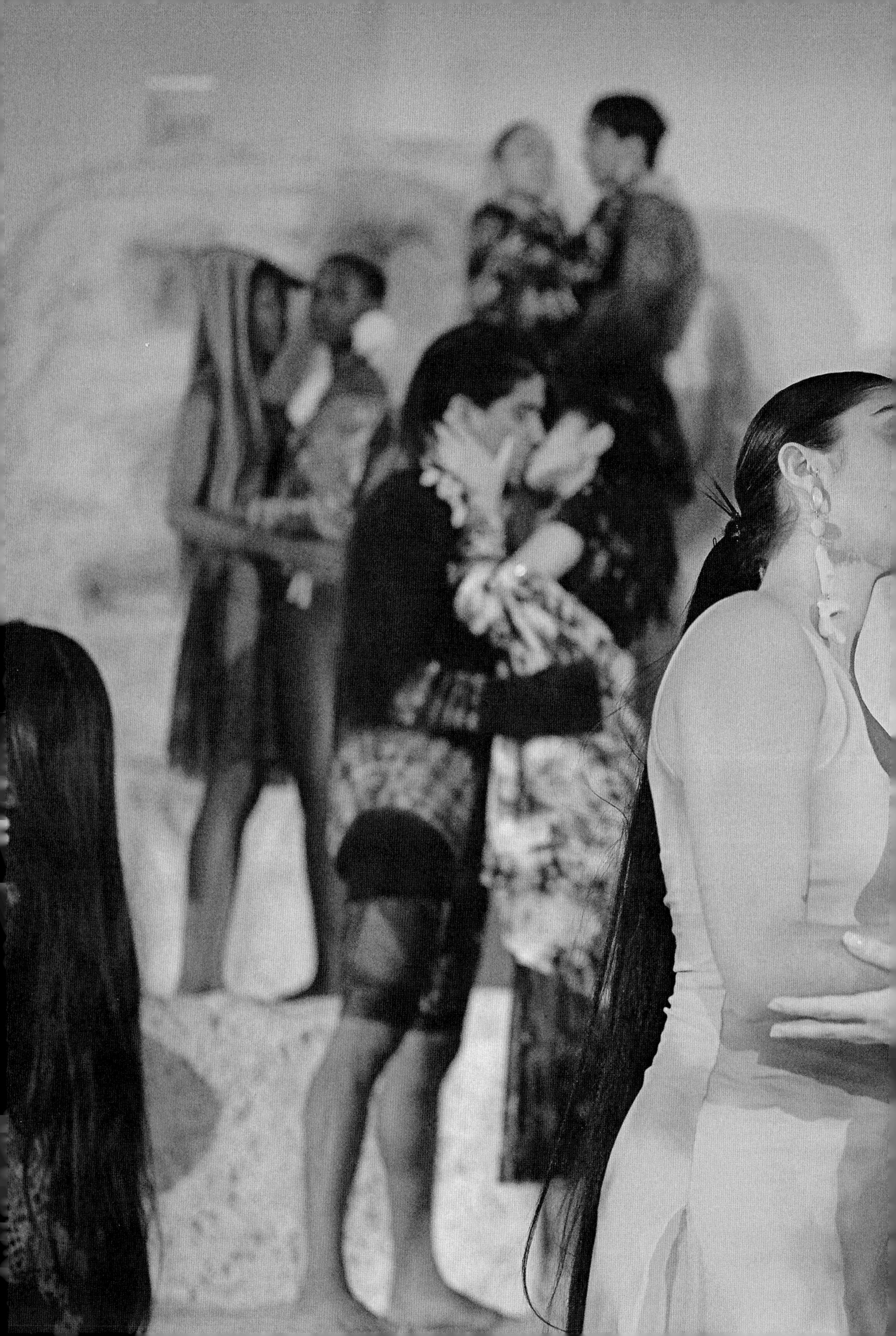

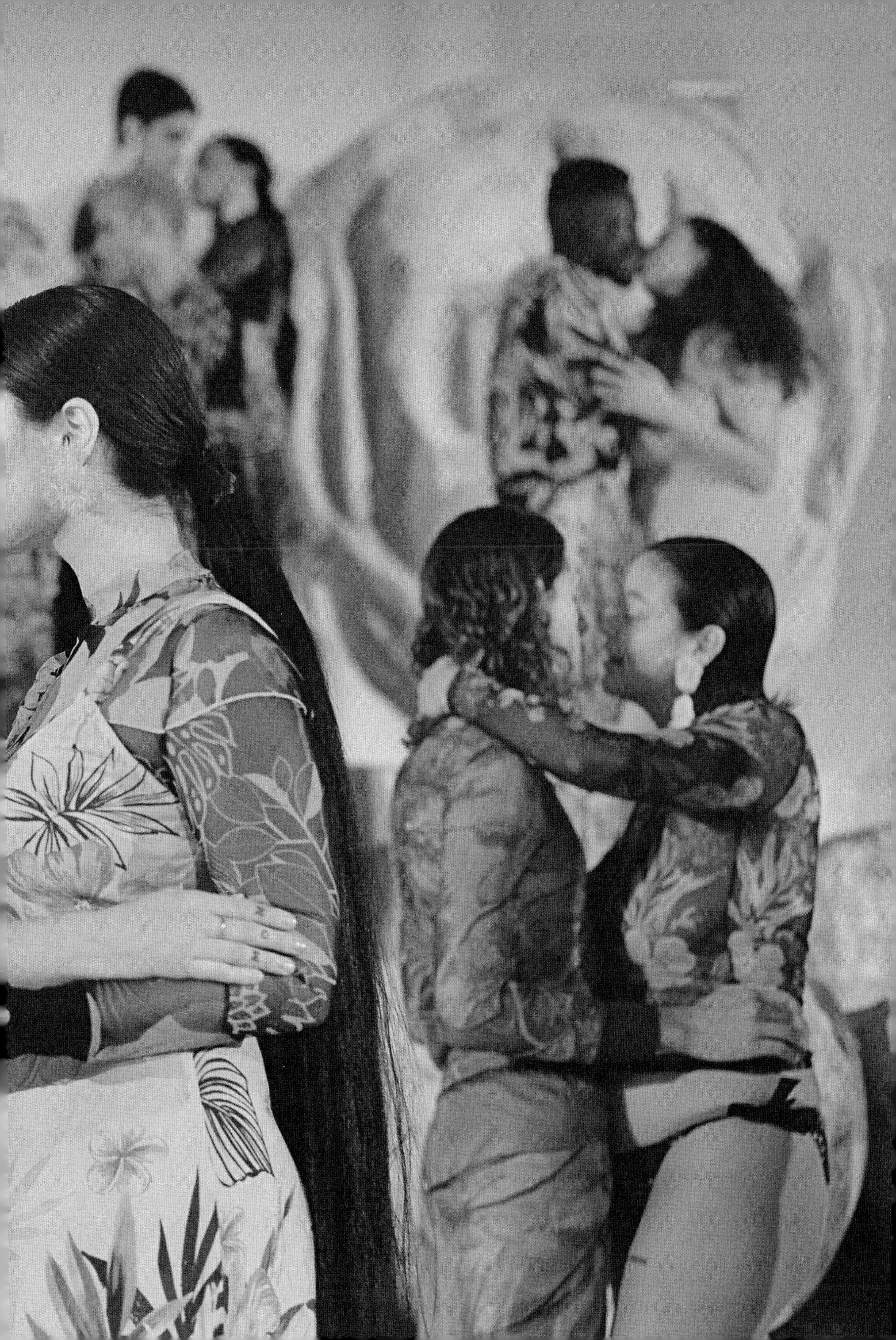

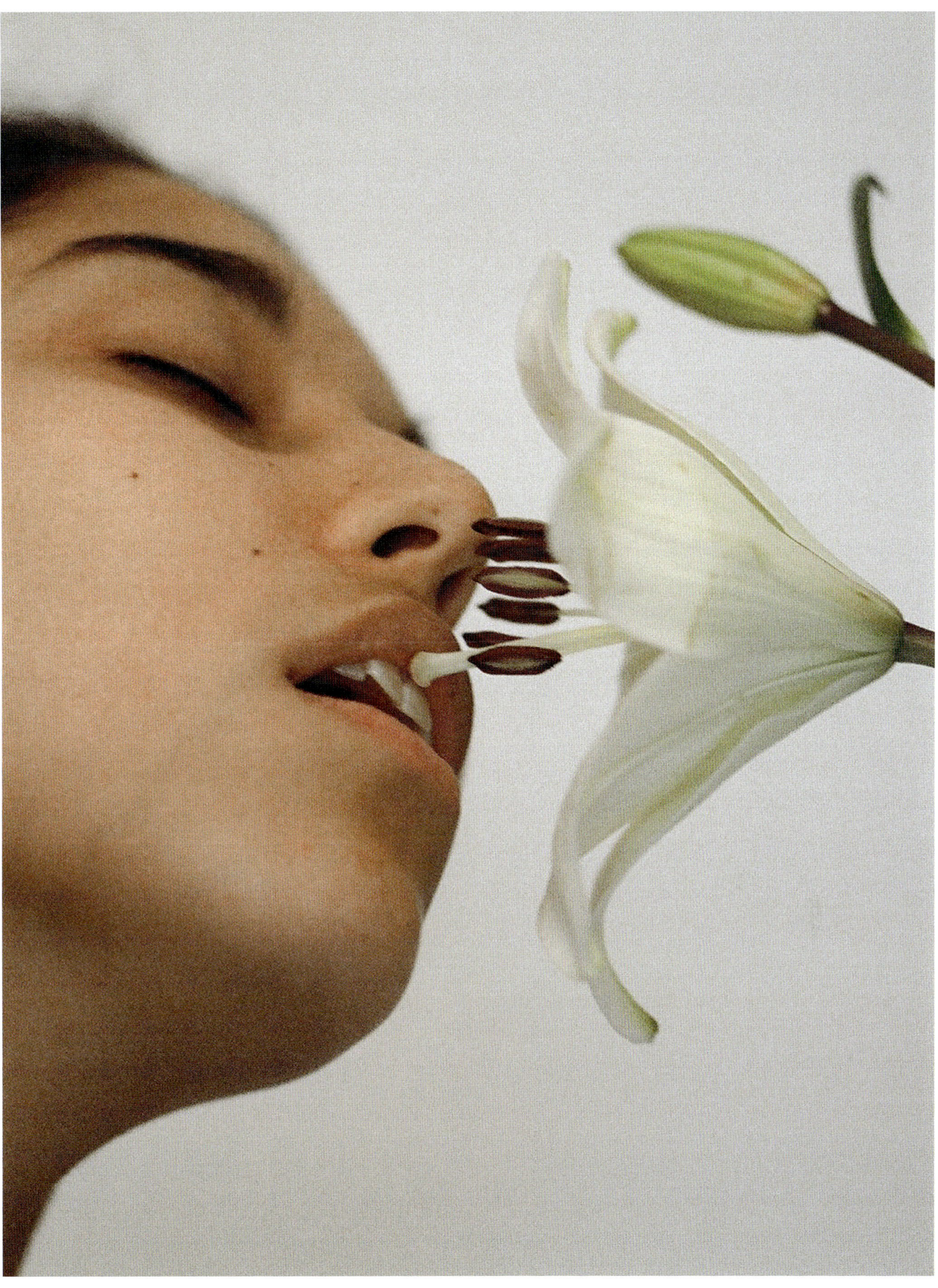

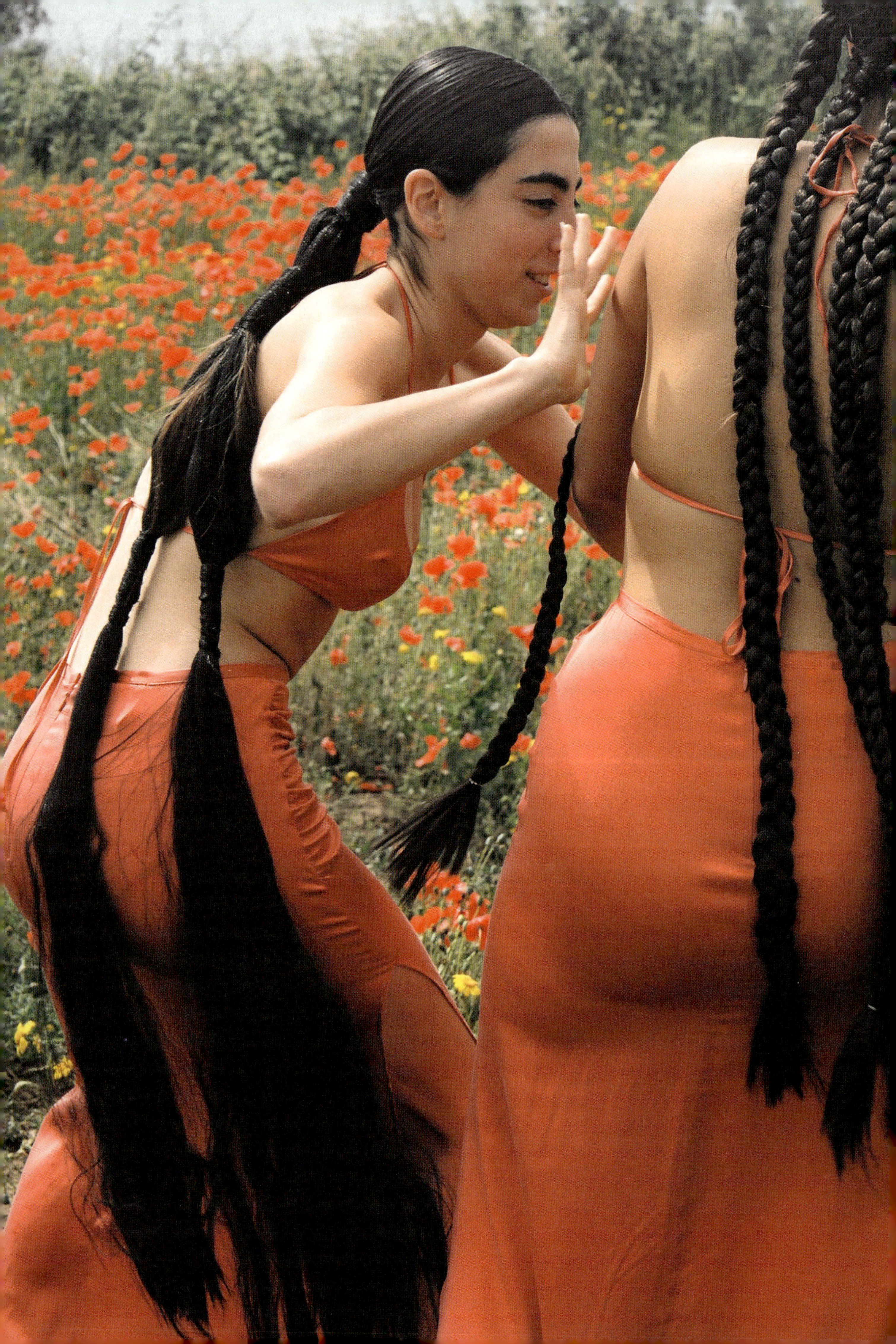

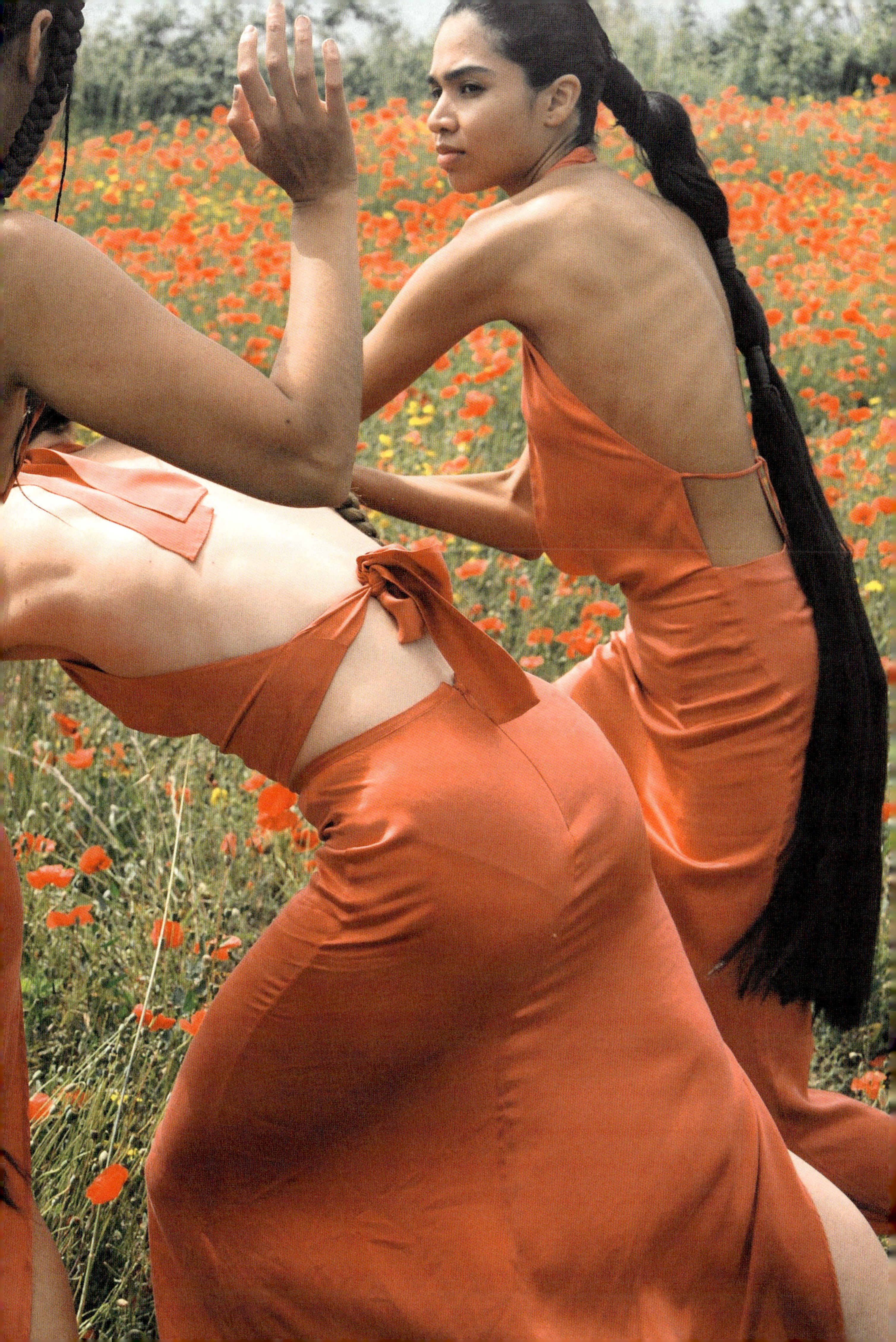

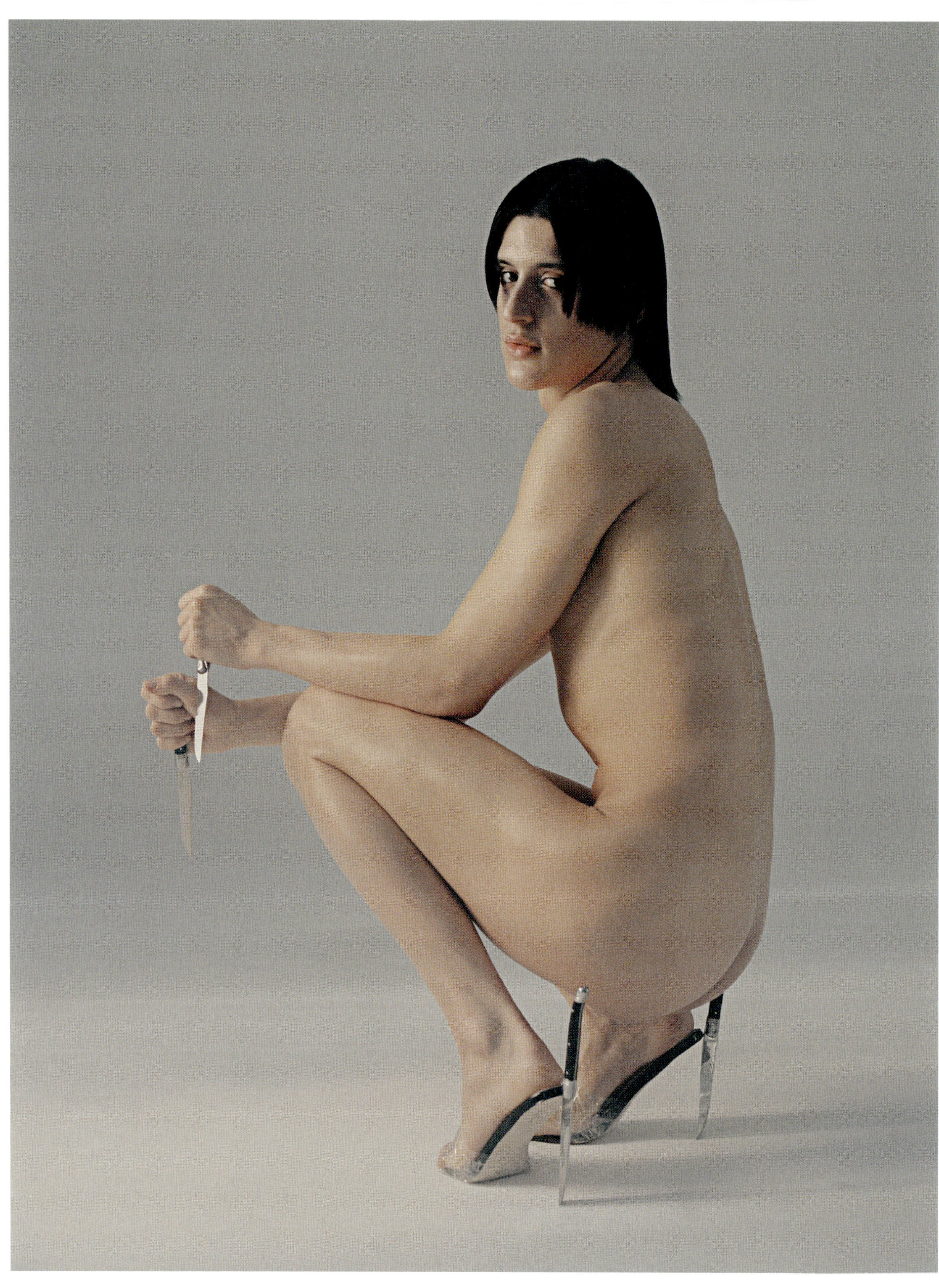

'To softness as a weapon when the mind attacks itself.'

"A la suavidad como arma cuando la mente se ataca a sí misma."

III   Arca

'To softness as a weapon when the mind attacks itself.'

"A la suavidad como arma cuando la mente se ataca a sí misma."

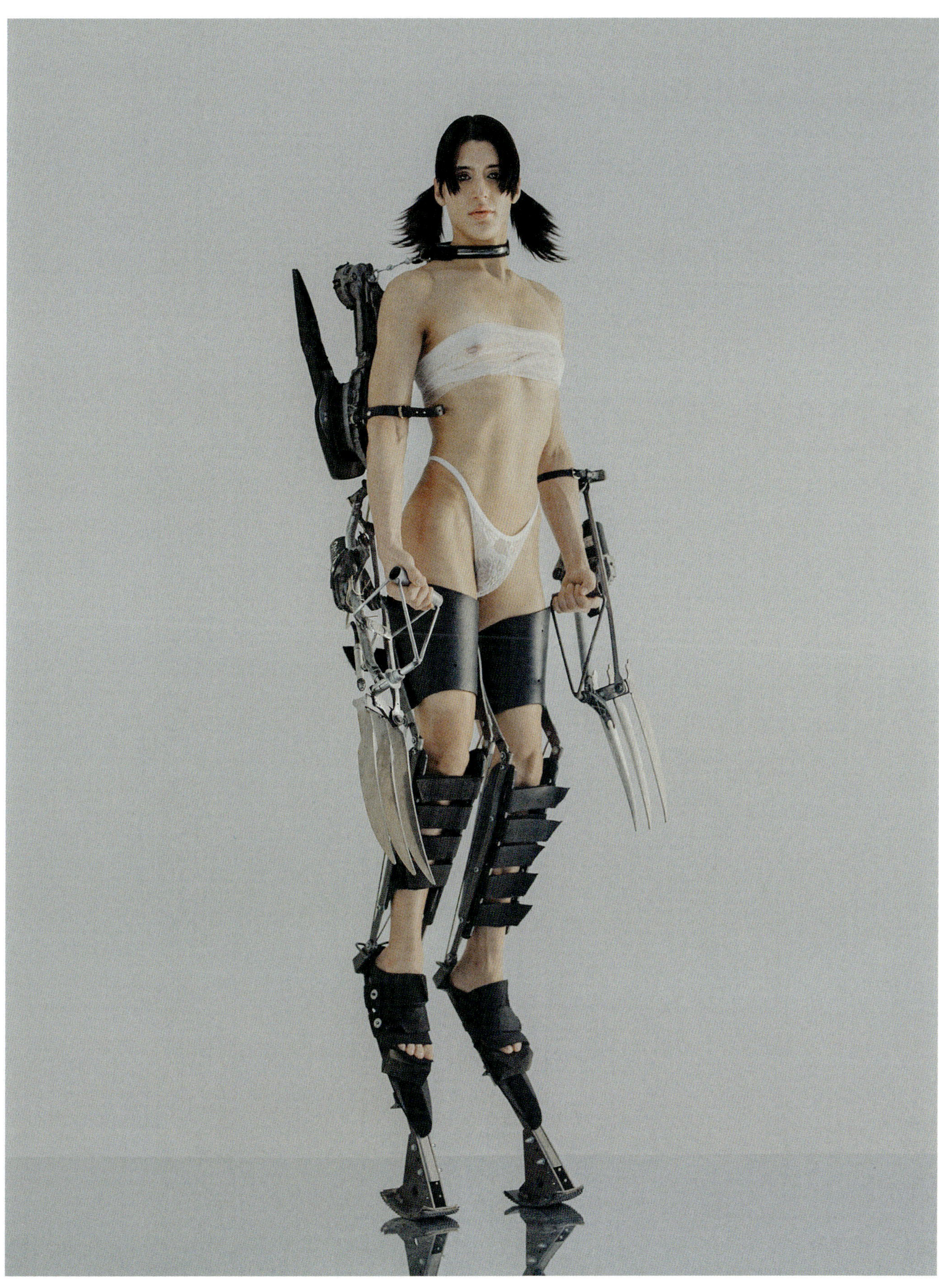

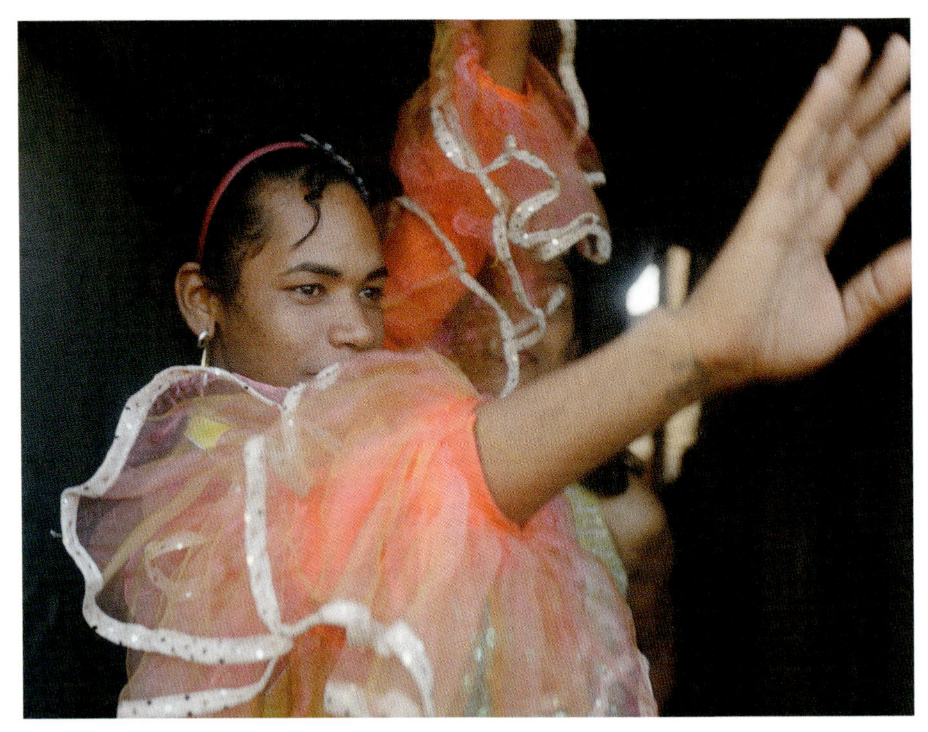

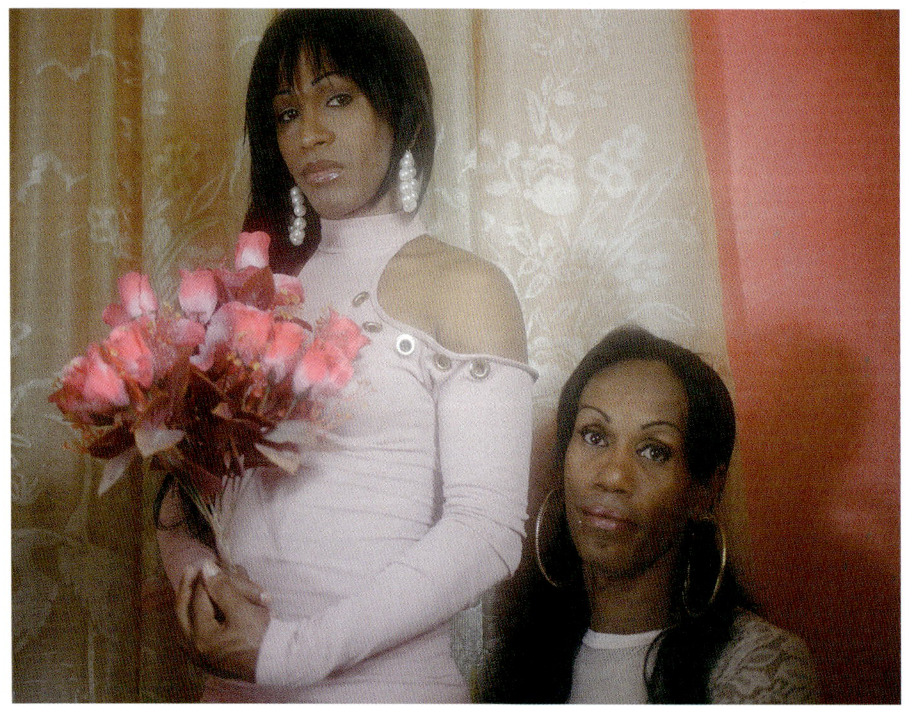

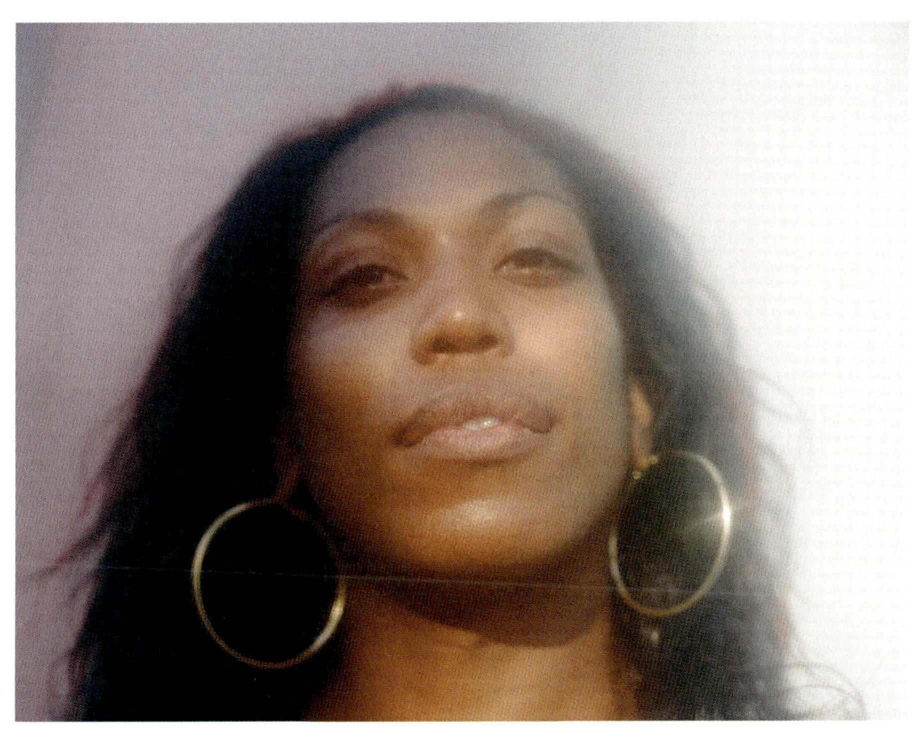

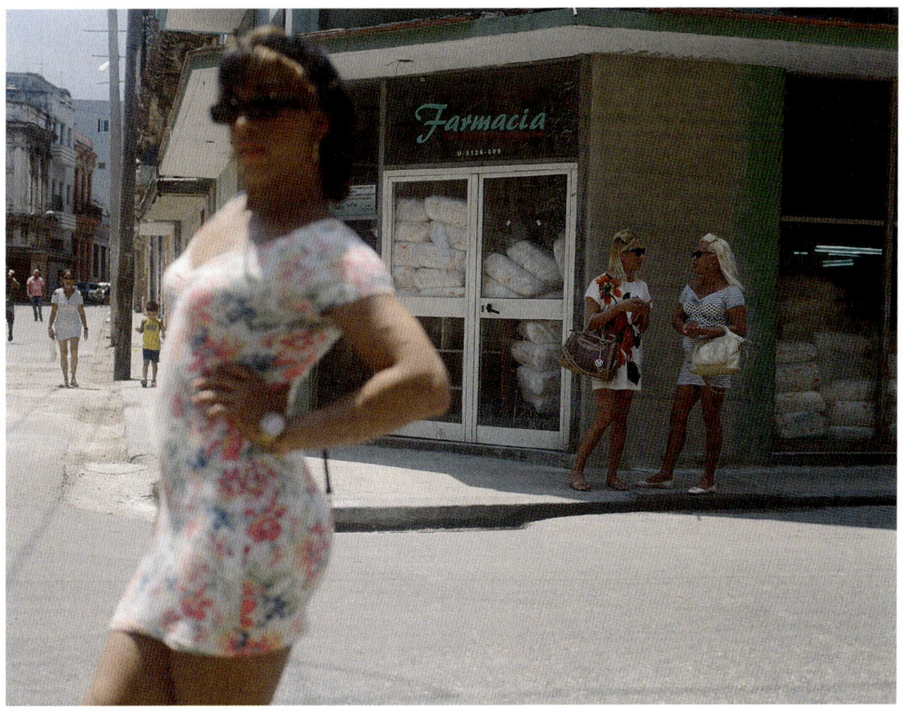
Farmacia

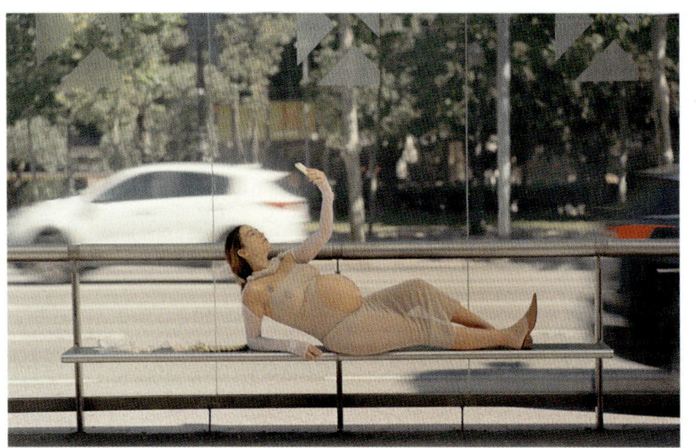

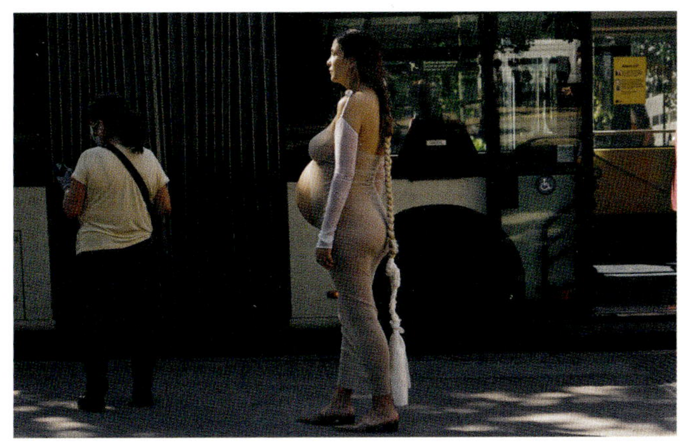
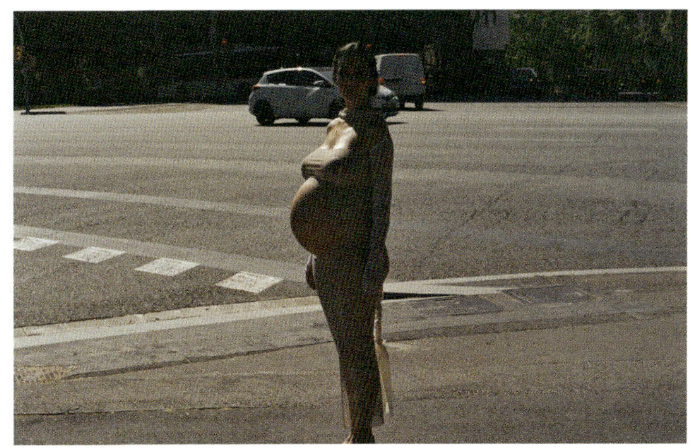
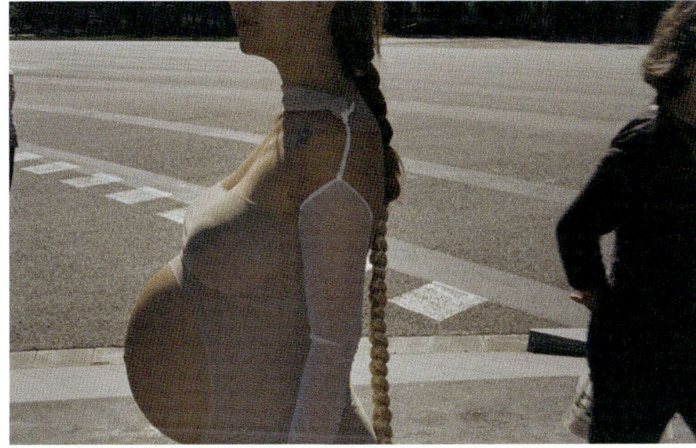
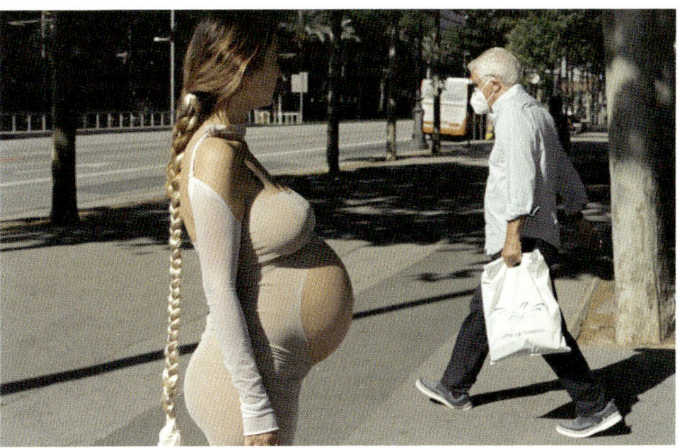

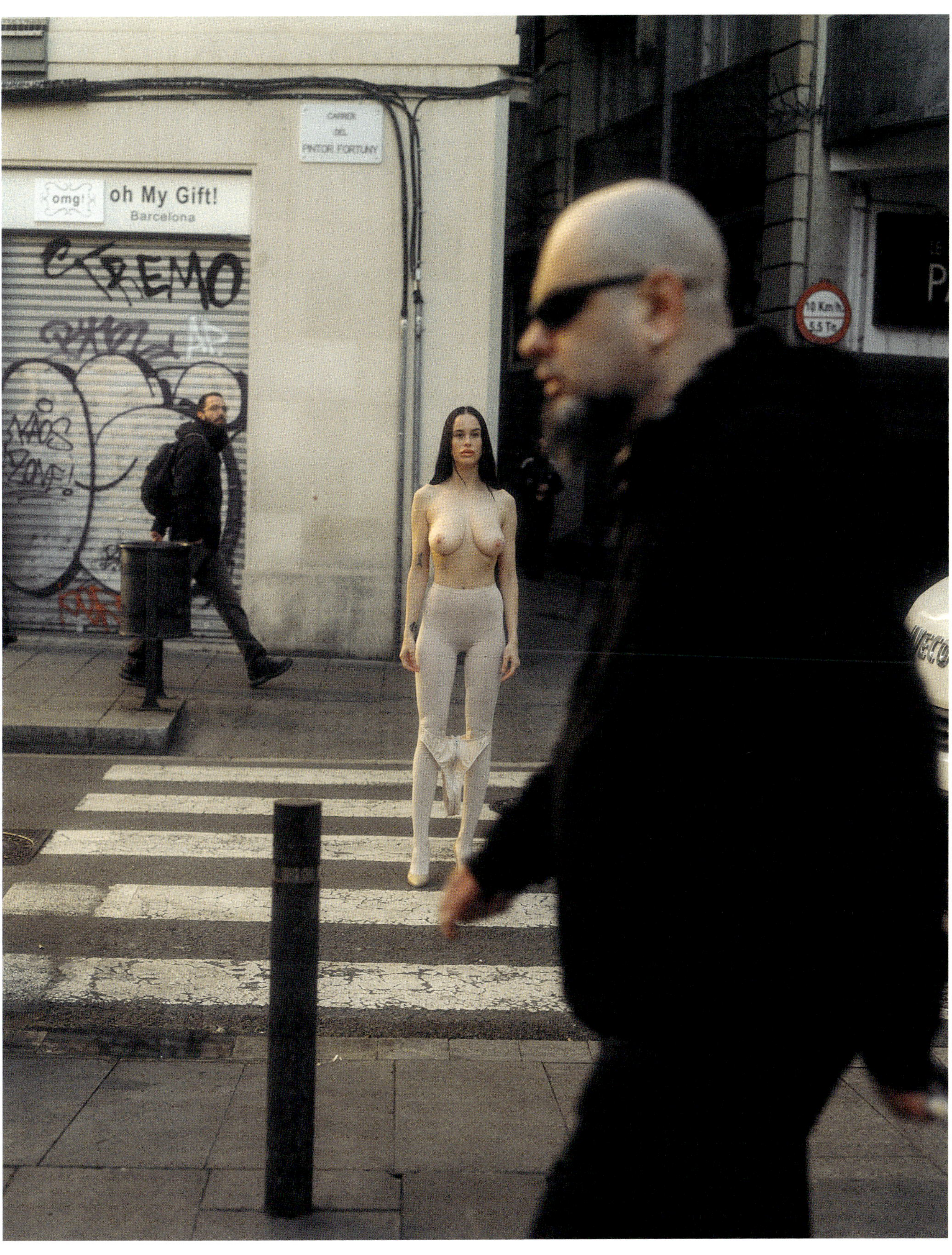

CARRER
DEL
PINTOR FORTUNY
omg!
oh My Gift!
Barcelona
10 Km/h
5.5 Tn

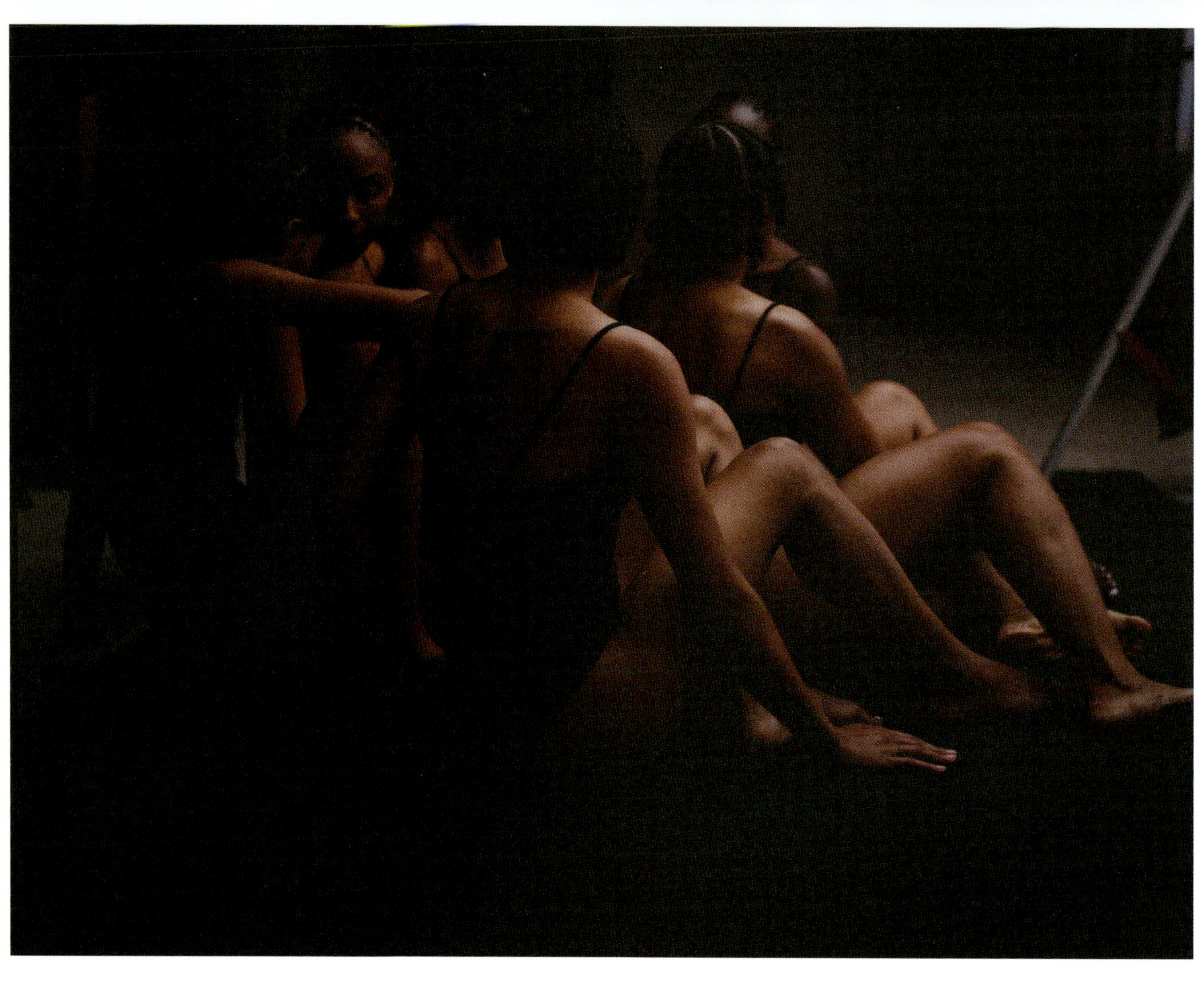

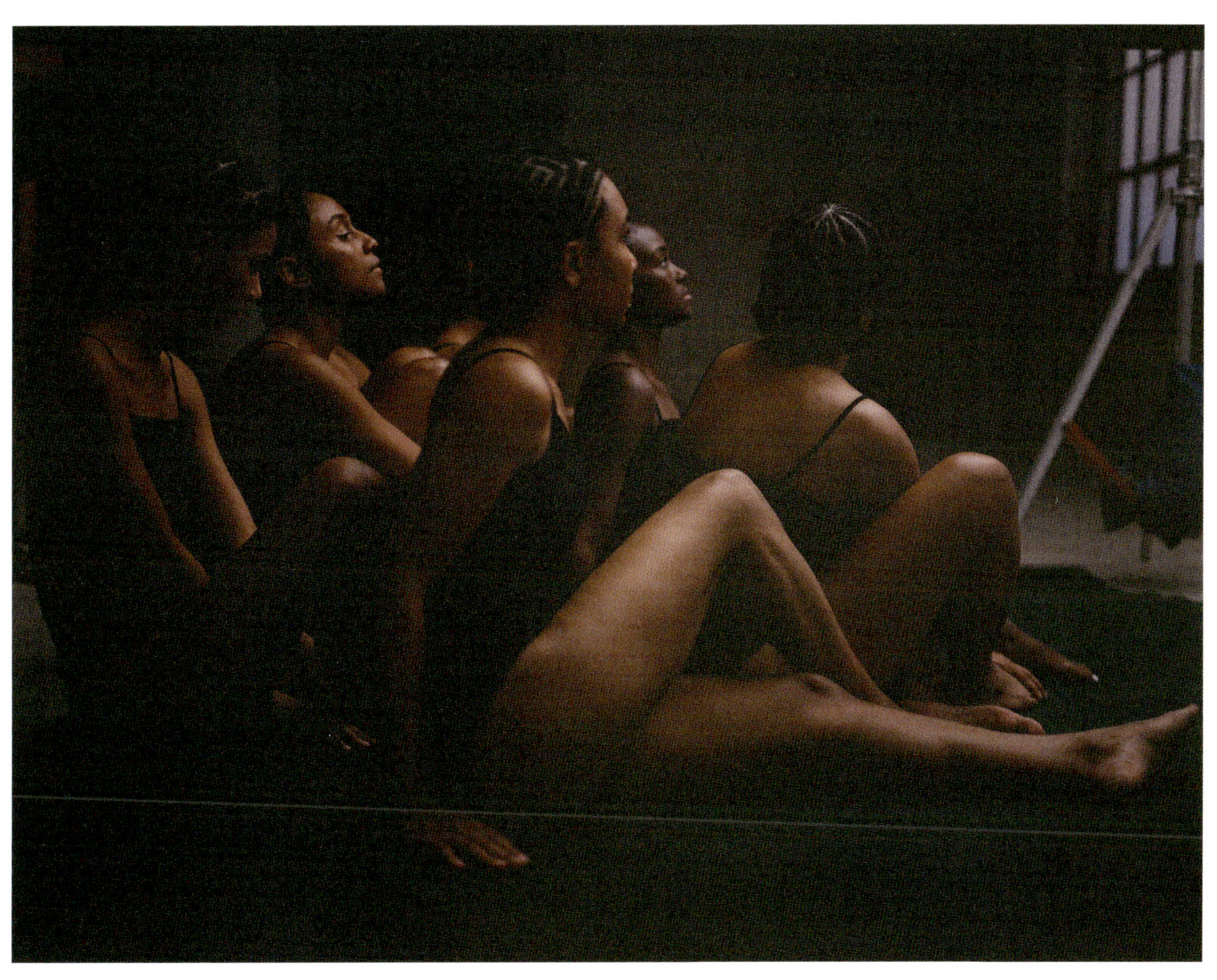

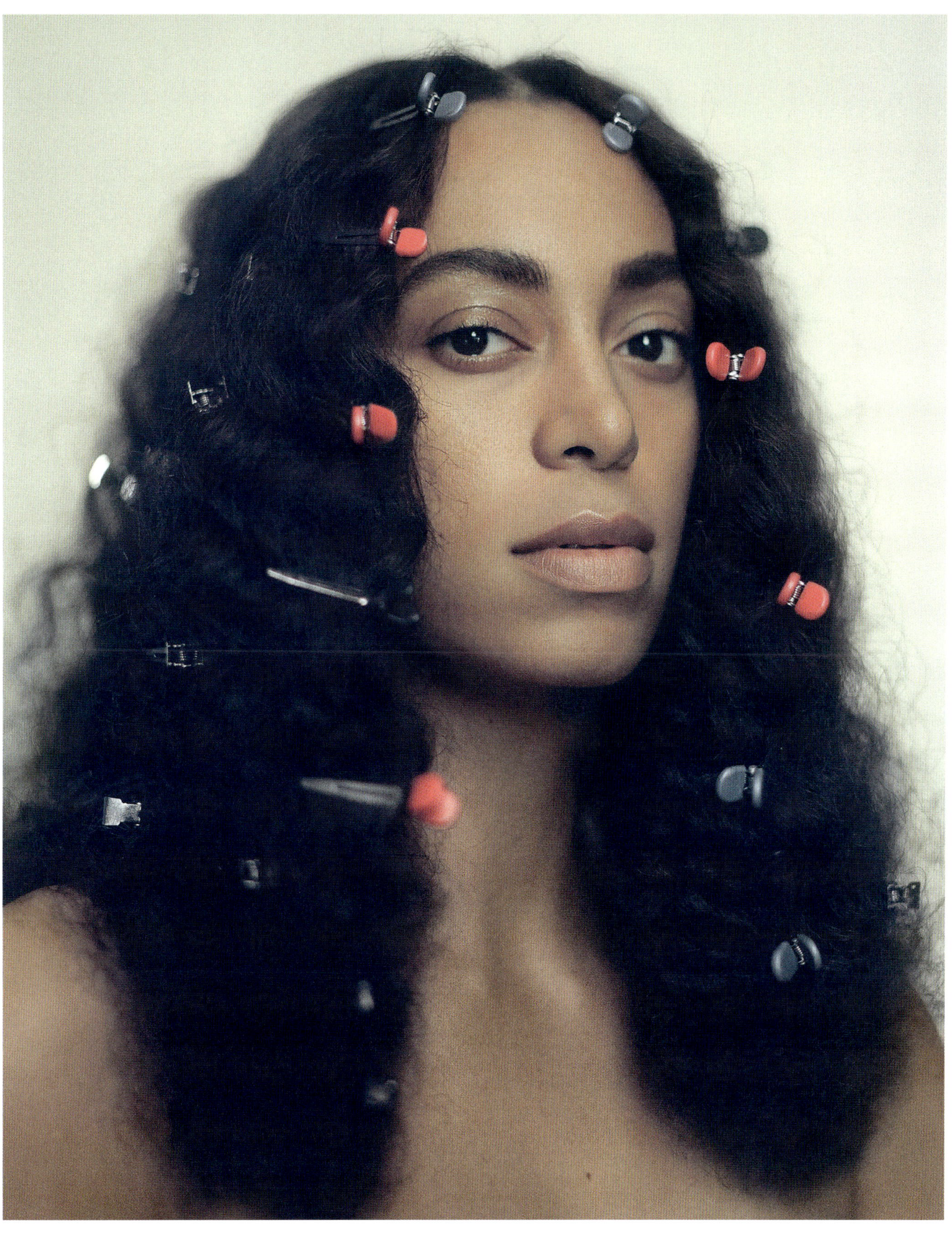

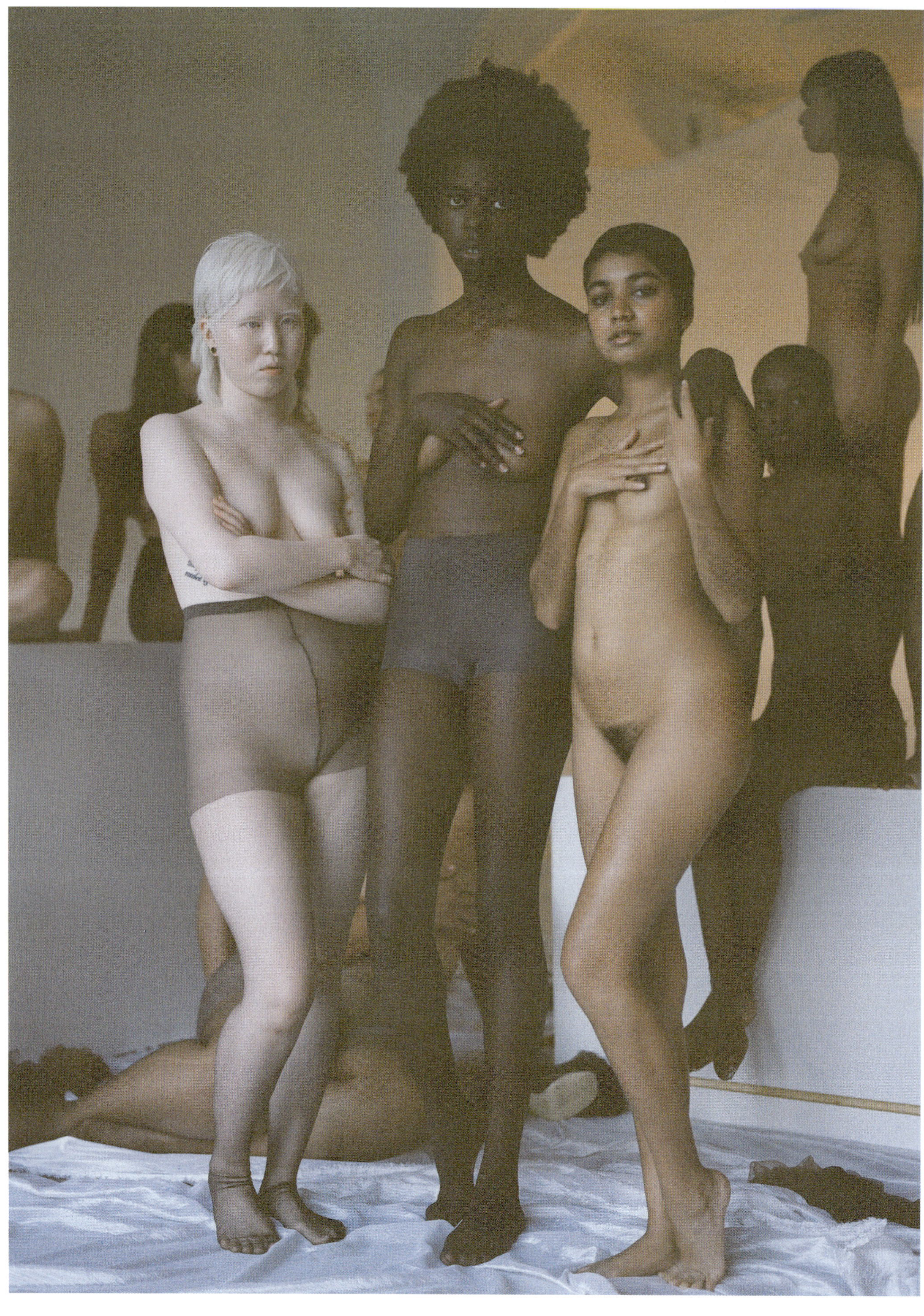

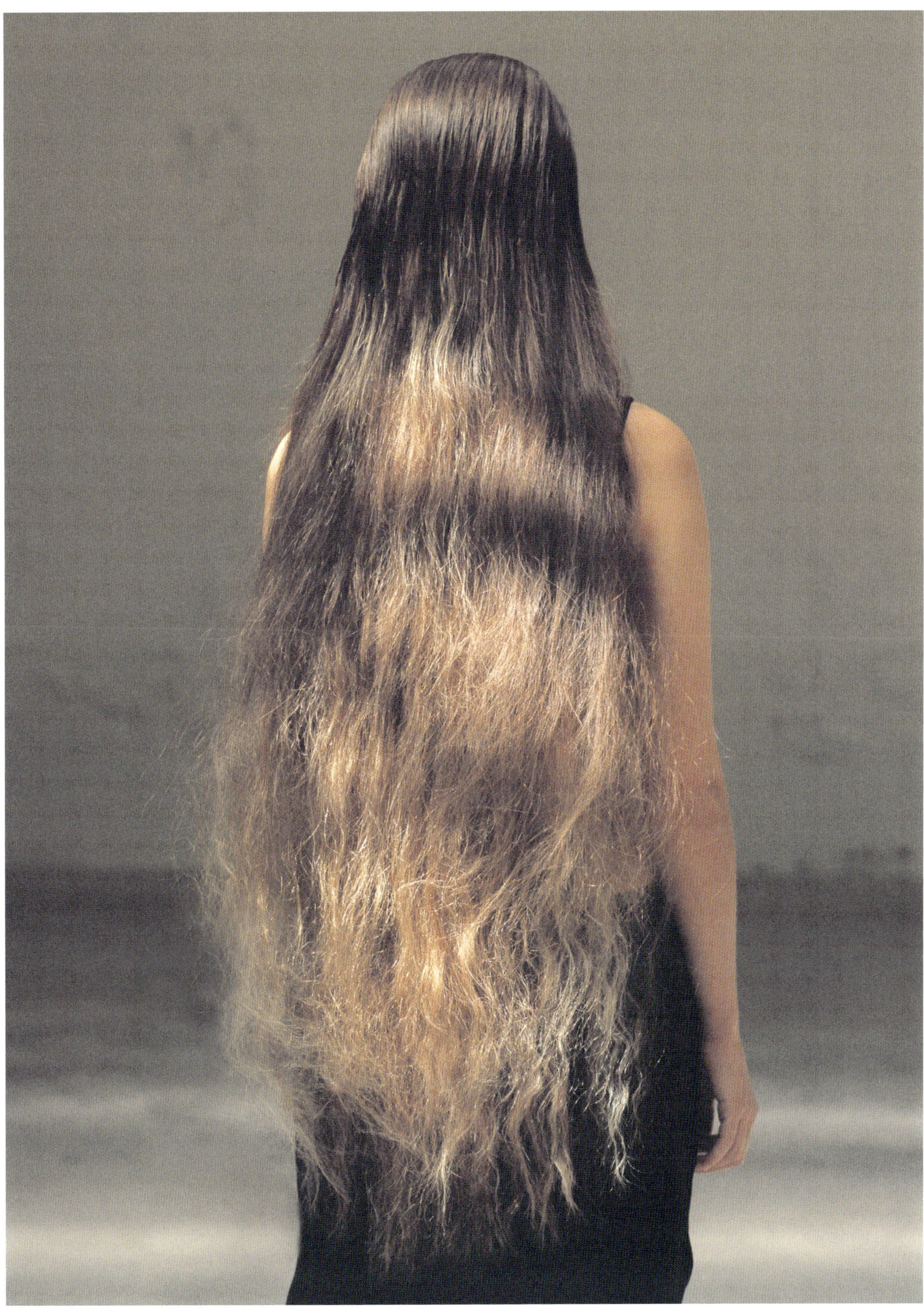

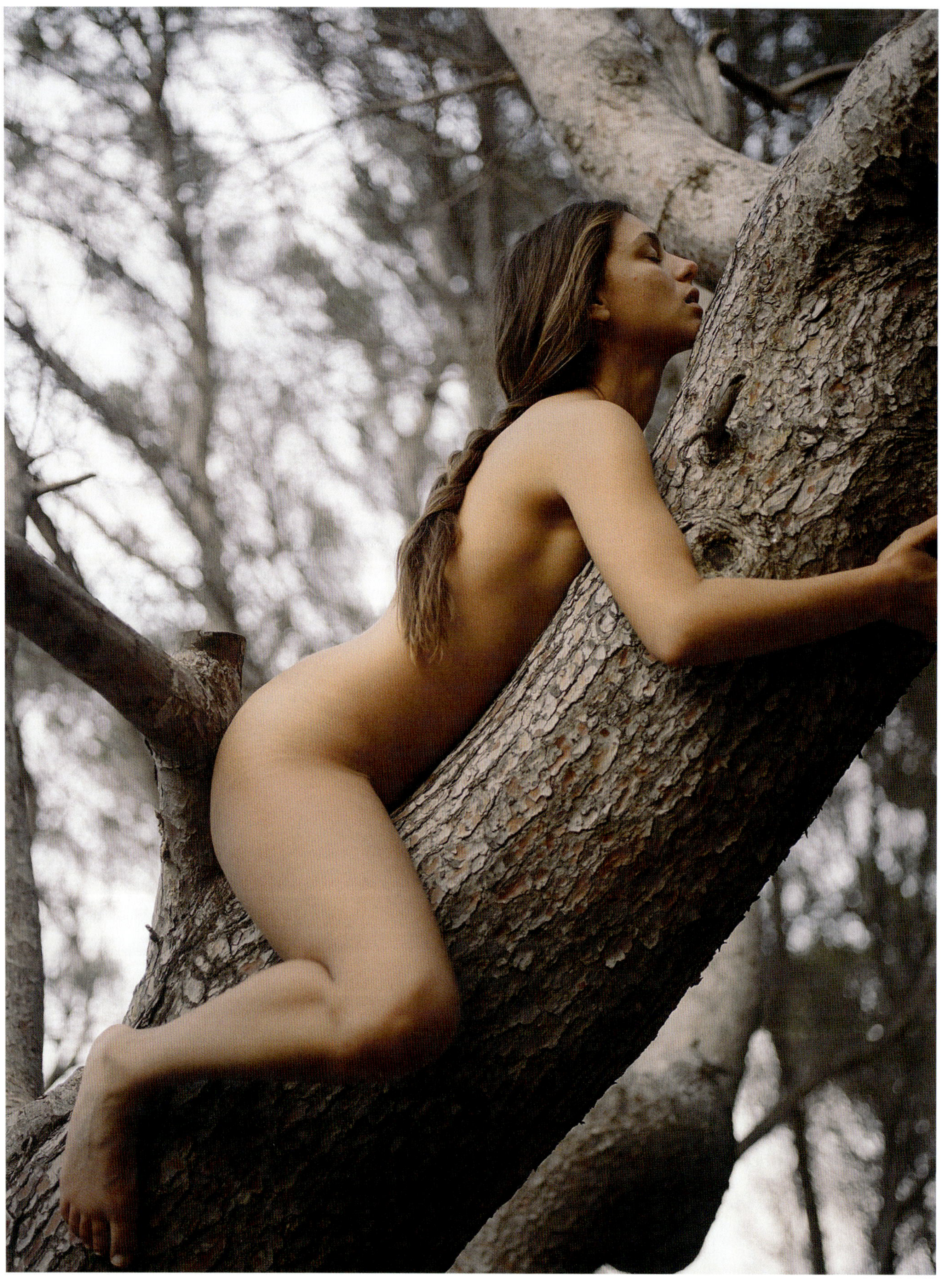

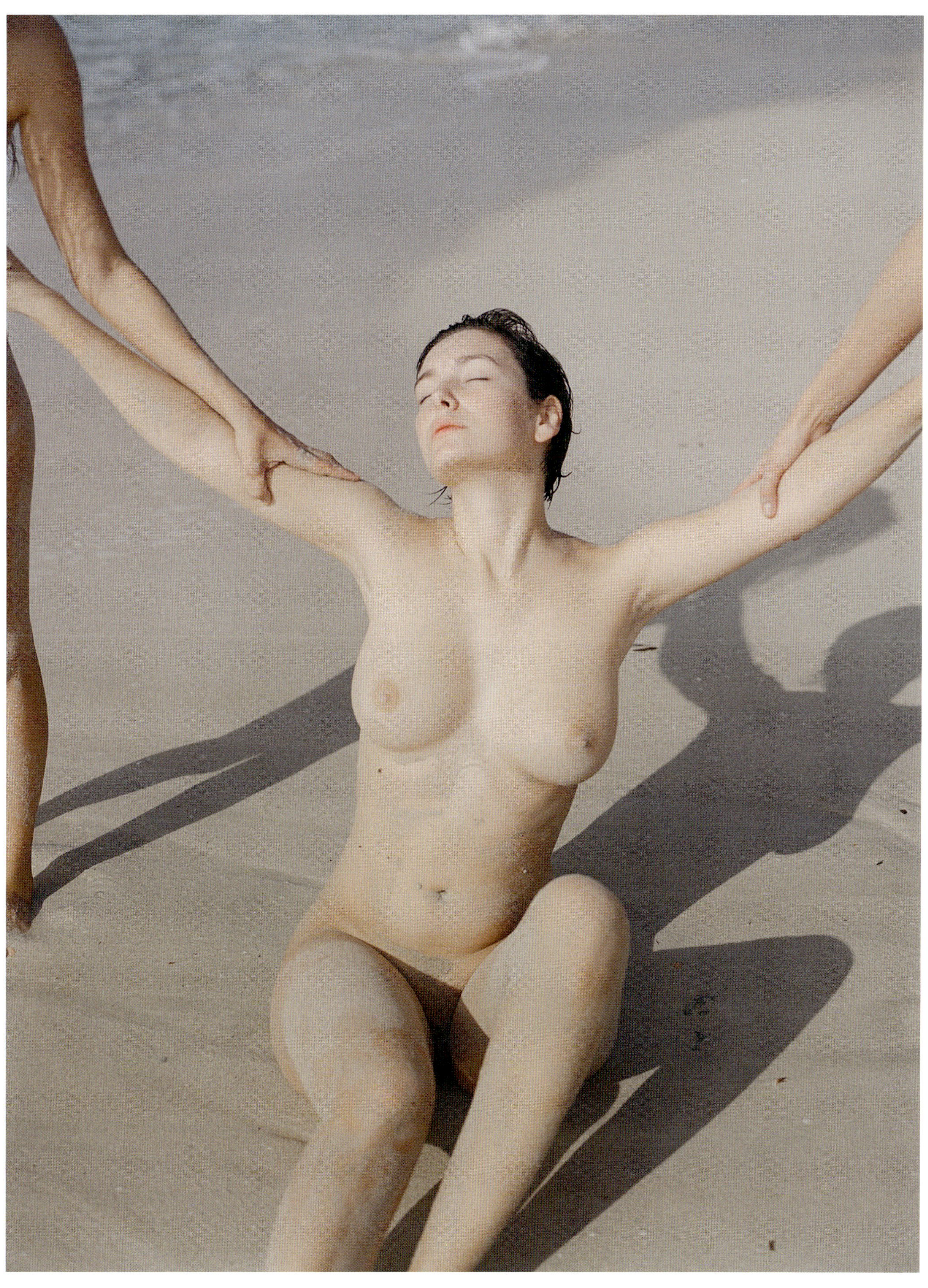

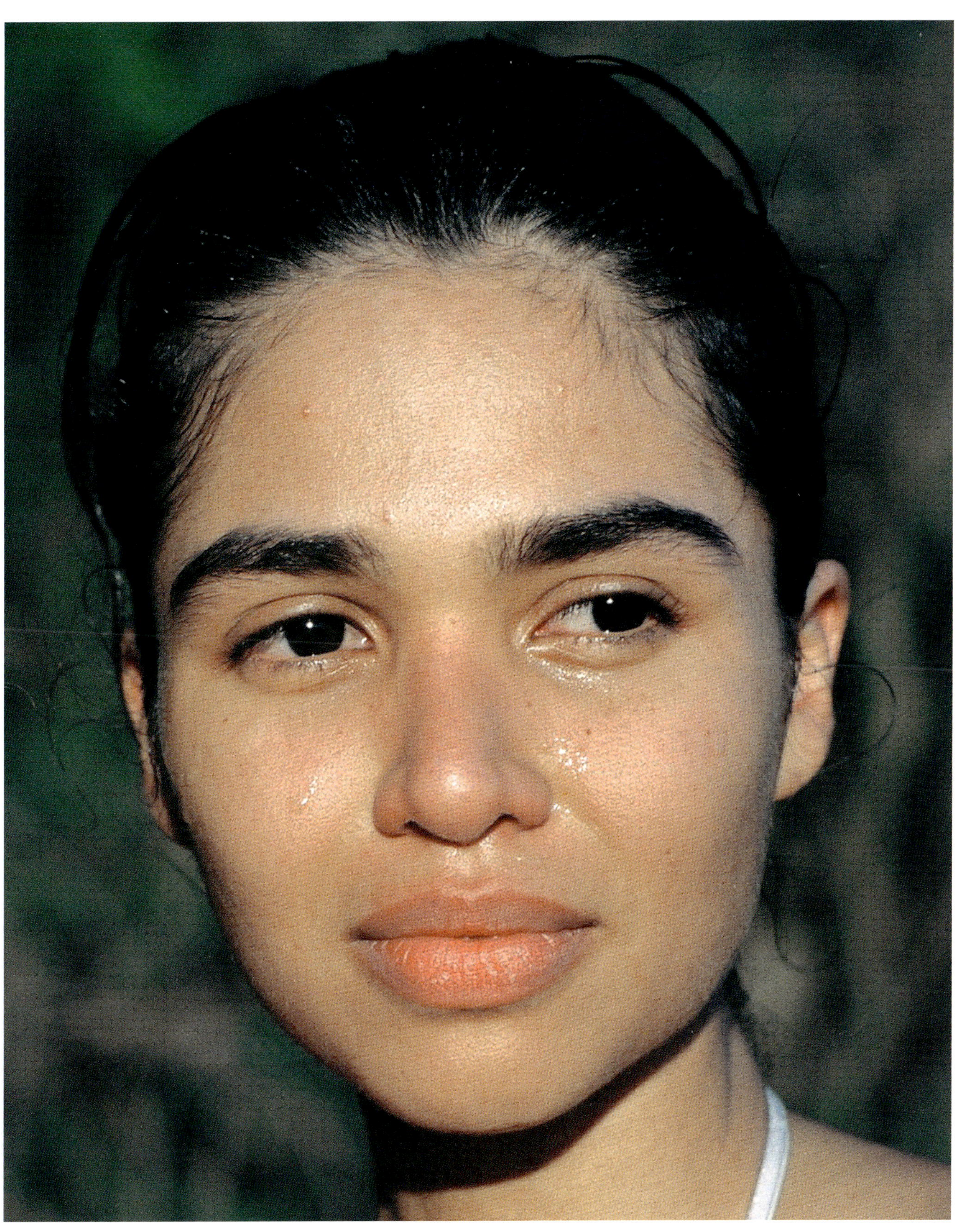

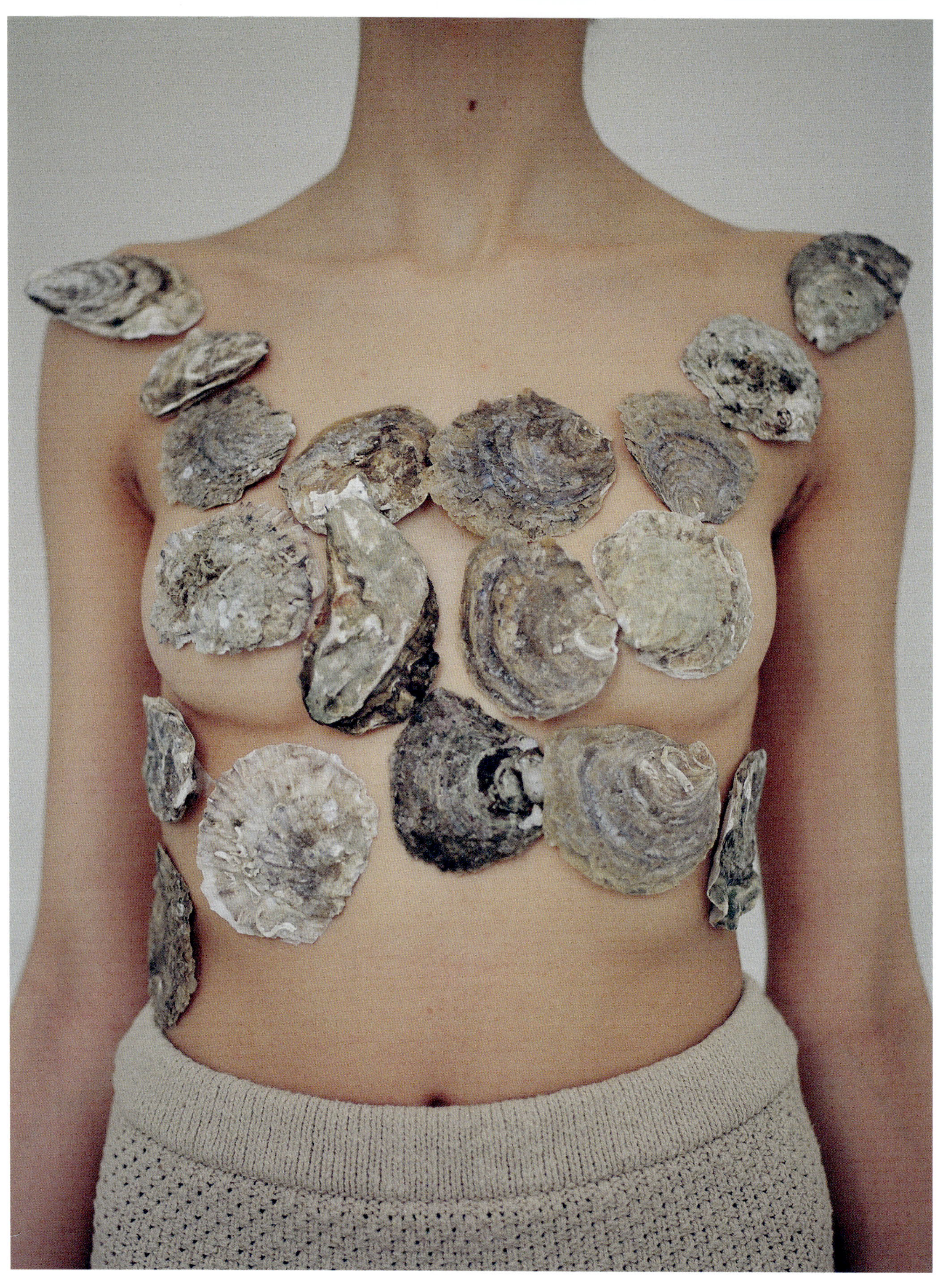

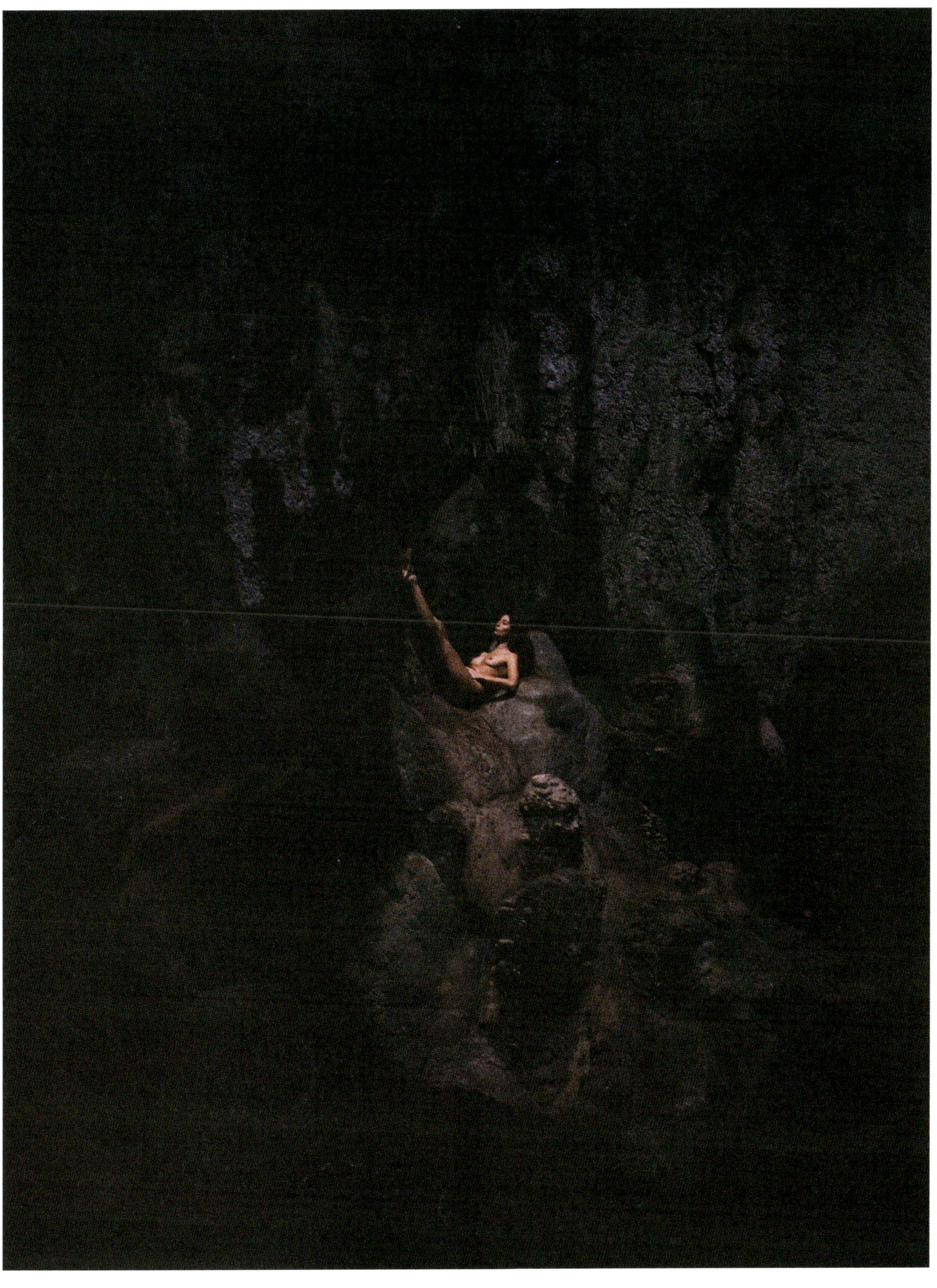

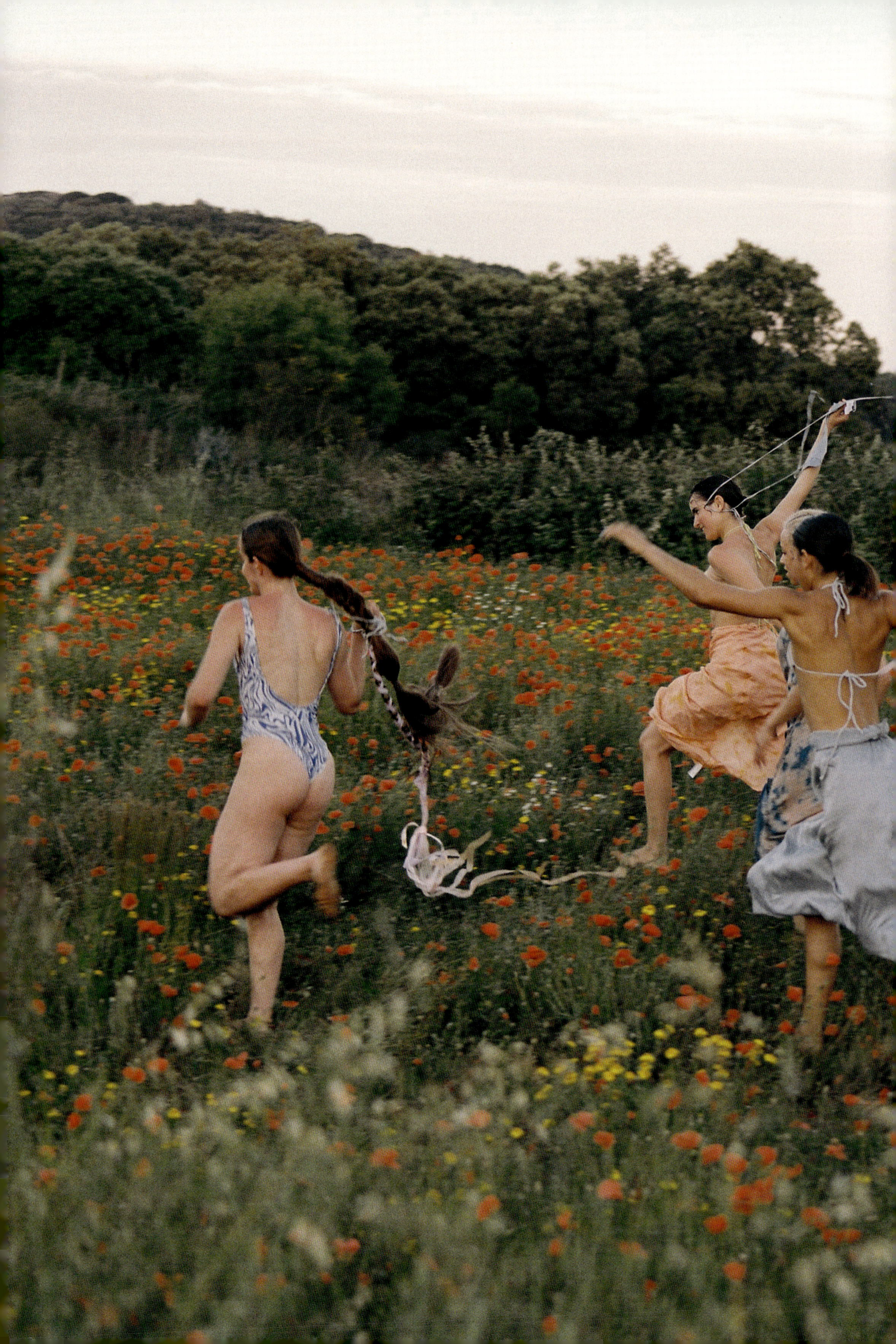

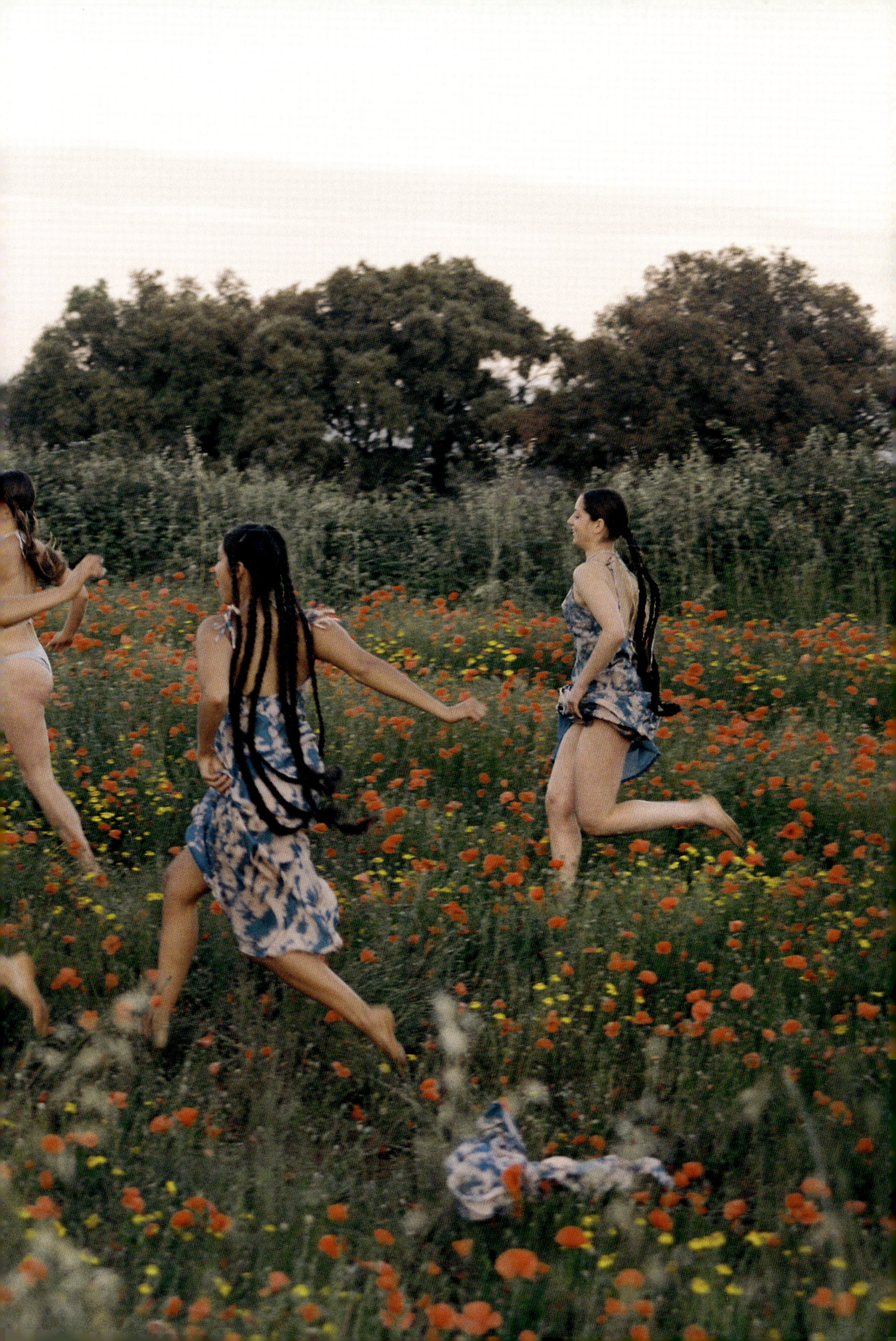

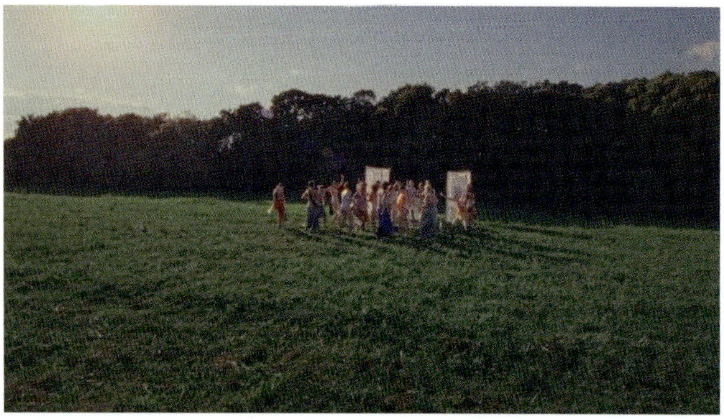

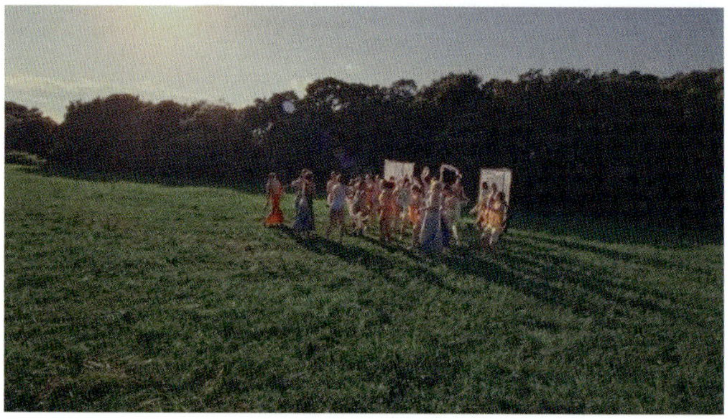

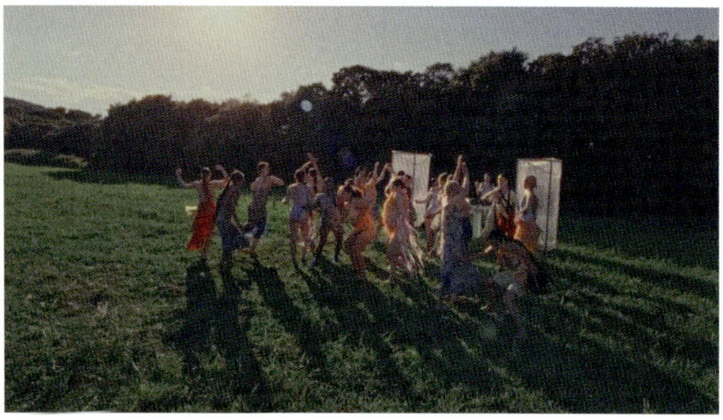

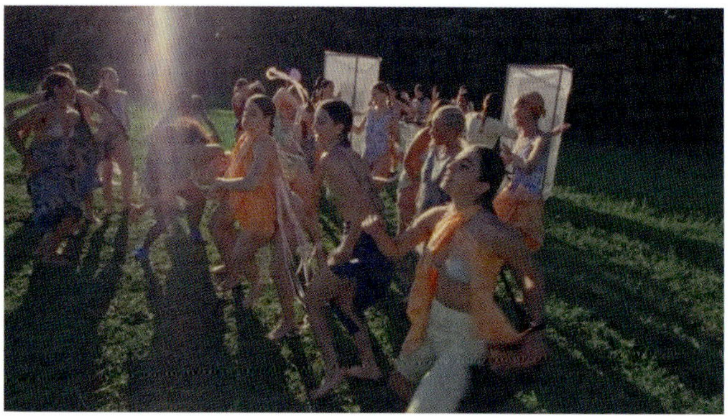

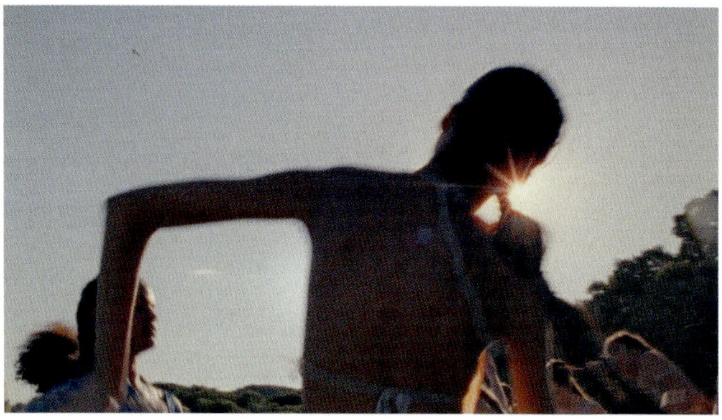

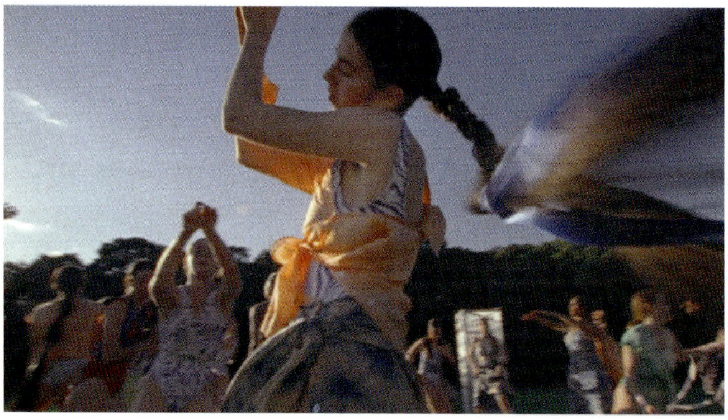

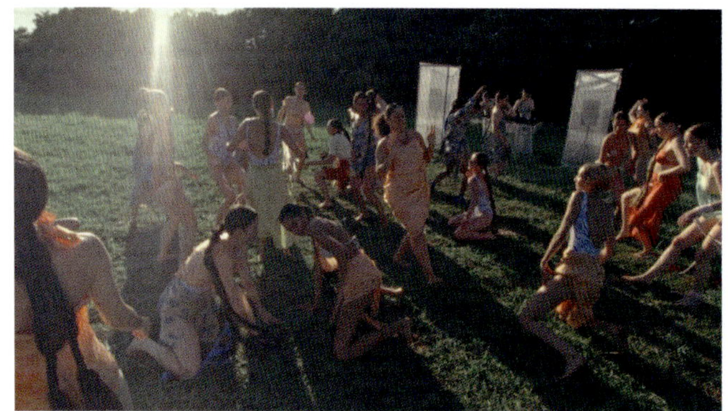
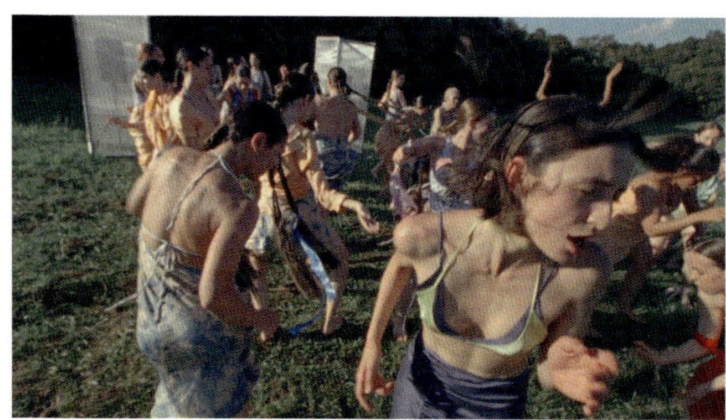
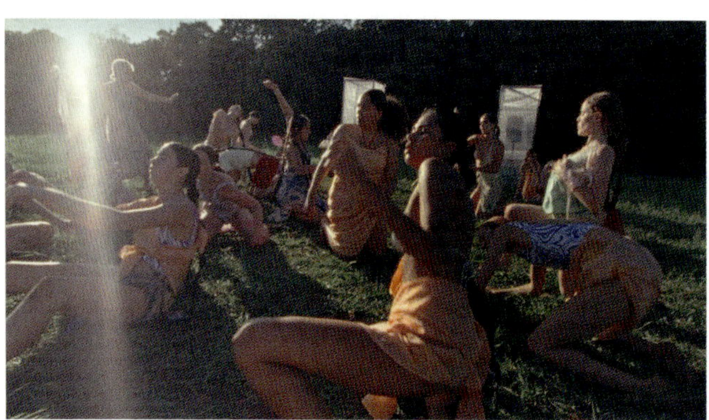
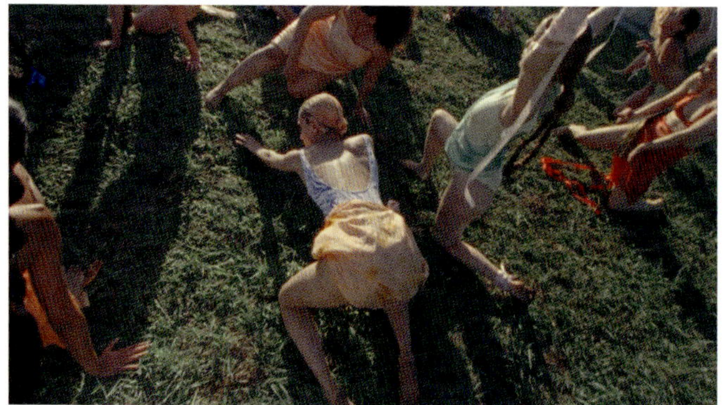

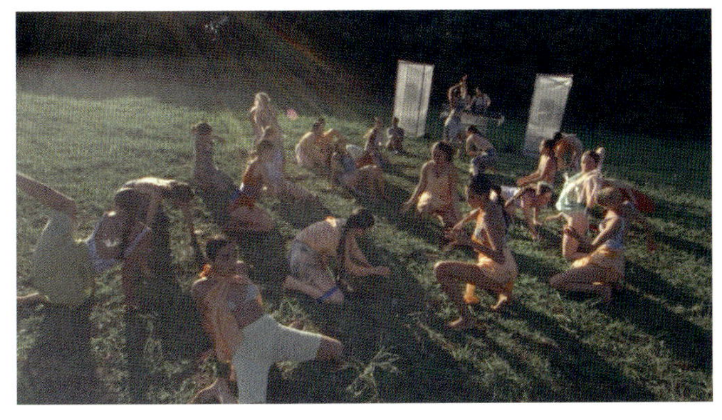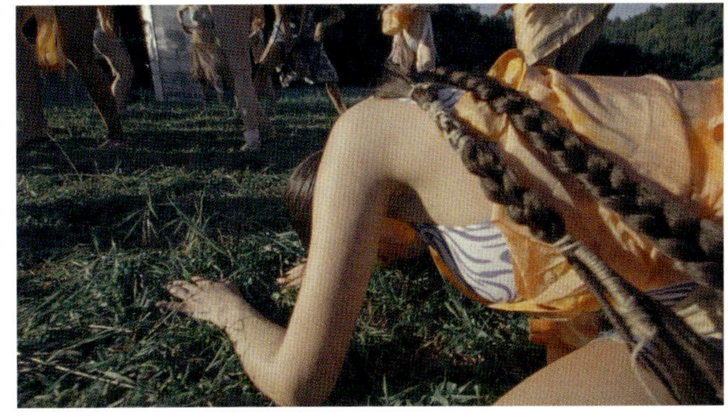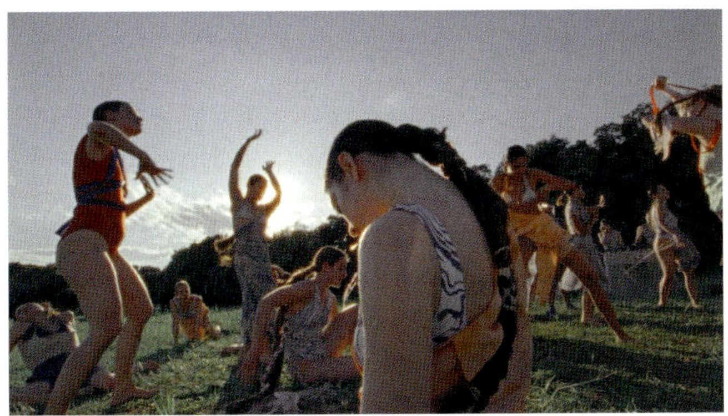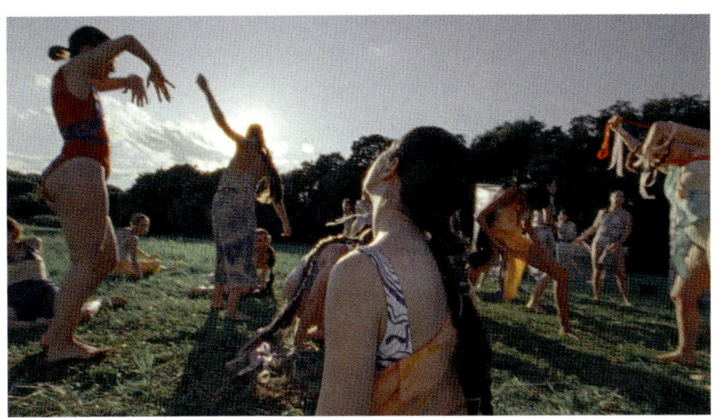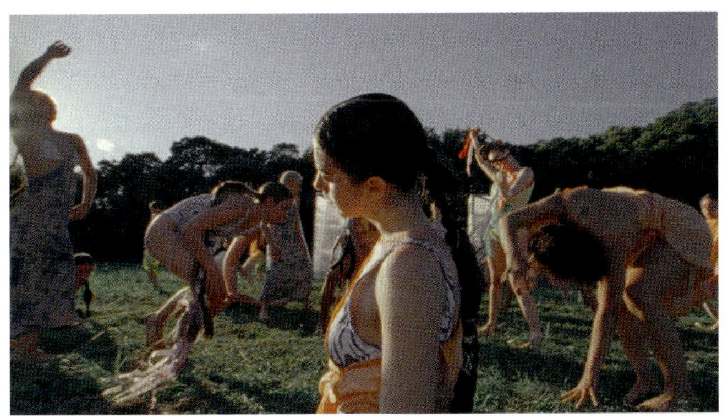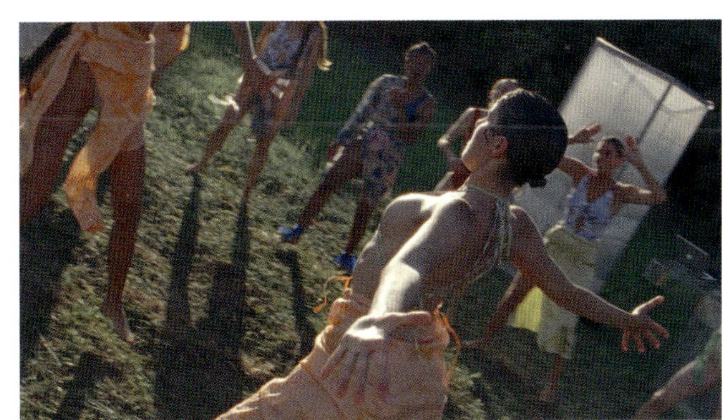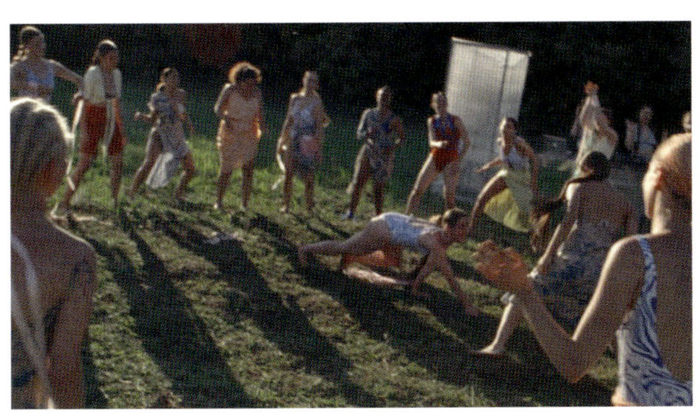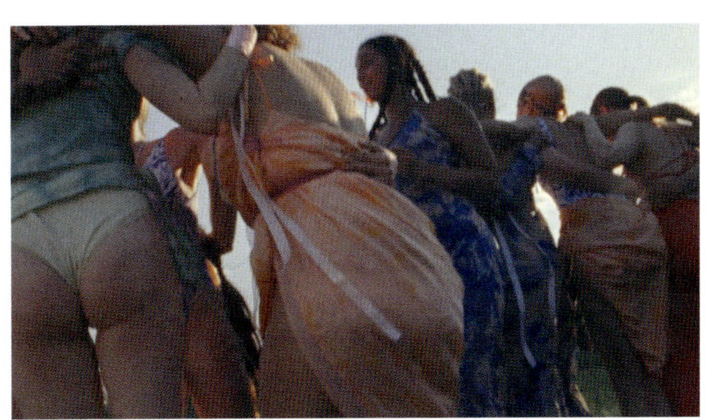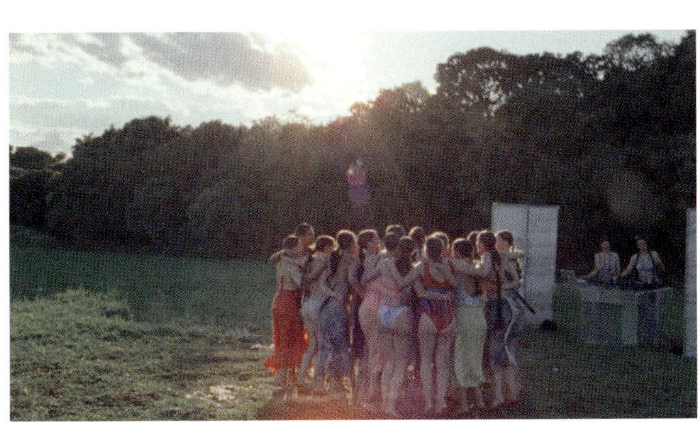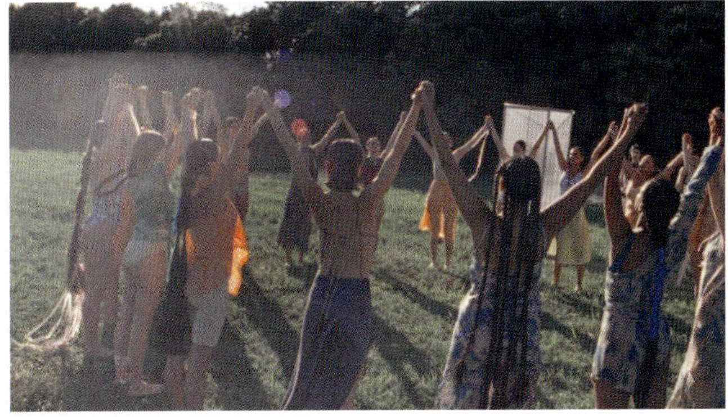

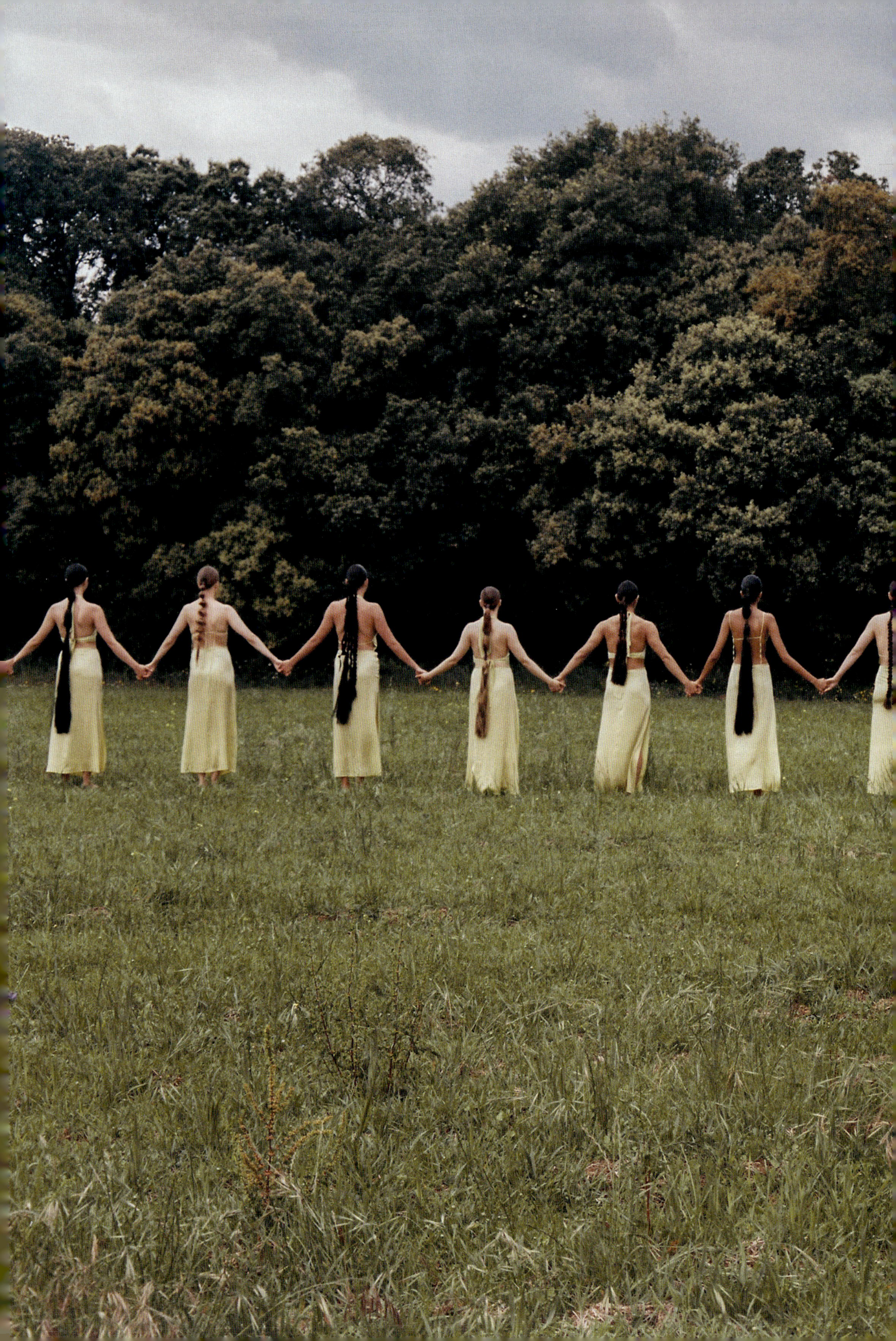

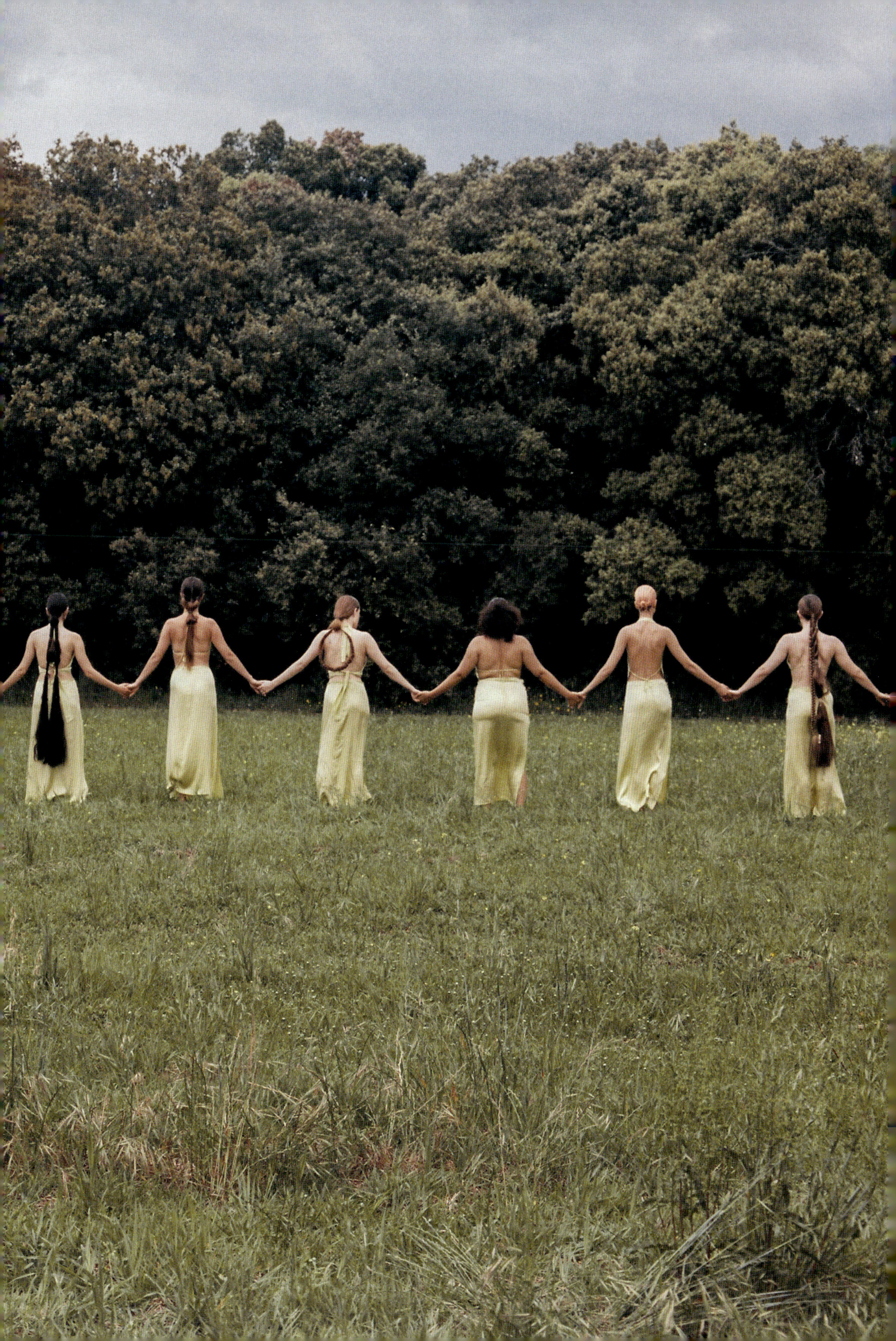

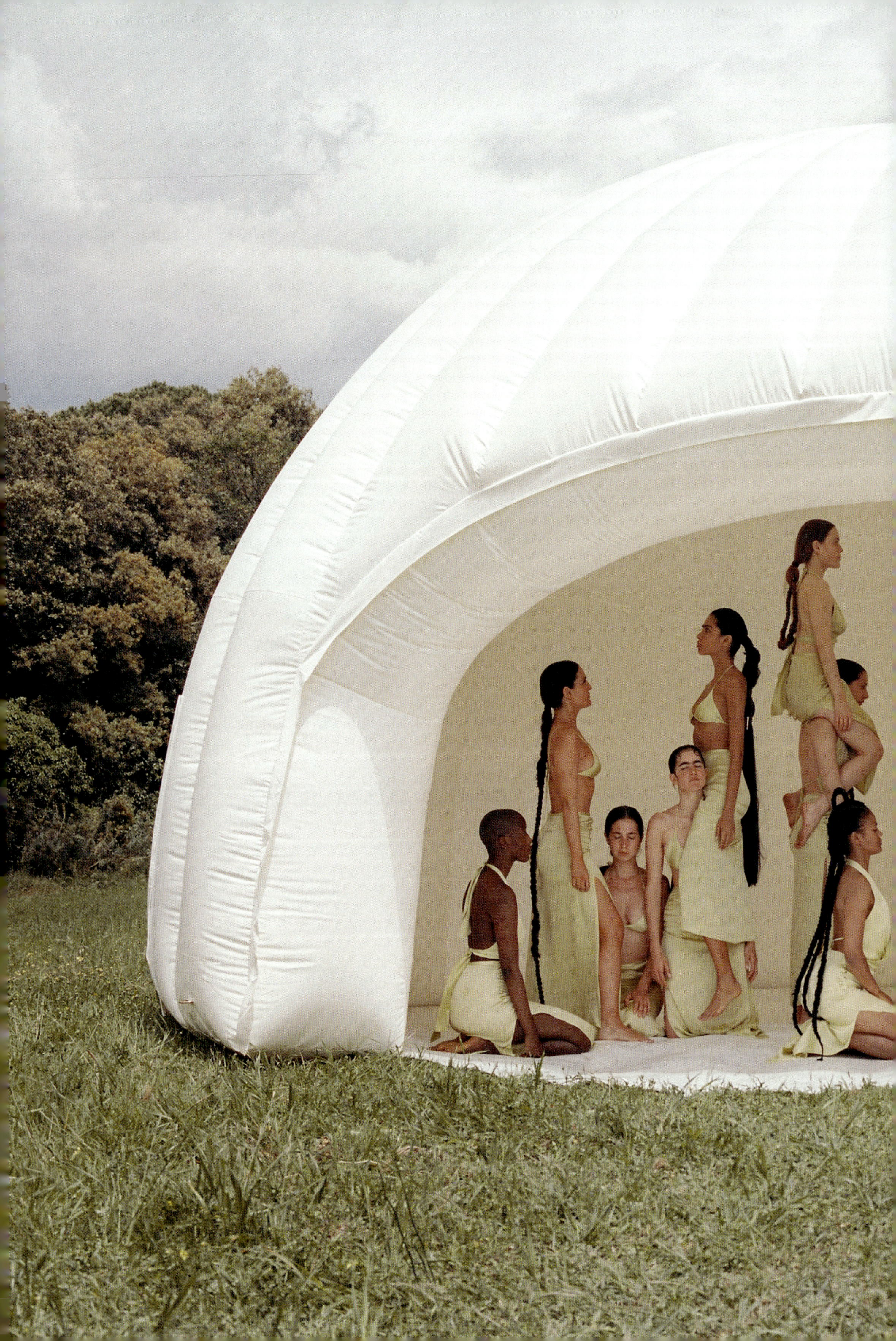

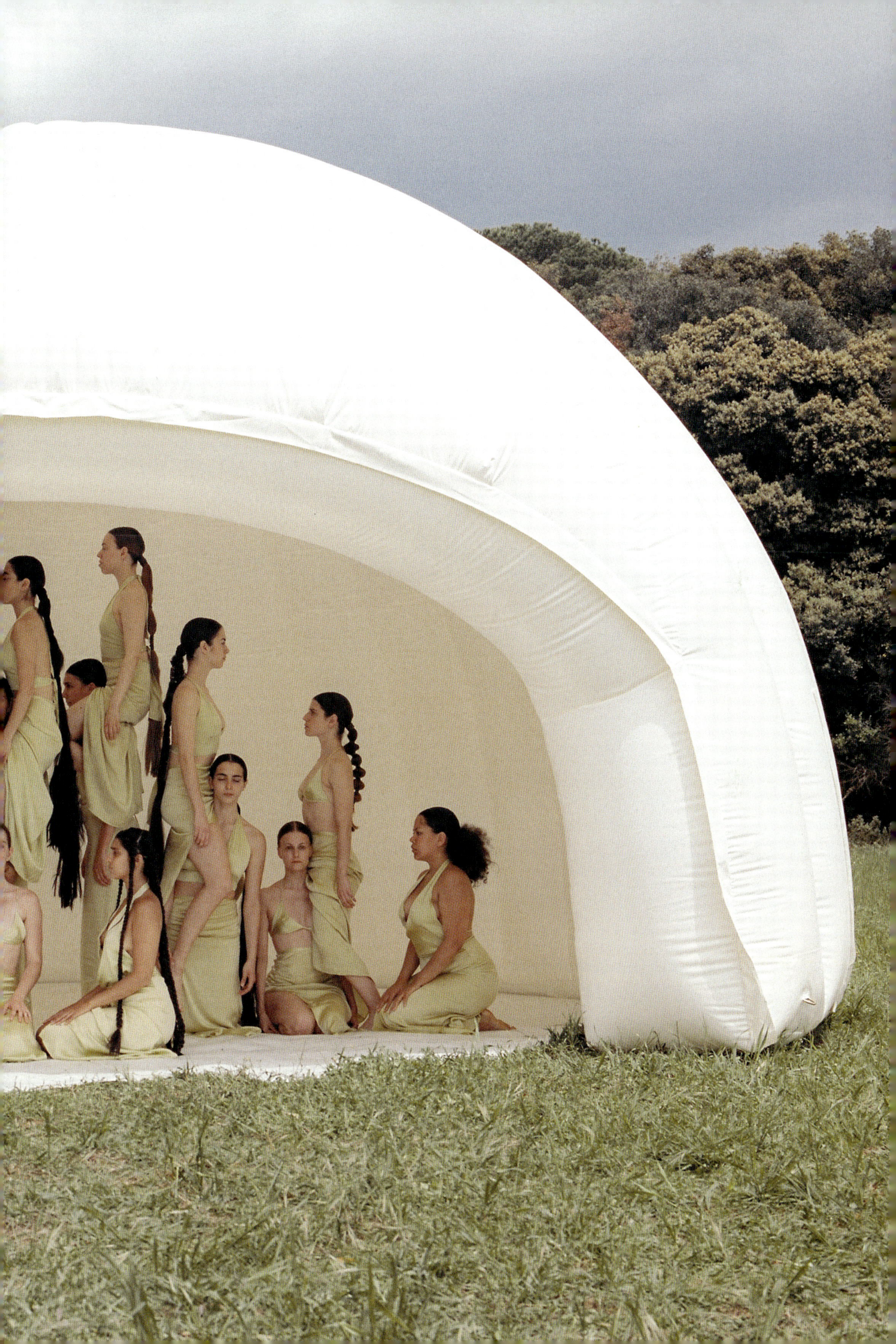

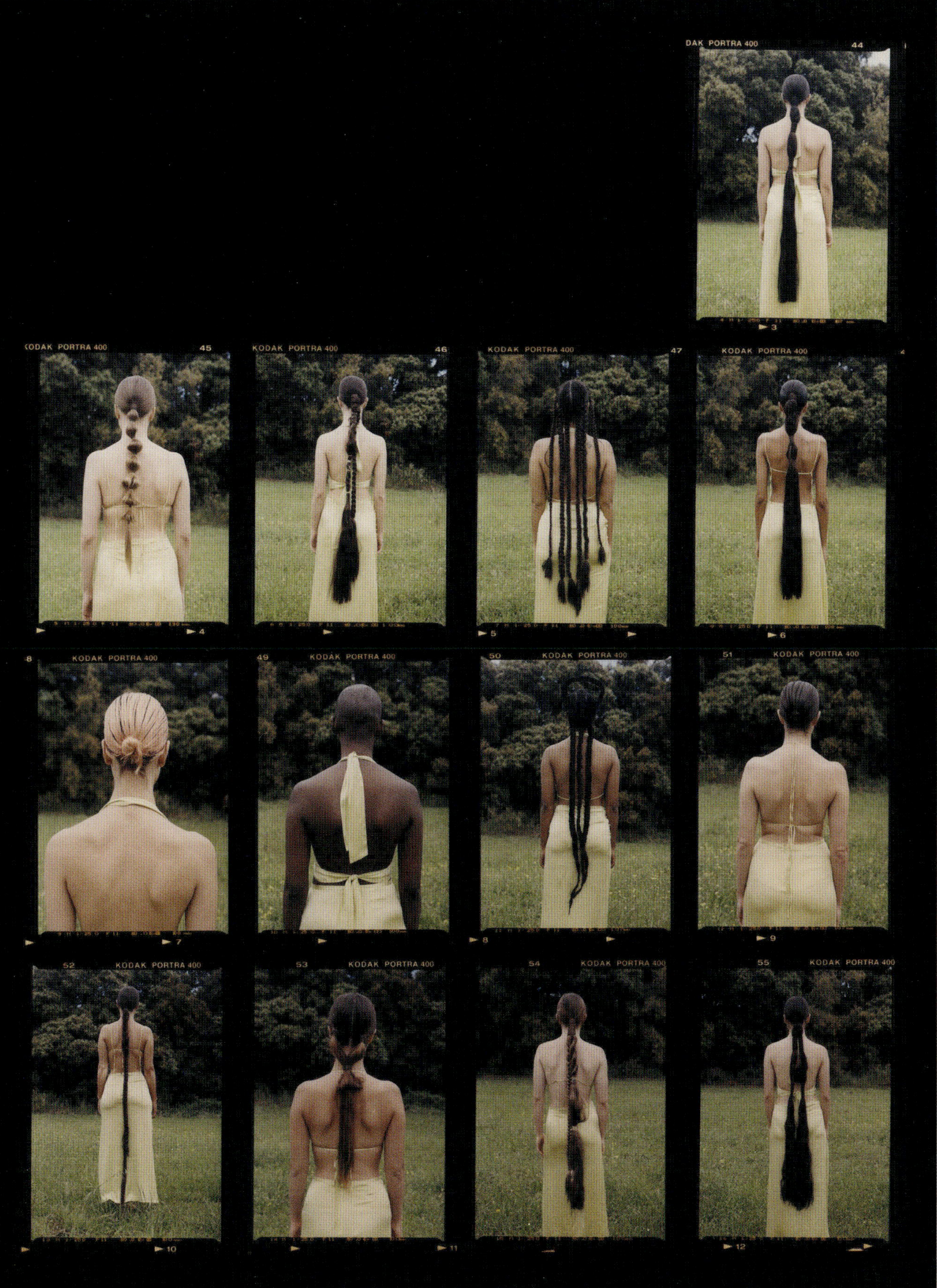

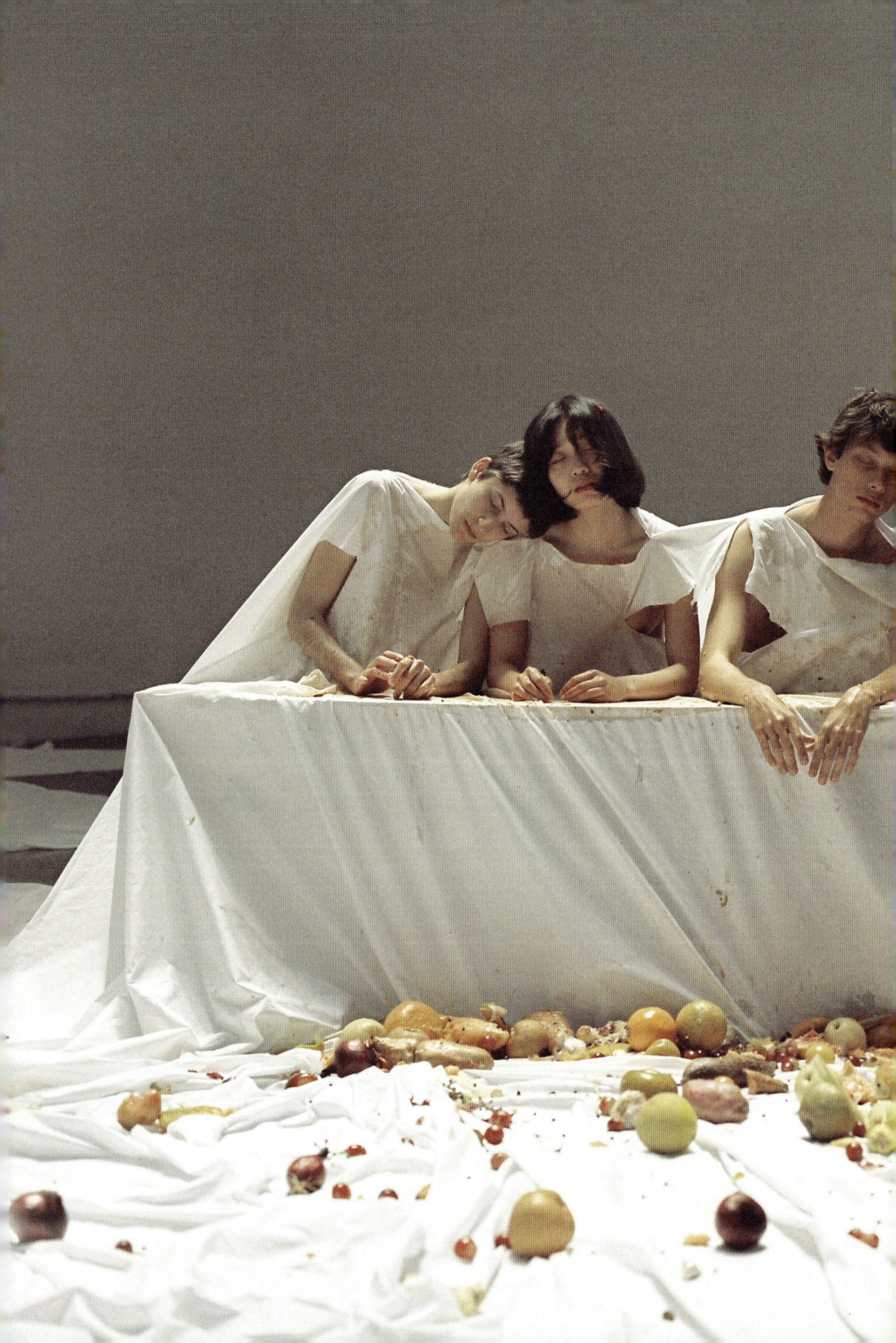

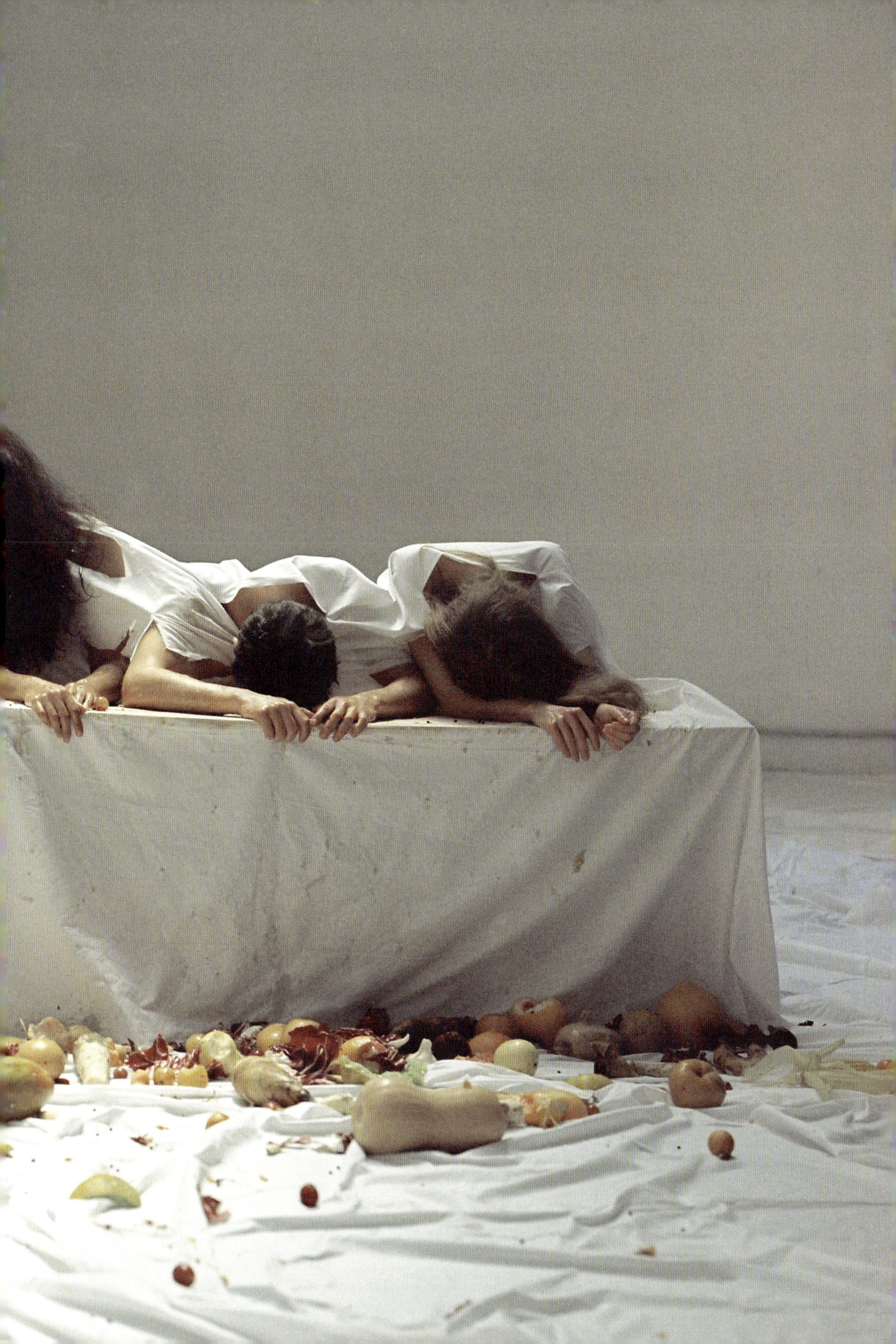

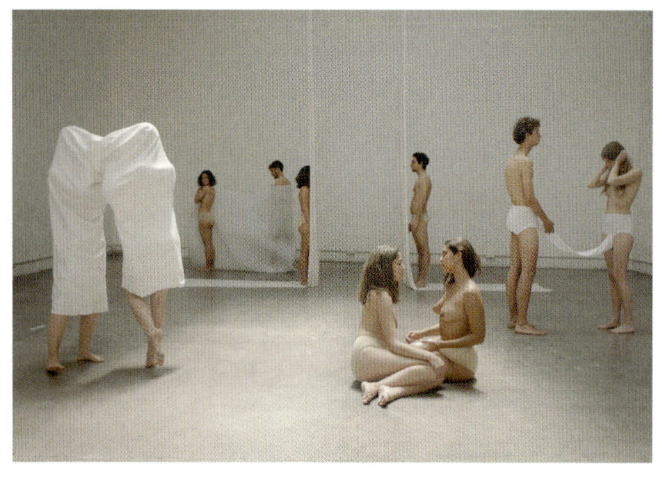
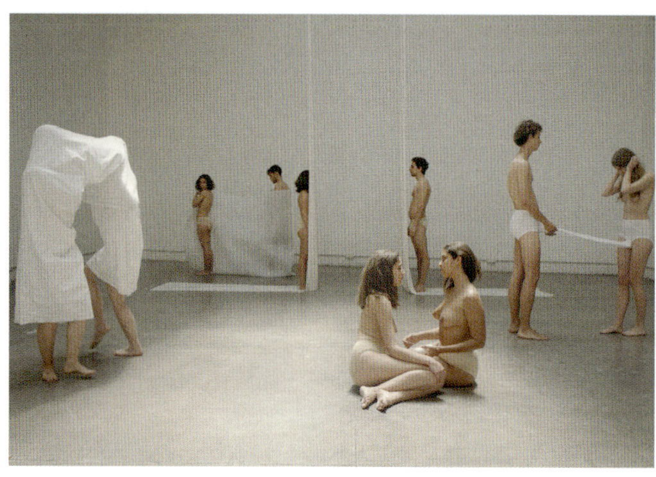
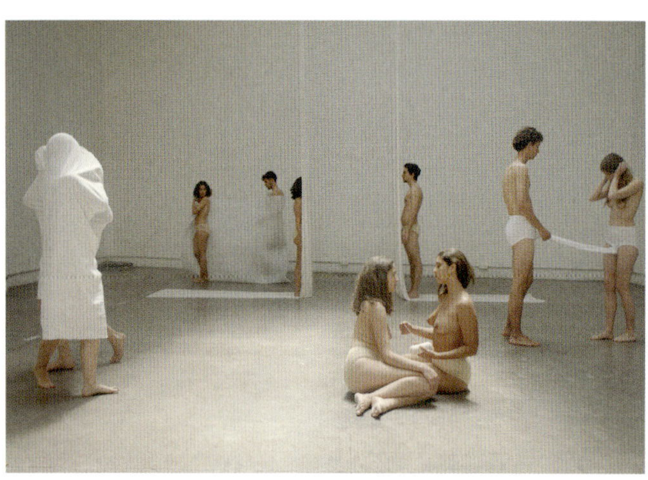
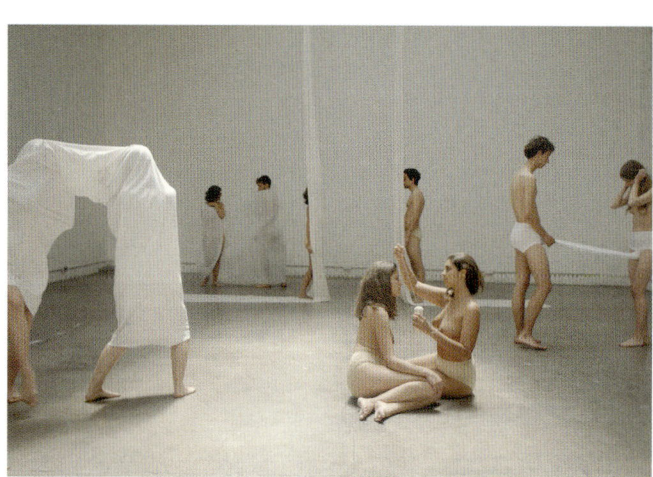
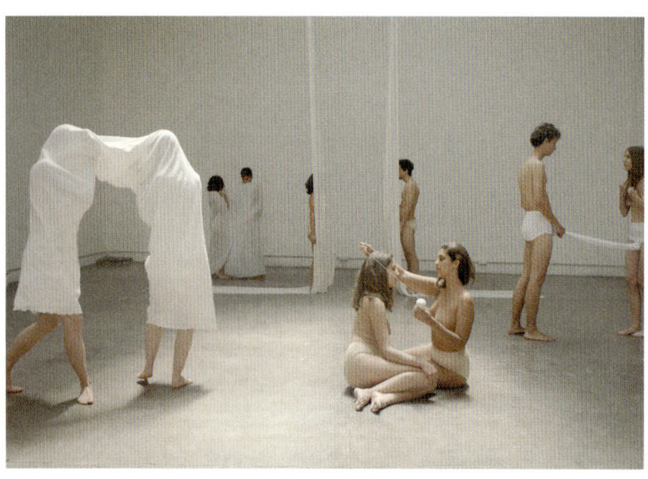
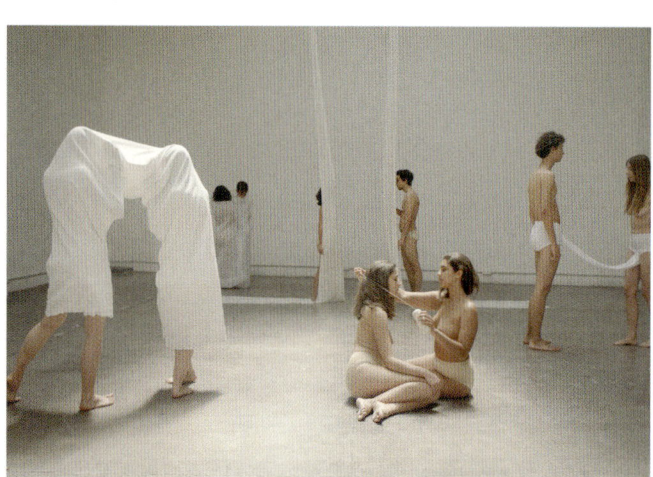
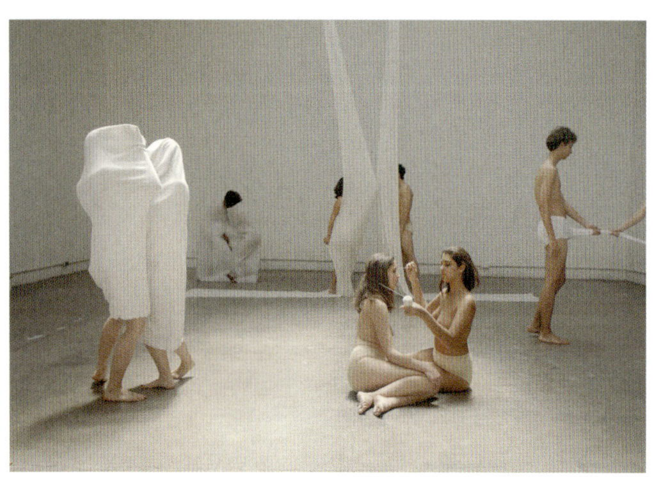
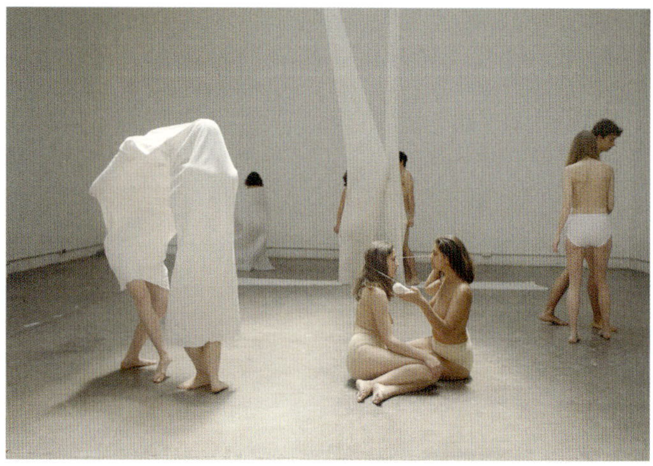

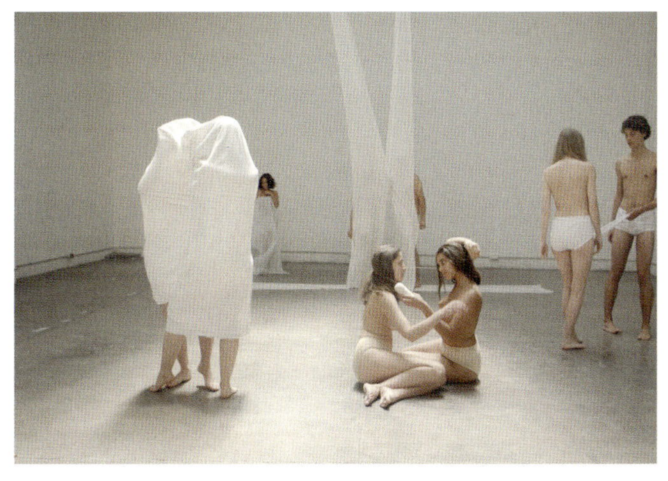
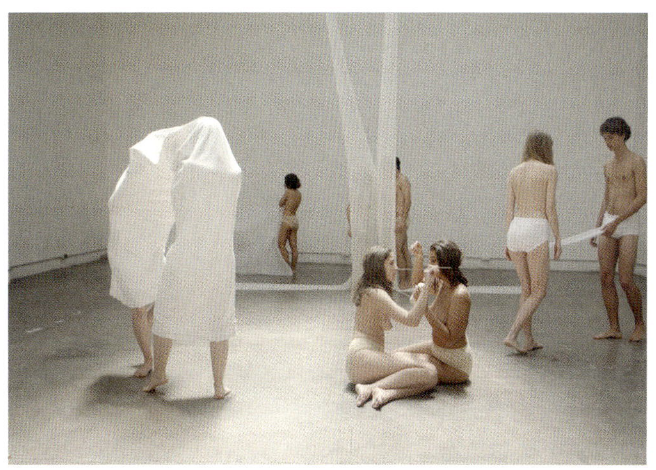
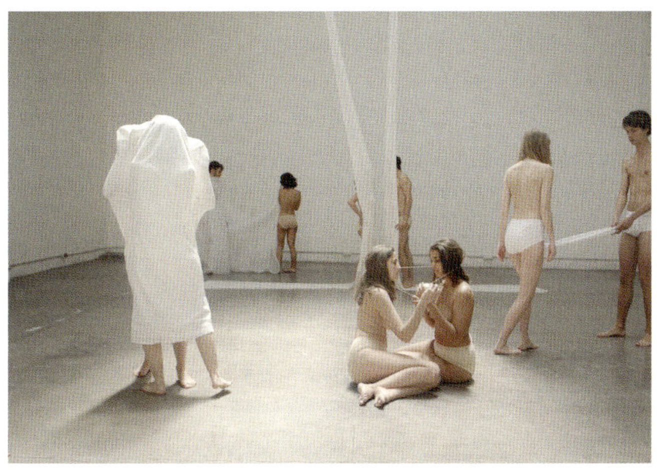
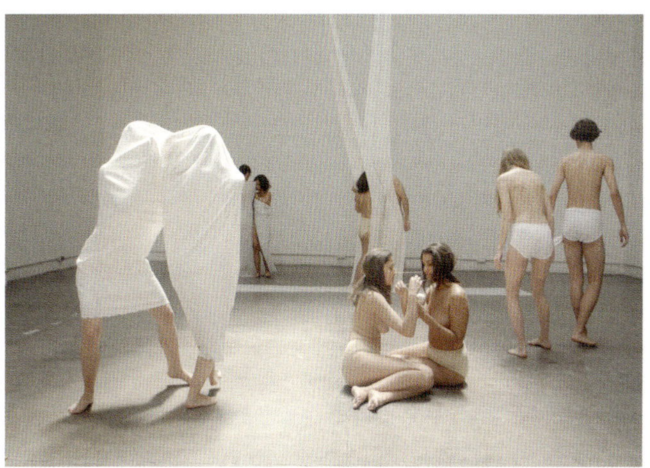
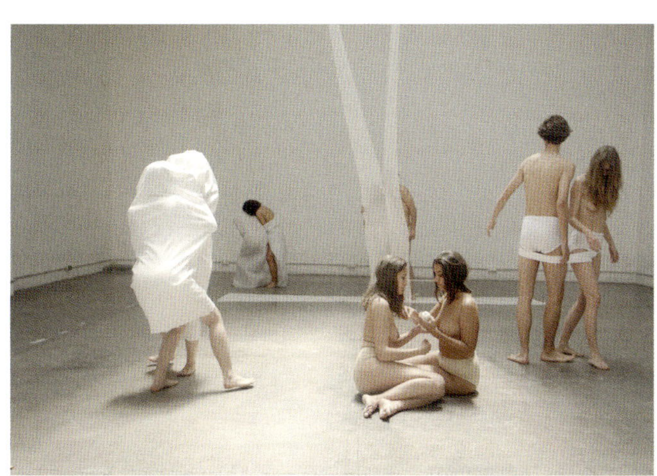
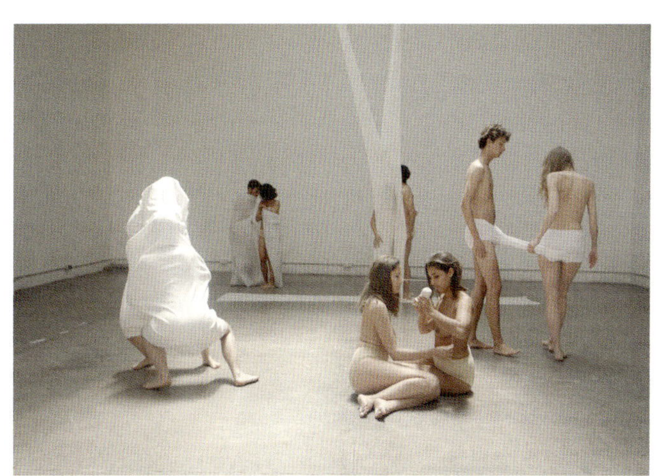
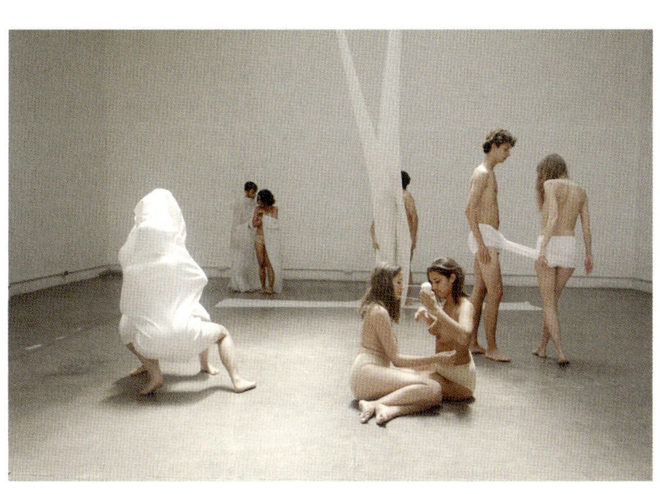
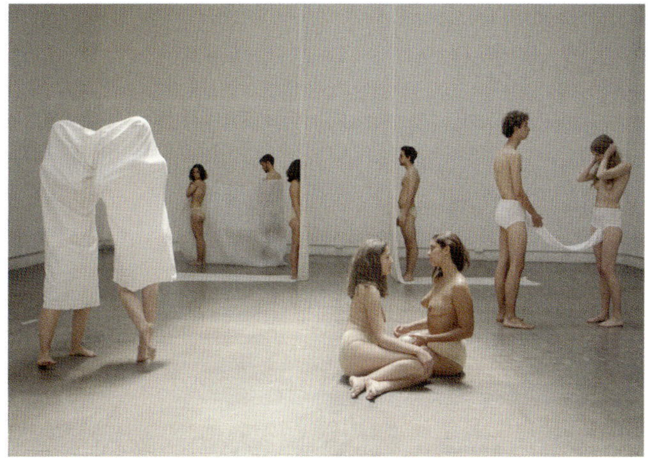

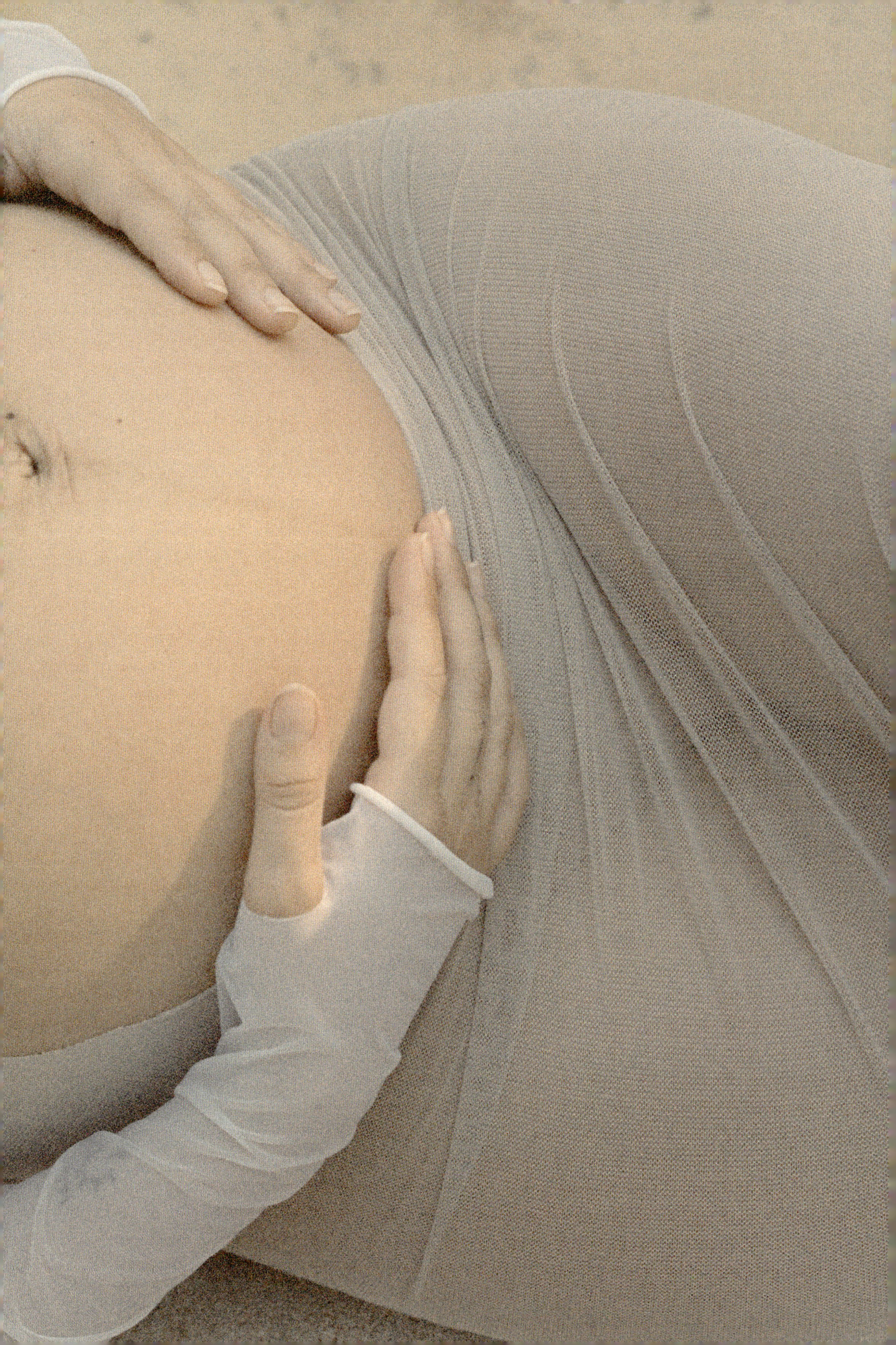

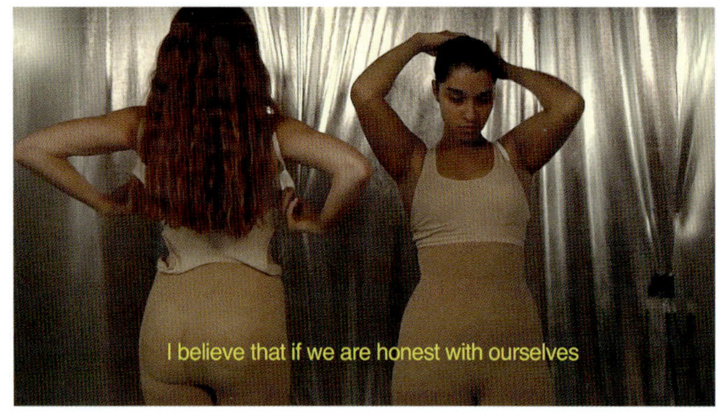
I believe that if we are honest with ourselves

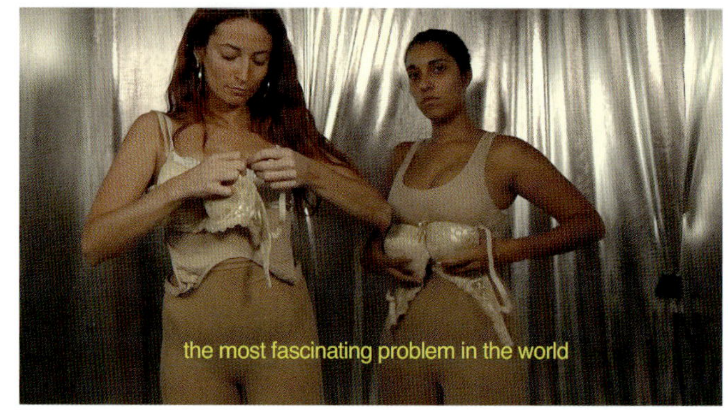
the most fascinating problem in the world

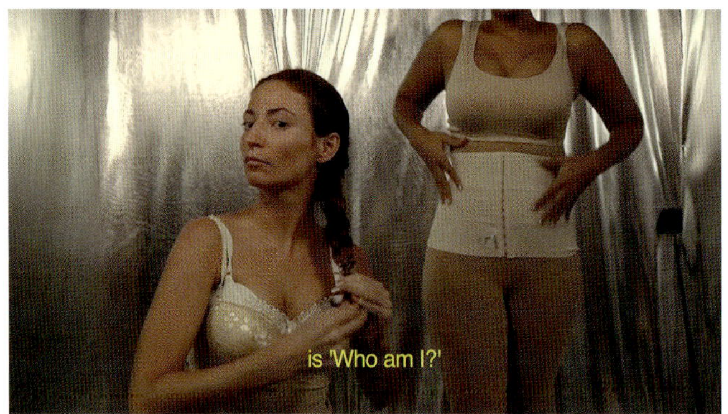
is 'Who am I?'

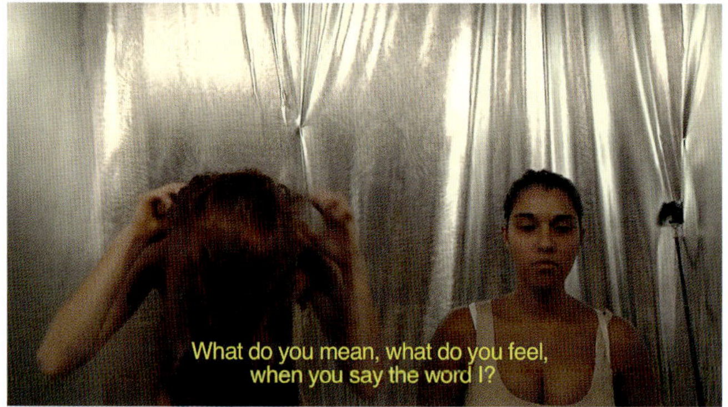
What do you mean, what do you feel,
when you say the word I?

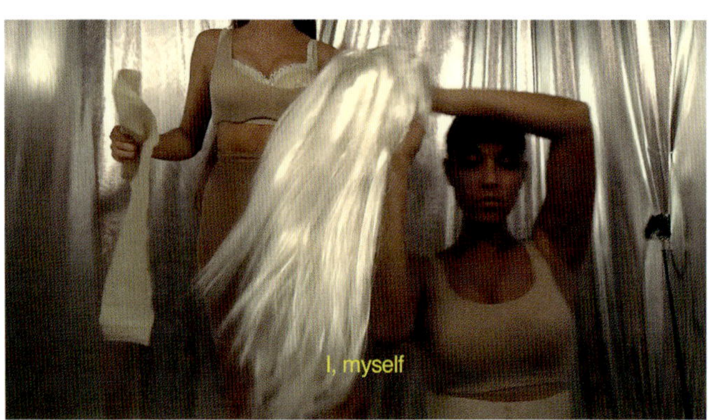
I, myself

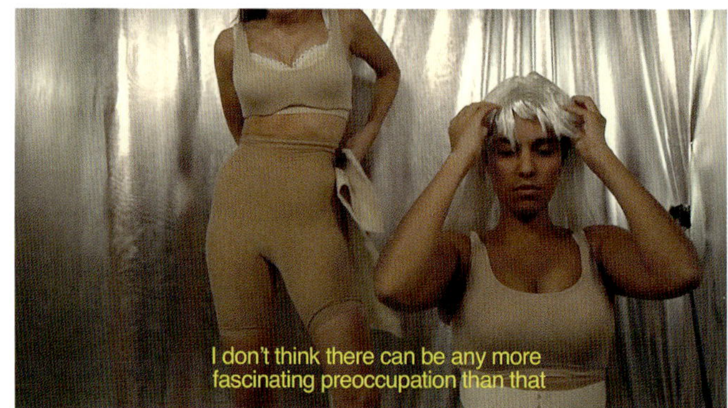
I don't think there can be any more
fascinating preoccupation than that

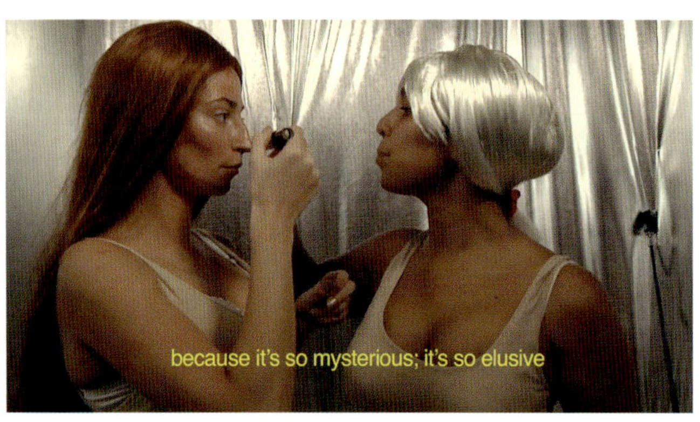
because it's so mysterious; it's so elusive

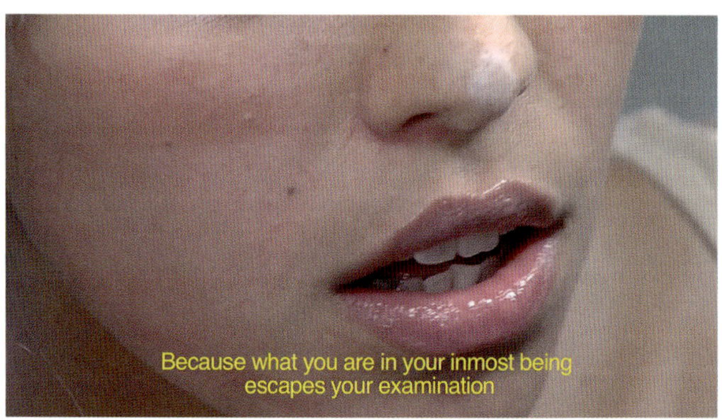
Because what you are in your inmost being
escapes your examination

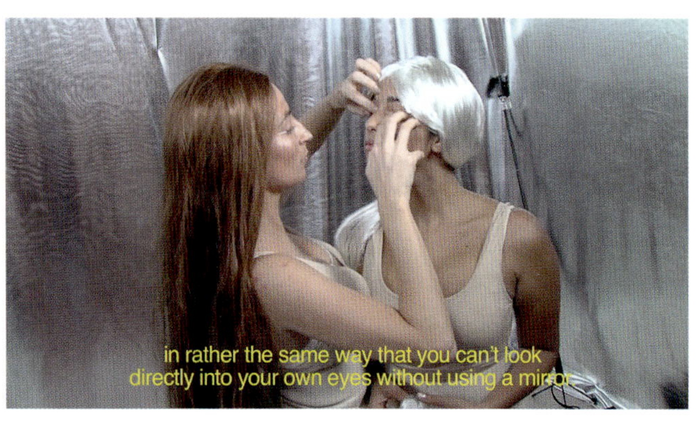
in rather the same way that you can't look
directly into your own eyes without using a mirror

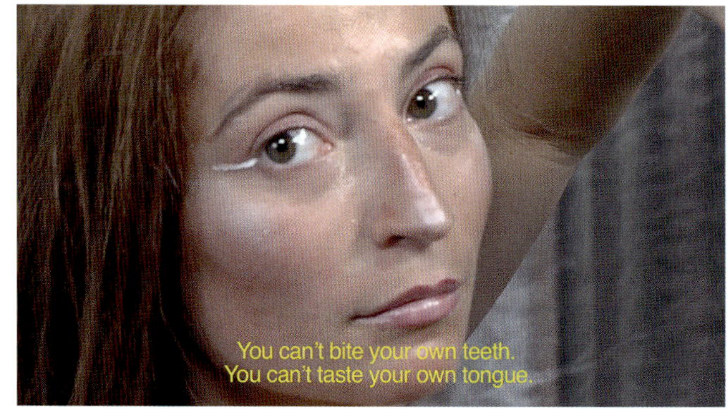
You can't bite your own teeth.
You can't taste your own tongue.

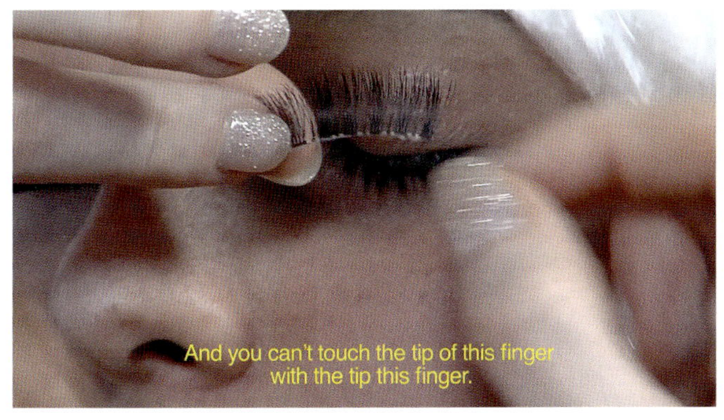
And you can't touch the tip of this finger
with the tip this finger.

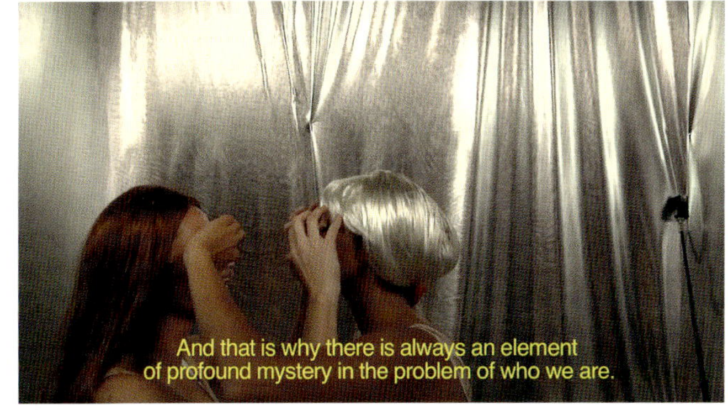
And that is why there is always an element
of profound mystery in the problem of who we are.

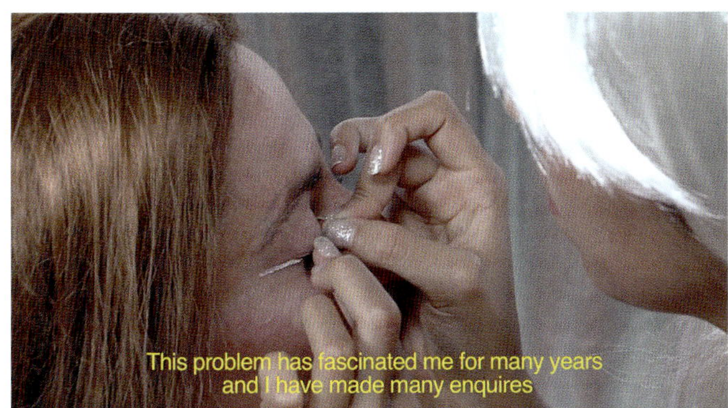
This problem has fascinated me for many years
and I have made many enquires

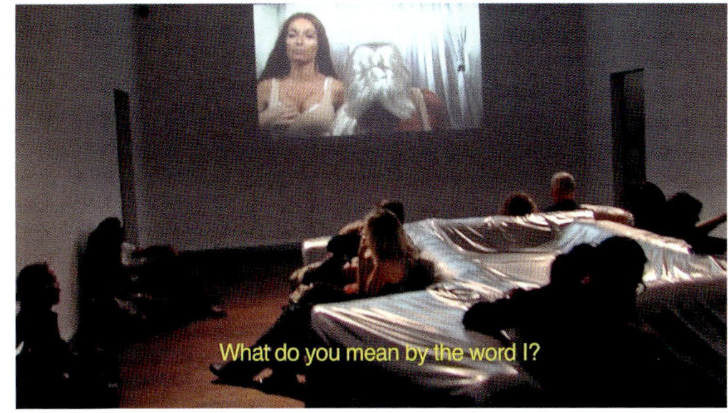
What do you mean by the word I?

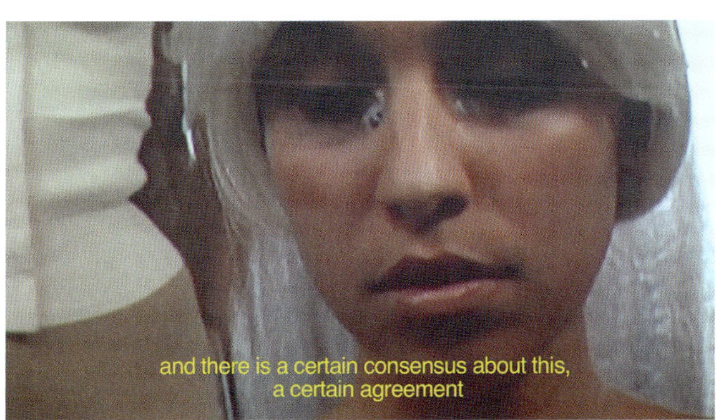
and there is a certain consensus about this,
a certain agreement

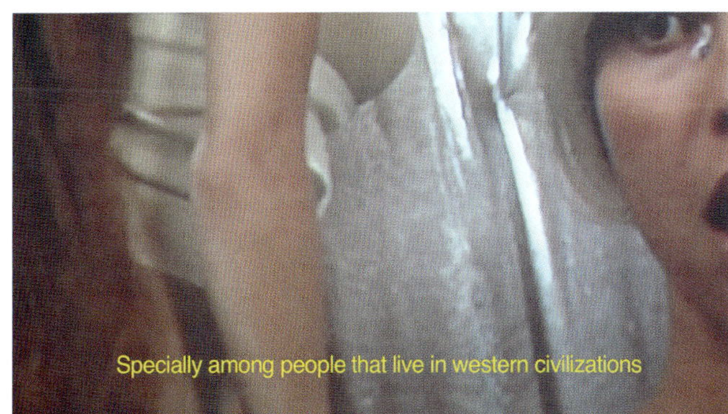
Specially among people that live in western civilizations

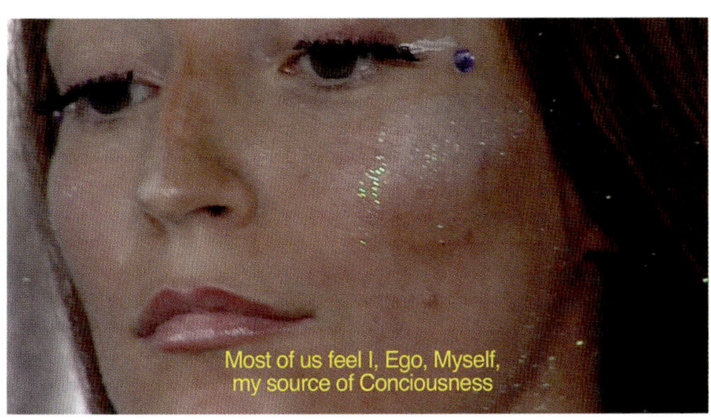
Most of us feel I, Ego, Myself,
my source of Conciousness

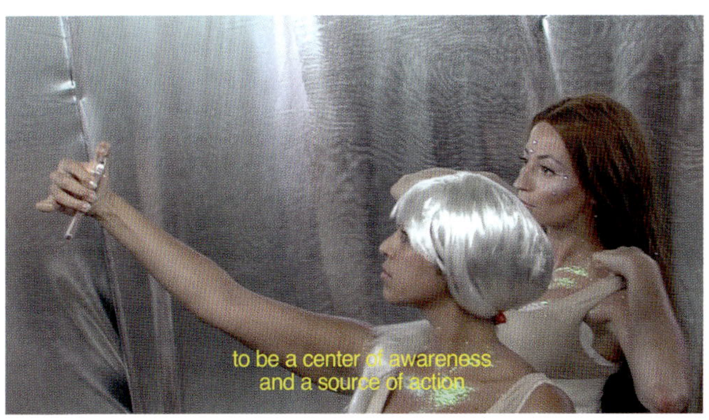
to be a center of awareness
and a source of action.

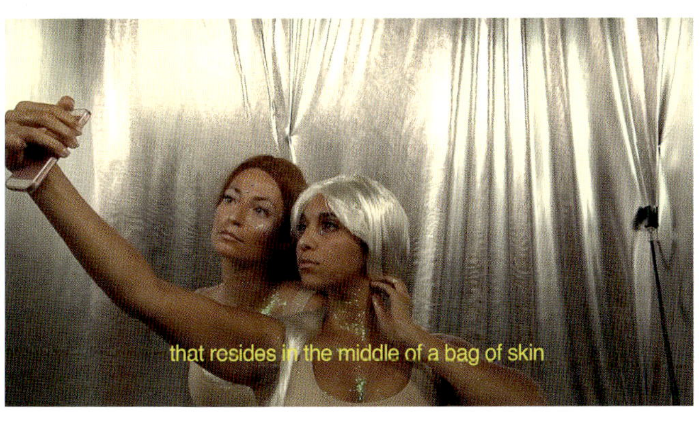
that resides in the middle of a bag of skin

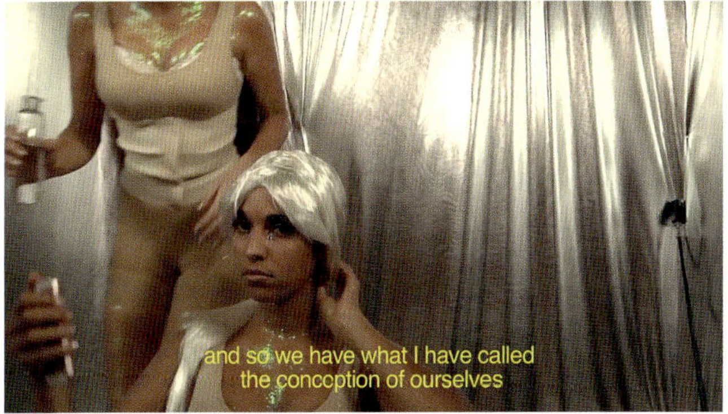
and so we have what I have called
the conception of ourselves

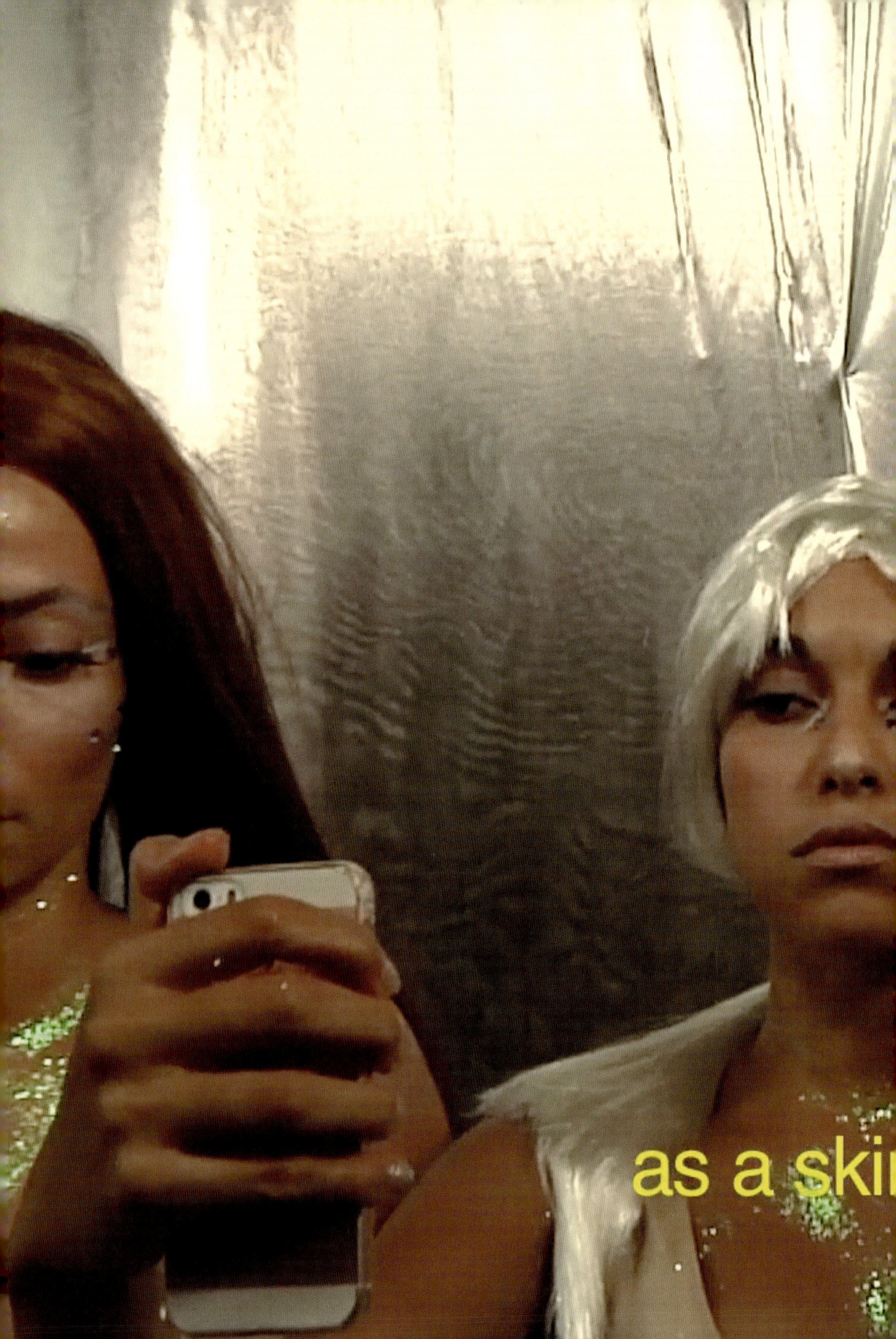
as a ski

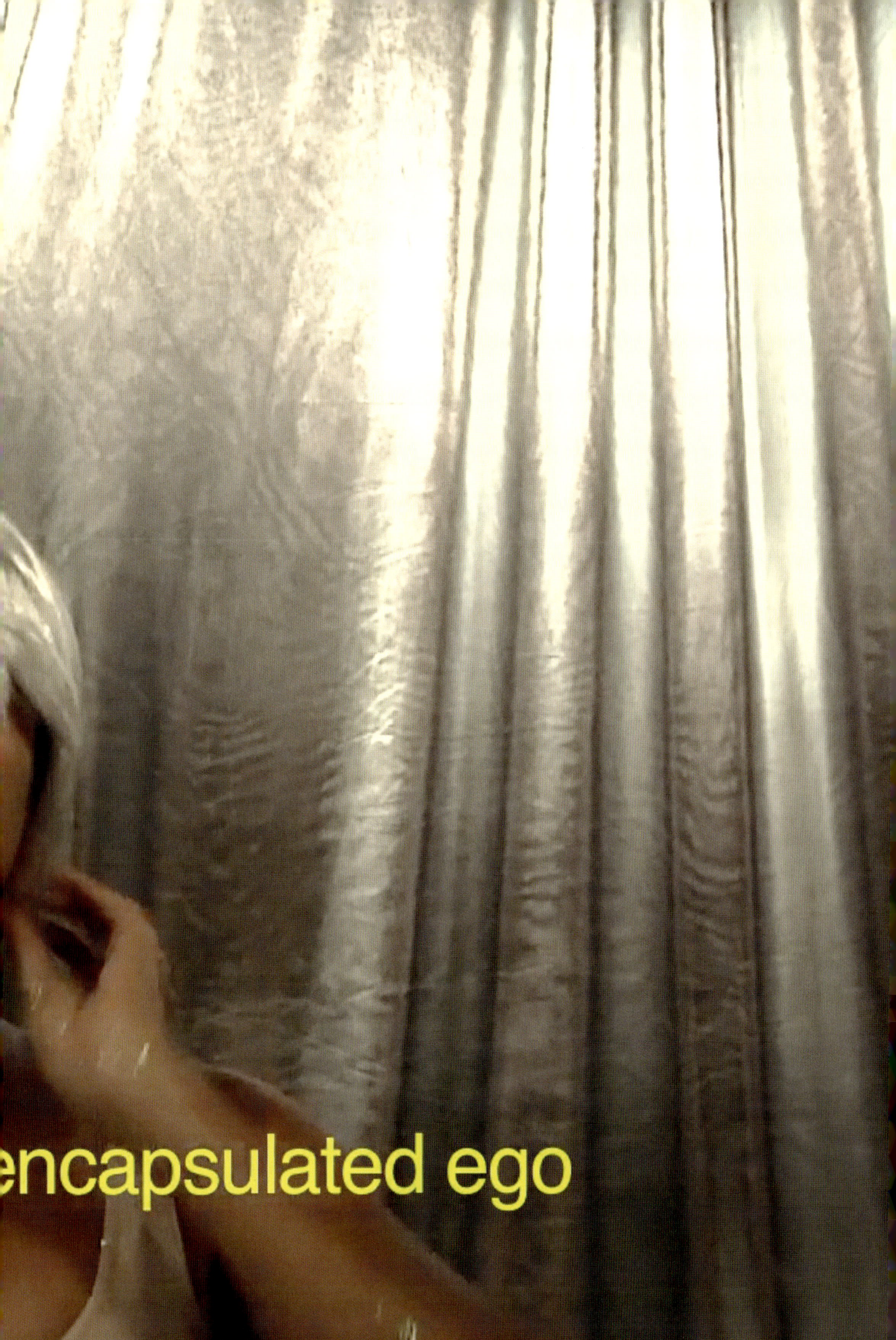
encapsulated ego

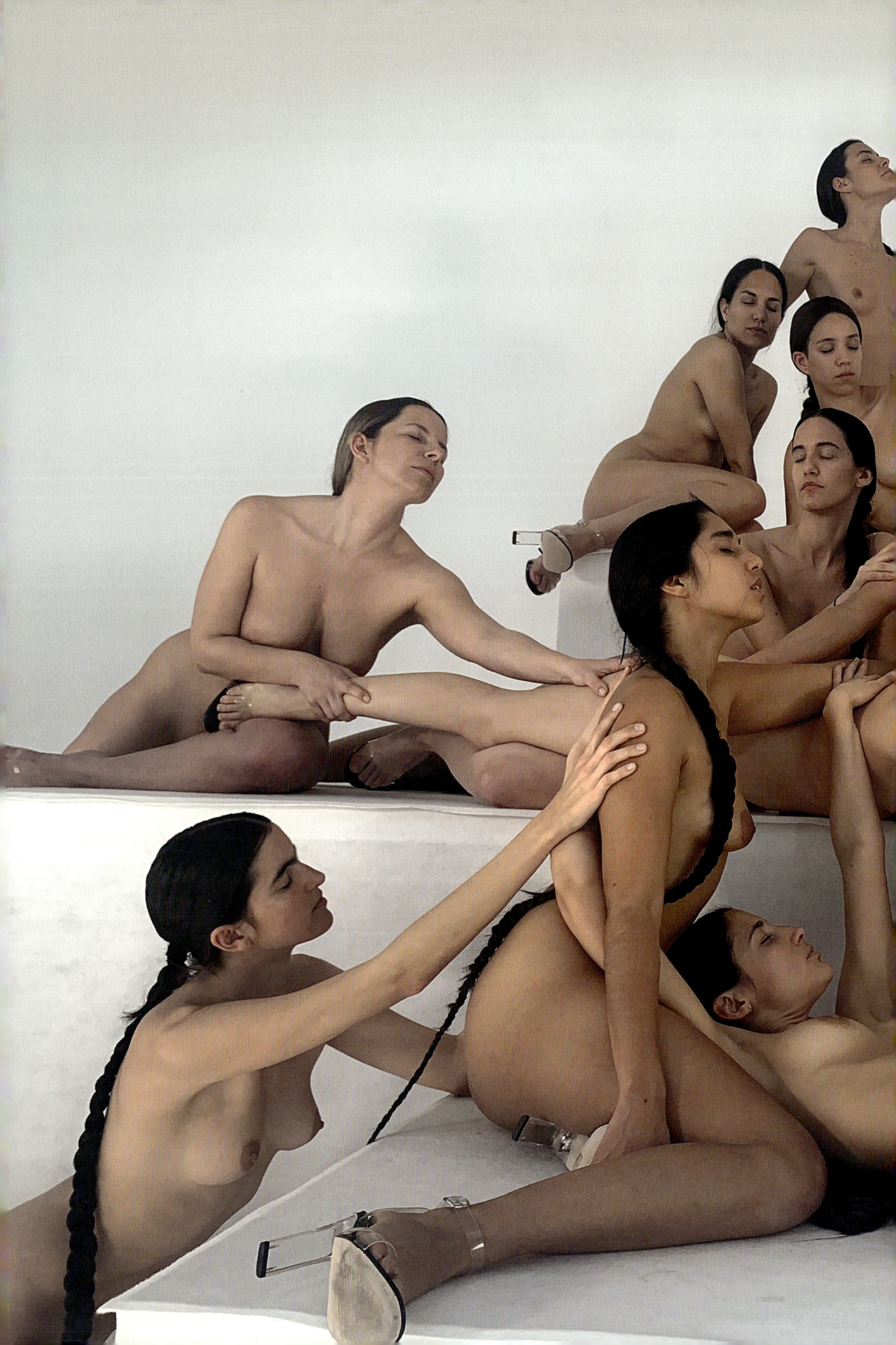

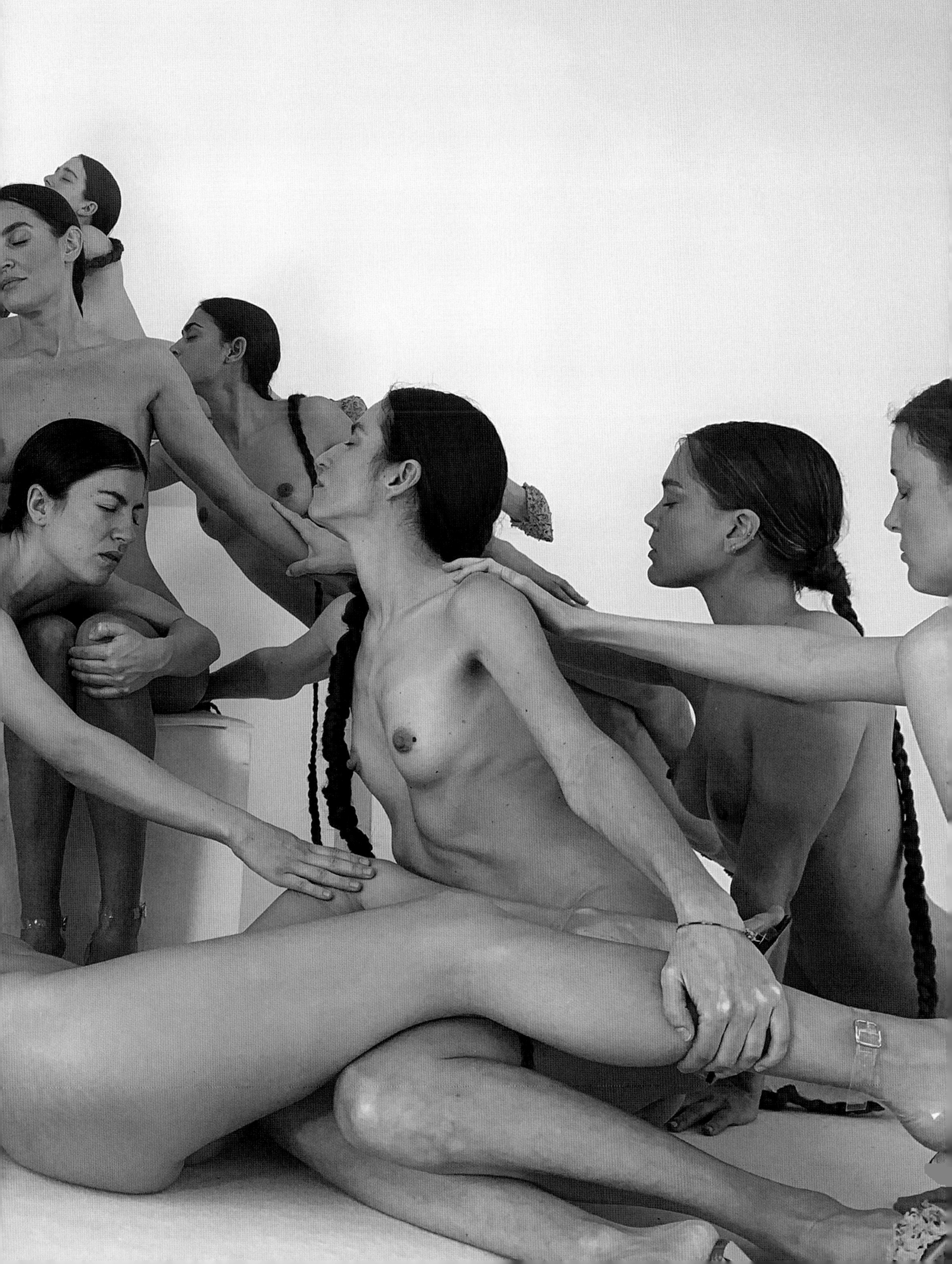

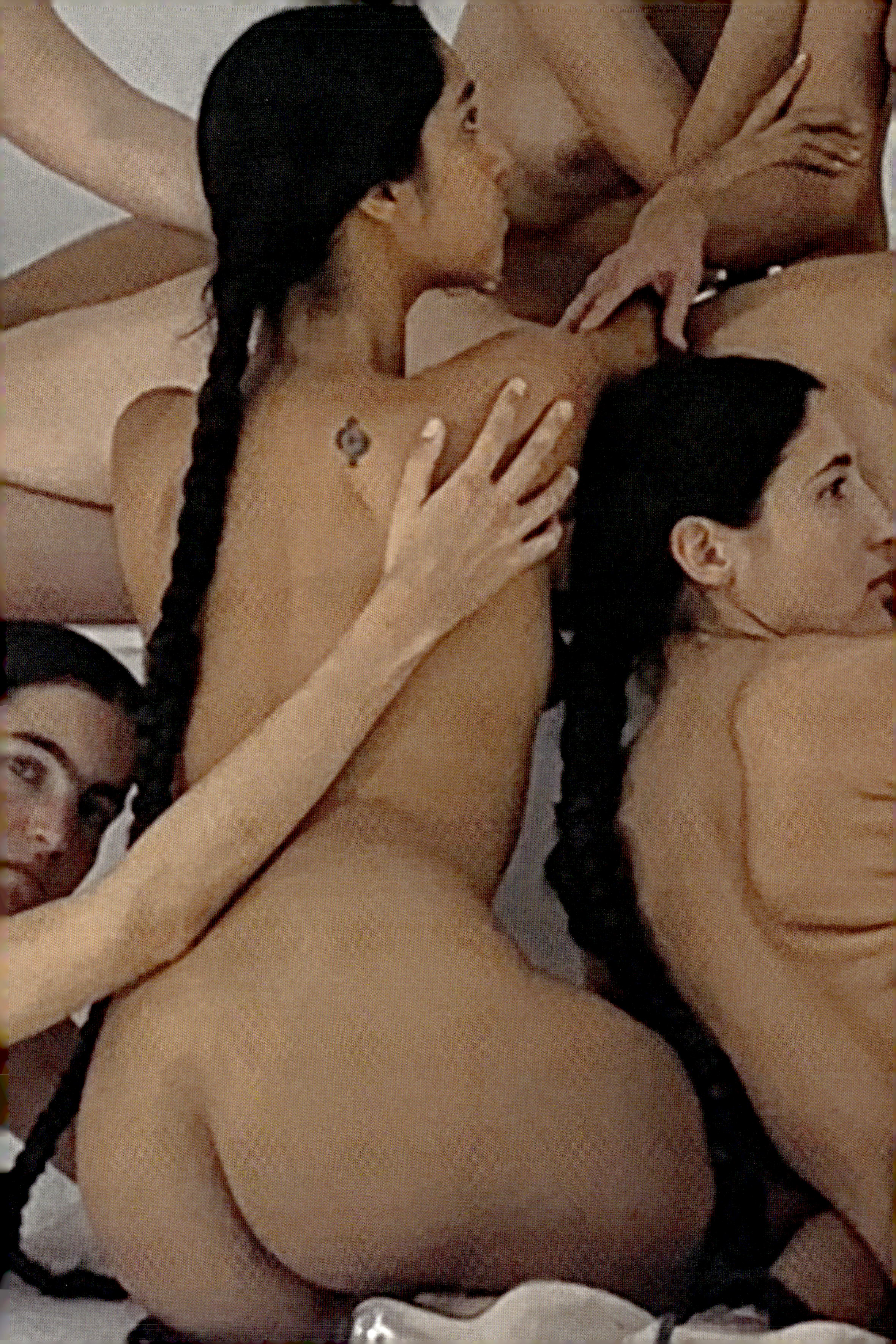

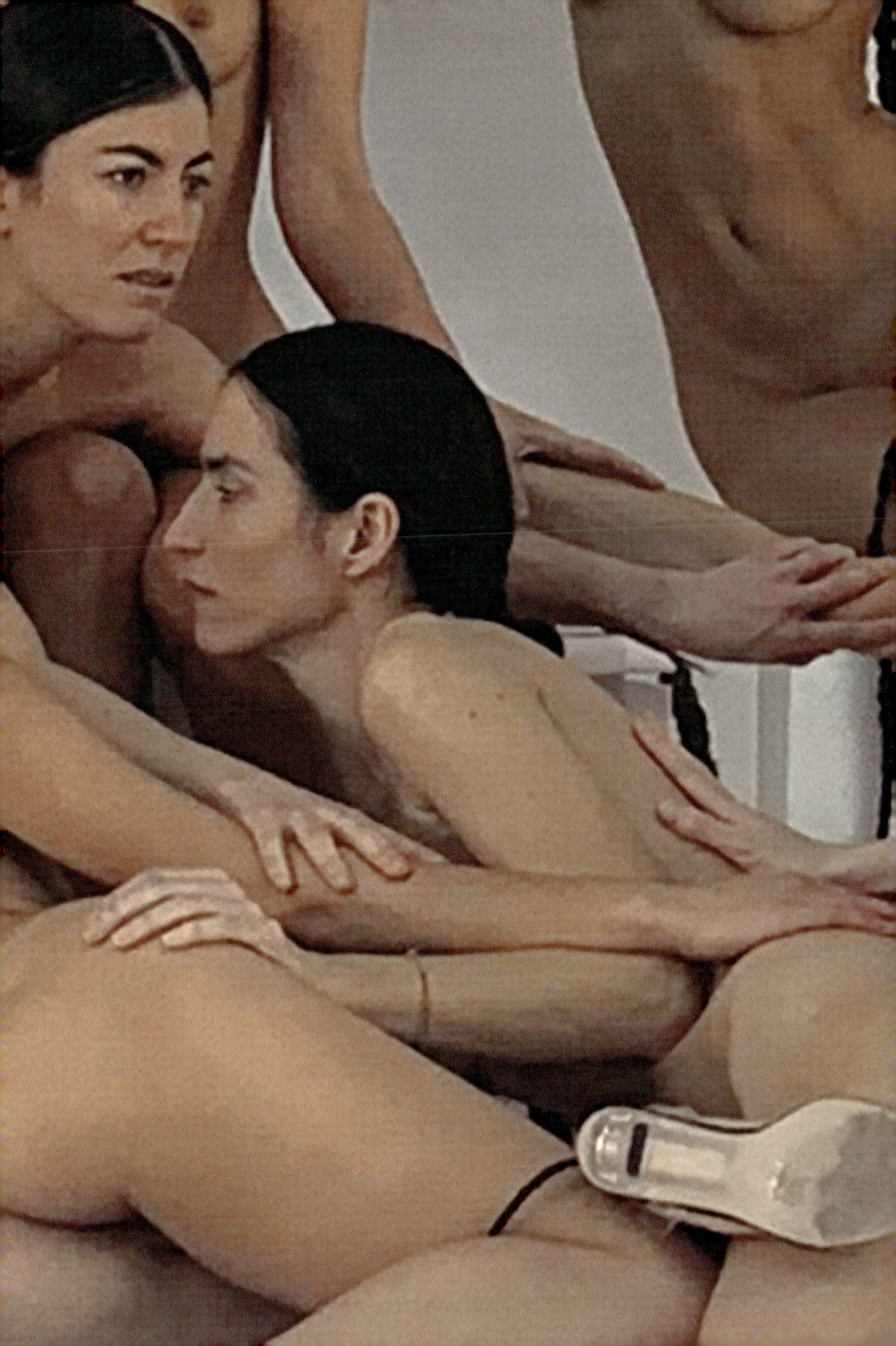

Front cover		*Portal de mujeres fértiles,* 2020
Pages 20–21 and 23:		*La danse,* personal project, 2016
Pages 24–25:		Ecosexuals for *Perdiz Magazine,* 2017
Pages 26–29:		*Awkward Moments,* performance in collaboration with Marta Armengol, Mimi Xu and Anna Senno, 2017
Page 31:		Filming of the music video 'Cranes in the Sky' for Solange's album *A Seat at the Table,* 2016
	Insert I	Personal imagery, 2015–18: 01 Paris; 02 Barcelona; 03 Barcelona; 04 Mallorca; 05 Empordá
Page 33:		Alejandra Smits for 'This is the place I call home', *BON Magazine,* 2017
Pages 34–39:		Ecosexuals for *Perdiz Magazine,* 2017
Page 40:		Alva Claire for *Allure,* © Condé Nast, 2018
Page 41:		*Vogue Novias Spain,* 2019. Art direction in collaboration with Cobalto Studio
Page 42:		Alejandra Smits for *BON Magazine,* 2017
Page 43:		Alva Claire and Emma Breschi for *Sleek Magazine,* 2019
Page 44:		Reinterpretation of Avedon, *Metal Magazine,* 2017
Page 45:		Filming of the music video for Solange's *When I Get Home,* 2019
Page 47:		*Surrounded,* LA, 2018
	Insert II	Human connections, 2015–18: 01 *Vogue Spain;* 02 Camilo; 03 *Awkward Moments;* 04 Missoni; 05 personal; 06 personal
Page 49:		Outtake from *Nuevo organismo formado por mujeres,* LA, 2018
Page 50:		Ecosexuals for *Perdiz Magazine,* 2017
Page 51:		*Awkward Moments,* performance in collaboration with Marta Armengol, Mimi Xu and Anna Senno, 2017
Pages 52–53:		*Nuevo organismo formado por mujeres,* LA, 2018
Page 54:		Emilia Clarke for *The New Yorker,* © Condé Nast, 2019
Pages 55–56:		Alejandra Smits for *BON Magazine,* 2017
Page 57:		Arca in collaboration with Carlos Sáez for *PAPER Magazine,* 2020
Page 58:		Personal project with Elisa, Soraya, Maria and Alejandra, 2018
Page 59:		Olimpo for *Allure,* © Condé Nast, 2018
Page 60:		Alva Claire for *Sleek Magazine,* 2019
Page 61:		Lovisa for *Playboy,* Barcelona, 2019
Page 63:		Carlota Guerrero in collaboration with Maria Gaminde and Stephania Yepes, 2019
Page 64:		Emma Breschi for *Sleek Magazine,* 2019
	Insert III	Imagery, 2015–19: 01 Venus for *Metal Magazine* and Sandro Botticelli's *The Birth of Venus;* 02 Self-portrait at La Sagrada Familia; 03 WALD Berlin; 04 Self-portrait at home; 05 My laptop in Guatemala; 06 Self-portrait in Indonesia; 07 Cameron Russell for *Elle France;* 08 *Cymon and Iphigenia* by Frederic Leighton, 1884, oil on canvas
Page 65:		Virgen Maria and La Zowi for *Playboy,* Barcelona, 2019
Pages 66–69:		*Spiritual Striptease,* LA, 2018
Page 70:		Neyon Tree pole dancing, Solange, *When I Get Home,* 2019
Page 71:		Dolores de la Rosa and Gabriela Richardson for *Playboy,* Barcelona, 2019
Pages 72–73:		*Comunicado Extraterrestre* for Mugler x CAP74024, 2020
Page 75:		Victoria and Sofia Villarroel, *Sacred Bond,* LA, 2018
Page 76:		Rupi Kaur for *Vogue Portugal,* 2019
Page 77:		Phillip Lim, 2019
Pages 78–79:		*Women of My Life,* Barcelona, 2020
Page 81:		Paloma Lanna, 2017
Pages 82–83:		María Morgui, 2015
Page 84:		*Mirror,* 2018
Page 85:		Model Mafia, New York, 2018
Page 86:		*Exposición para los extraterrestres,* 2020
Page 87:		Virgen Maria for *Playboy,* Barcelona, 2019

Carlota Guerrero

Carlota Guerrero was born in Barcelona in 1989, of Andalusian ancestry, the daughter of Alicia and Wenceslao.

After studying psychology and communications, she developed a passion for art while spending her final year of study in Paris. While there she shot her first roll of film using an analogue reflex camera, which precipitated her obsession with the image.

Since then she has tirelessly developed her personal projects, combining photography and video with her own art direction and creating her unique aesthetic sensibility of colour, composition and the body.

Greatly inspired by the Mediterranean Sea, the place where she learned to be and to feel connected, Carlota continually explores notions of femininity and gender, the human condition, patterns of repetition, connection and the fractal. Her distinct aesthetic led to international acclaim following her collaboration with singer-songwriter Solange Knowles as the creative director for her album *A Seat at the Table*.

She has spent more than a decade producing imagery and is represented by the photographic agency WeFolk for her commercial work and by the Miquel Alzueta Gallery for her artistic work.

She currently lives in Barcelona and works across the globe.

Carlota Guerrero nació en Barcelona en 1989, de sangre andaluza, hija de Alicia y Wenceslao.

Tras cursar estudios en psicología y comunicación, desarrolló un profundo interés por el arte después de pasar su último año de carrera en París, donde dispararía su primer carrete con una reflex analógica que la llevaría a obsesionarse por la imagen.

A partir de entonces empezó a desarrollar incansablemente sus proyectos personales, combinando fotografía y vídeo con su propia dirección de arte. Gestando un uso muy específico del color, la composición y los cuerpos.

Inspirada fuertemente por el mar mediterráneo, el lugar donde aprendió a ser y a conectarse, Carlota explora constantemente ideas de feminidad y género, de la condición humana, de patrones de repetición, de conexiones y fractalidad. Su inconfundible estética la llevaría a un reconocimiento internacional tras colaborar con la cantante y compositora Solange Knowles en la dirección creativa de *A Seat at the Table*.

A día de hoy lleva más de una década produciendo imaginario, representada por la agencia WeFolk en el ámbito comercial y por la galería Miquel Alzueta en el artístico.

Actualmente vive en Barcelona y trabaja por todo el mundo.

Alejandra Smits

Born to a Venezuelan mother and a Dutch father, Alejandra Smits spent her early childhood between Europe and America. At the age of six she began to participate in theatre productions and quickly discovered that her vocation was to write. Since the age of eight she has lived in Barcelona, the city she calls home and in which she would take a degree in fine arts and psychology. She began studying poetry and discovered an affinity for the genre, leading to the publication of her first book, *Lo que pasa cuando no –pasa nada–* (2015). She is currently preparing her second volume of poetry for publication: *Poetry Scam / Estafa Poética*.

De madre venezolana y padre holandés, Alejandra Smits creció viajando entre Europa y América. A los seis años empezó a participar en obras de teatro y rápidamente se dio cuenta de que su vocación era la escritura. Desde los ocho años vive en Barcelona, ciudad en la que se establecería y acabaría estudiando bellas artes y psicología. Empezó a investigar y decantarse por la poesía, género que la llevaría a publicar su primer libro: *Lo que pasa cuando no –pasa nada–* (2015). Actualmente se prepara para publicar su segundo poemario: *Poetry Scam / Estafa Poética*.

Leticia Sala

Leticia Sala (Barcelona, 1989) is a writer. Her first book, *Scrolling after Sex*, is a collection of short stories and poems. She is also a song- and scriptwriter. Her second book, *In Real Life*, is her literary debut in the United States.

Leticia Sala (Barcelona, 1989) es escritora. Su primer libro *Scrolling after Sex* es una recopilación de relatos y poemas. También escribe canciones y guiones. Su segundo libro *In Real Life* es su debut literario en los Estados Unidos.

Paloma Lanna

Paloma Lanna was born in San Sebastián in 1989 and grew up in Barcelona. In 2014 she established her eponymous label paloma wool, a project about the space and ideas that form around the act of dressing oneself. It is a multidisciplinary project that encompasses both fashion and art-making.

Paloma Lanna nació en 1989 en San Sebastián y ha crecido en Barcelona. Creó en 2014 su marca homónima paloma wool, un proyecto sobre vestirse y el espacio y las ideas que se crean alrededor del acto de vestirse, un proyecto multidisciplinar que abarca moda y arte por igual.

Rupi Kaur

Rupi Kaur is a poet, artist and performer. Her collections of poetry, *milk and honey* (which she self-published at the age of twenty-one) and *the sun and her flowers*, have sold millions of copies and been translated into over forty languages. Her work touches on love, loss, trauma, healing, feminism and migration. She feels most at home when performing on the stage and creating art.

Rupi Kaur es una poeta, artista e intérprete de poesía. Sus libros de versos, *milk and honey* (que ella autopublicó a los veintiún años) y *the sun and her flowers*, han vendido millones de ejemplares y se han traducido a más de cuarenta idiomas. Su escritura trata del amor, la pérdida, el trauma, la recuperación, el feminismo y la migración. Se siente más en su ambiente cuando interpreta sus versos al público y cuando crea arte.

Rosalía

Rosalía Vila (aka Rosalía) is a nuevo flamenco and Latin pop singer from Sant Esteve Sesrovires in Catalonia, Spain. Her fame exploded with the release of her ground-breaking second album *El Mal Querer*, for which she was awarded a Grammy in 2019. She has collaborated with J Balvin, Pharrell Williams, Travis Scott, James Blake, Ozuna and more.

Rosalía Vila (alias Rosalía) es una cantante de nuevo flamenco y pop latino de Sant Esteve Sesrovires en Cataluña, España. Su carrera se disparó con el lanzamiento de su segundo álbum innovador *El Mal Querer* por el cual se le concedió un Premio Grammy en 2019. Ha colaborado con J Balvin, Pharrell Williams, Travis Scott, James Blake y Ozuna, entre otros.

Acknowledgements/*Agradecimientos*

To Olga for gifting me the camera that turned me into a photographer, to Paloma for reminding me that our strength is infinite, to Camila for being a cascade, to Fran for traversing the world with me without hesitation, to my mother and sister for being two beautiful pillars, solid and dependable, to Alejandra for being my mirror, to Leti and Rupi for their wise words, to Rosalía for showing me that all things are possible, to Xavier for demonstrating so many things to me that have forever changed my way of seeing life and art, to Elisa and Toni for harbouring me every summer in the paradise where I imagine everything that I believe, to Rosie and Zico for always being there, to Stephania for reading my mind, to Gloria for tirelessly braiding hair, to Ali, Marc, Albert, Martha, José, Olivia and Sarah for having the patience and enthusiasm to create this book with me, to each and every member of my crew and to all the people who have placed themselves in front of my camera and have trusted me. Thank you.

A Olga por regalarme la cámara que me convirtió en fotógrafa, a Paloma por recordarme que nuestra fuerza es infinita, a Camila por ser una cascada, a Fran por cruzarse el mundo conmigo sin dudar, a mi madre y a mi hermana por ser dos pilares bellos, sólidos e incondicionales, a Alejandra por ser mi espejo, a Leti y a Rupi por sus sabias palabras, a Rosalía por enseñarme que todo es posible, a Xavier por mostrarme tantas cosas que cambiarían mi modo de ver la vida y el arte para siempre, a Elisa y a Toni por acogerme cada verano en el paraíso donde imagino todo lo que creo, a Rosie y a Zico por estar siempre ahí, a Stephania por leerme la mente, a Gloria por trenzar incansablemente, a Ali, Marc, Albert, Martha, José, Olivia y Sarah por tener la paciencia y la ilusión de crear este libro conmigo, a todos y cada uno de mis equipos y a todas las personas que se han puesto delante de mi cámara y han confiado en mí. Gracias.

© Prestel Verlag, Munich · London · New York, 2021
A member of Penguin Random House Verlagsgruppe GmbH
Neumarkter Strasse 28 · 81673 Munich

Library of Congress Control Number: 2020936629

A CIP catalogue record for this book is available from the British Library.

Editorial direction / Coordinación editorial: Ali Gitlow
Copyediting / Corrección de textos: Martha Jay
Translation / Traducción: José Enrique Macián
Design and layout / Diseño gráfico: Querida
Production management / Gestión de producción: Friederike Schirge
Separations / Preimpresión y fotomecánica: LUDWIG:media
Printing and binding / Impresión y encuadernación: TBB, Banská Bystrica
Paper / Papel: Profimatt / Serixo

Printed in Slovakia
ISBN 978-3-7913-8711-6
www.prestel.com